Verena Kast
Trotz allem Ich

HERDER spektrum
Band 5641

Das Buch

Wer bin ich eigentlich selbst? Wie sehen mich die anderen? Was macht mich unverwechselbar, wie will ich sein? Wer sich mit sich selbst im Einklang fühlt, hat ein gutes Selbstwertgefühl, das auch nach außen ausstrahlt. Identität ist etwas Lebendiges, sie stellt sich immer wieder neu her. Und wenn wir uns ganz und gar mit uns im Einklang fühlen, dann ist auch das Selbstwertgefühl gut. Und dies strahlen wir dann auch nach außen hin aus. Verena Kast macht deutlich, was uns eigentlich zusammenhält – als Menschen und als je eigene Persönlichkeit. Das Standardwerk der großen Psychologin.

Die Autorin

Verena Kast, Dr. phil., Psychotherapeutin, Dozentin am C. G.-Jung-Institut in Zürich, Professorin an der Universität Zürich, Vorsitzende der Internationalen Gesellschaft für Tiefenpsychologie. Autorin zahlreicher Bücher. Bei Herder: Loslassen und sich selber finden. Sich einlassen und loslassen. Sich wandeln und sich neu entdecken; Vom Sinn der Angst. Abschied von der Opferrolle. Lebenskrisen werden Lebenschancen. Aufbrechen und Vertrauen finden. Die kreative Kraft der Hoffnung. Lass dich nicht leben – lebe! Schlüssel zu den Lebensthemen – Konflikte anders sehen.

Verena Kast

Trotz allem Ich

Gefühle des Selbstwerts
und die Erfahrung von Identität

FREIBURG · BASEL · WIEN

MIX
Papier aus verantwortungsvollen Quellen
FSC® C106847

Originalausgabe

8. Auflage 2012

© Verlag Herder GmbH, Freiburg im Breisgau 2003
Alle Rechte vorbehalten
www.herder.de

Umschlagkonzeption und -gestaltung:
R·M·E München / Roland Eschlbeck, Liana Tuchel
Umschlagfoto: © Corbis
Foto der Autorin: © Palma Fiacco, Zürich

Herstellung: fgb · freiburger graphische betriebe
www.fgb.de

Printed in Germany

ISBN 978-3-05641-3

Inhalt

Einführung 11
  Berichte über Identitätskrisen und Selbstwertgefühl . 14
  Erfahrungen von Identität 19
  Kontinuität und Kohärenz 19

Räume, in denen Identitäten erfahren werden 25
  Der Körper als Grundlage des Identitätserlebens . . . 25
  Sexualität 28
  Das Netz der Beziehungen 29
  Arbeit und Leistung 30
  Werthaltungen 31
  Fantasien 33
  Kreativität 34

Das Selbstwertgefühl und die Identität 35
  Die Bedeutung von Emotionen 35
  Emotionen als komplexe Regulationssysteme 37
  Die elementare Emotion des Selbstwertgefühls 39
  Entwicklung des Selbstwertgefühls 41
  Das Selbstwertgefühl im Alltag 43
  Die Entwicklung des Selbstempfindens 44
  Entwicklungsstufen des Selbstempfindens 46
  Selbstgefühl, Selbstempfinden und Selbstwertgefühl . 48
  Bindung 53
  Die Notwendigkeit der Anerkennung 57

Eine klassische Theorie der Identität: Erik H. Erikson ... 59
  Erikson: Ein begabter Außenseiter 60
  Zentrale Aspekte der Identität 62
  Identitätsthemen 64
  Das psychosoziale Moratorium 75
  Übergänge in Identitätszuständen 77
  Aspekte weiblicher Adoleszenz 82
  Das Schaffen und Verändern von Identität 85
  Der Übergang durch neue Modelle 88
  Imitation und Identifikation 90
  Von der Identifikation zur Identität 91
  Wie verändert sich Identität? 95

Persona und Schatten 101
  Hinter der Persona verbirgt sich der Schatten 106

Das wahre und das falsche Selbst – oder:
Die unstimmige Identität 108
  Das private Selbst 110
  Selbstentfremdung 113
  Das Dilemma 114

Der Individuationsprozess nach C. G. Jung 118
  Das Selbst in der Jung'schen Psychotherapie 121
  Symbole als Wegmarken des Individuationsprozesses . 124
  Individuationsprozess und Gesellschaft 130

Autobiografie: Identität in der Kontinuität 131
  Autobiografische Erzählungen 132
  Erinnern 137
  Episoden als Symbole 144
  Die Funktion von Archivarin und Mythenerzähler . . 148
  Verändern und dazuerfinden 149
  Entkoppeln von Erinnerungen 150
  Der Beginn des autobiografischen Gedächtnisses 154

    Der Entwurf in die Zukunft 156
    Identitätsrelevante Lebensübergänge 159
    Zeugen der Zeitgeschichte 163
    Wenn das Leben nicht so war, wie man es sich
    vorgestellt hat 163
    Aktives Vergessen 165
    Das Einverständnis mit sich selber 169
    Familiengeschichten 172
    Autobiografie und Therapie 173
    Kontinuität – Kohärenz – Dissoziation 177
    Traumatisierende Erfahrungen 178

Zu gutem Selbstwertgefühl und eigener Identität finden   183
    Selbstwertquellen und Selbstwertbedrohungen 183
    Was bedroht das gute Selbstwertgefühl? 184
    Selbstwertgefühl und Fremdeinschätzung 185
    Selbstwertgefühl, Selbstakzeptanz und die
    Akzeptanz anderer 186
    Der Schutz des Selbstwertgefühls 189
    Was trägt weiter zu einem guten Selbstwertgefühl bei? 191
    Der Vergleich mit anderen 194
    Das Selbstwertgefühl und die anderen Emotionen . . . 202

Die Sorge um die Identität und das Selbstwertgefühl . . . 205

Anhang 210

Begriffserklärung 210

Dank 219

Literatur 220

Wurzeln und Flügel.
Aber lass die Flügel Wurzeln schlagen
Und die Wurzeln fliegen.

Juan Ramon Jiménez

Einführung

Wer bin ich? Wer bin ich in den Augen der anderen? Wer bin ich in den Augen des anderen, etwa des Kosmos? Wer bin ich in Verbindung mit einer Wertordnung? Was macht mich einmalig? Wo bin ich wie alle anderen? Wer war ich schon im Laufe meiner Biografie? Wer will ich sein? Wer werde ich sein? Wohin gehöre ich? Welchen Gruppen fühle ich mich zugehörig? Was kann ich beitragen zum Leben einer Gemeinschaft? Habe ich ein Gefühl für meine Identität? Wann spüre ich meine Identität? Wann werde ich in meinem Identitätsgefühl gestört? Das sind alles Fragen, die mit dem Konzept und der Erfahrung von Identität zusammenhängen. Und diese Identität bewerten wir auch. Ist sie wertvoll?

Am meisten erstaunt uns immer wieder, dass wir Menschen uns im Laufe eines Lebens so sehr verändern können und doch auch immer dieselben bleiben. Unsere Identität wird ständig neu gebildet, in allen unseren Beziehungen wird daran gebaut, in all unseren Bezügen zur Welt wird sie umgebaut – und bleibt im Kern doch auch konstant.

Aber gibt es in der Postmoderne überhaupt so etwas wie eine „Identität", wenn so vieles an Festgefügtem nicht mehr fest ist, die Berufsrollen sich verändern, die Rollen von Frau und Mann nicht mehr festgeschrieben, die Werte nicht mehr allgemein verbindlich sind, wenn so vieles nicht mehr feststeht und immer wieder miteinander ausgehandelt werden muss und allenthalben Flexibilität gefordert wird? Wenn Rituale, an die wir uns gewöhnt haben und die uns im eigenen Leben auch ein Gefühl von

Identität und Geborgenheit vermitteln, immer wieder verändert werden müssen? Wenn langfristige Bindungen kaum mehr möglich sind? Wenn wir uns immer wieder auf neue, uns noch fremde Situationen einrichten müssen? Wenn die Erfahrungen, die wir in der Vergangenheit gemacht haben, die Kompetenzen, die wir uns erarbeitet haben, nicht mehr gefragt sind?

Zwar stehen uns viele Optionen, viele berufliche Möglichkeiten offen, wenn wir flexibel genug sind. Wir verfügen über ein Netz von möglichen Beziehungen, in denen wir uns bewegen können, wenn wir dazu bereit sind, etwa den Arbeitsplatz zu wechseln und neue Beziehungen einzugehen. Allerdings stellt sich die Frage: Fällt das eigene Leben dabei nicht auseinander? Kann man unter diesen Umständen überhaupt noch etwas Zusammenhängendes aus dem eigenen Leben machen, so dass man den Eindruck hat, das eigene Leben gelebt zu haben und es zu einem Gesamtwerk gemacht zu haben? Kann man sich unter diesen Umständen überhaupt noch verwurzeln?

Wenn alles so auf Kurzatmigkeit hin ausgerichtet ist, kann man da noch von Identität sprechen – als einem lebenslangen Prozess? Sicher geht es nicht um eine eindeutige, einzelne, sich immer gleich bleibende Identität, sondern um eine Identität, in der fragmentarische Erfahrungen und auch das Erleben von Chaos integriert werden können.

Ich bin zwar ich, aber immer auch wieder eine andere oder ein anderer, je nach Lebenssituation, je nach emotionaler Situation. Und doch: Es gelingt den meisten Menschen, viele verschiedene Lebenssituationen immer wieder auf sich selber zu beziehen, viele mögliche Identitäten, die das Ich erlebt und die ihm auch von außen zugeschrieben werden, auch auf sich selbst zu beziehen. Es gelingt den meisten Menschen, durch alle Fährnisse hindurch ein kohärentes Selbst zu bewahren und auszubauen. Auch wenn die Veränderung gegenüber dem Gleichbleibenden zu dominieren scheint: Es kann gelingen, sich das Gefühl der sicheren Identität zu bewahren.

Aber die Frage bleibt, wie das Ich sich entwickeln und mit anderen Menschen umgehen muss, damit es sich auf sich selbst verlassen kann – und damit sich auch die anderen Menschen auf diesen Menschen verlassen können.

Der Mensch hat sich noch nie wirklich gekannt und wird sich auch nie wirklich ganz und gar kennen. Dennoch muss er verlässlich sein, er selbst muss sich auf sich, andere müssen sich auf ihn verlassen können. Der eigene Selbstwert hängt ganz wesentlich davon ab, ob andere sich auf mich verlassen können. Wie viele Veränderungen auch auf die Menschen einstürmen, diese Verlässlichkeit sowohl für sich als auch für andere, muss gesucht und erreicht werden. Wie aber müssen wir mit unserer Suche nach Identität umgehen, damit wir verlässlich sind?

Oder brauchen wir die Vorstellung von der Identität nicht mehr? Passen wir uns den ständigen Veränderungen einfach an und sind immer wieder andere, wie es gerade die Situation erfordert? Durch den Zufall bestimmt und wenig durch eigene Entscheidung? Das würde bedeuten, dass wir dann nicht mehr an unserer Identität bauen, sondern dass sie uns, wenn sie denn diesen Namen noch verdient, immer wieder neu verpasst wird.

Die Postmoderne, in der wir heutigen Menschen leben, ist unter anderem dadurch gekennzeichnet, dass sie die Sinn stiftenden großen, zusammenhängenden Erzählungen von Religion und Wissenschaft durch fragmentarische, vorläufige Wissenschaftsmodelle ersetzt und dadurch ein Orientierungsverlust stattgefunden hat.[1] Aber auch die Menschen der Postmoderne haben ein Gefühl für ihre Identität, verbunden mit einem Gefühl für den Selbstwert. Vor allem aber spüren sie es, wenn sie eine Identitätskrise haben, wenn sich ihre Identität verändert oder wenn sie in Gefahr ist. Das lebenslange Werden der eigenen Identität ist ein Thema, das wohl jeden Menschen irgendwann einmal beschäftigt.

Wie wird Identität? Wie verändert sie sich? Wie verhält sie sich zum Selbstwertgefühl? Wie erhalten wir uns in aller Verän-

---

[1] Lyotard Jean-Francois (1993) Das postmoderne Wissen: Ein Bericht. Wien

derung etwas Gleichbleibendes? Das sind Fragen, denen ich in diesem Buch nachgehen werde.

Berichte über Identitätskrisen und Selbstwertgefühl

Ein Mann um die vierzig leidet als Folge eines Autounfalls an einer Gehbehinderung. Zwar kann er gehen, aber man sieht ihm an, dass er damit ein größeres Problem hat. Er klagt: „Es ist nicht so sehr das Gehen an sich, das verursacht kaum Schmerzen. Aber ich bin nicht mehr der, der ich bin. Meine Bewegungen sind mir fremd. Ich bin nicht mehr ich selbst. Ich kann mich auch nicht mehr auf mich verlassen, wie ich das früher konnte. Ich habe kein Selbstvertrauen mehr und ein ganz schlechtes Selbstwertgefühl. Ich wage gar nicht mehr, richtig aufzutreten und meine Meinung einzubringen."

Eine Frau um die sechzig stellt fest, dass ihr die Männer nicht mehr mit diesem gewissen „Etwas" in den Augen nachsehen. Sie meint, sie werde überhaupt nicht mehr gesehen von den Menschen auf der Straße. „Das verunsichert mich. Wer bin ich denn noch? Ich bin doch eigentlich trotz meines Alters ganz ansehnlich. Ich weiß gar nicht, was ich machen könnte, damit ich wieder mehr Aufmerksamkeit bekomme. Das Ganze zehrt am Selbstwertgefühl. Wie machen das denn die anderen?"

Ein Mann, Mitte dreißig, stellt fest, nachdem er viele eher kurze sexuelle Beziehungen zu Frauen hatte, dass ihn einige Männer eigentlich auch sexuell anziehen. „Man kann doch nicht in der Mitte des Lebens plötzlich entdecken, dass man schwul ist? Da war dann alles, was ich vorher gelebt habe, eine Lüge. Oder vielleicht doch nicht? Kann man die Identität wechseln? Ich bin ziemlich verunsichert: Es ist ja auch ganz spannend, aber stimmt das alles auch? Ich traue mir im Moment sehr wenig zu. Ich möchte wieder selbstsicherer werden …"

Ein Mann um die vierzig ist von seiner Partnerin, mit der er 15 Jahre zusammenlebte, verlassen worden. „Das schlägt mir aufs Selbstwertgefühl! Das hätte ich gar nicht so erwartet. Ich wage gar nicht recht, mit anderen Frauen Kontakt aufzunehmen. Ich komme mir als Versager vor. Eine ganz neue Identität. Die schmeckt mir überhaupt nicht. Natürlich bin ich auch noch der erfolgreiche Geschäftsmann. Aber wie lange noch? Das kann alles sich auch verändern. Ich weiß nicht, ob ich mein Leben wieder so richtig in den Griff bekomme ..."

Eine Frau um die fünfzig hat ihren Partner durch einen plötzlichen Tod verloren. „Ich bin jetzt Witwe. Ich habe eine neue Identität. Ich muss jetzt oft ankreuzen: verwitwet. Ein sonderbares Wort. Ich kann mich damit nicht identifizieren. Aber das ist äußerlich. Ich bin nicht mehr ich. Ich verstehe mich nicht mehr und die anderen auch nicht. Ich reagiere, wie ich früher nie reagiert habe: empfindlich, ängstlich. Am liebsten würde ich mich verkriechen. Ich war es so gewohnt, mich als Teil meines Mannes zu verstehen, wer bin ich denn jetzt? Mein Selbstwertgefühl war eh nicht besonders hoch, aber jetzt ist es ganz im Keller ..."

Ein Mann um die fünfzig in einem anspruchsvollen Beruf, wird frühzeitig pensioniert. „Man braucht mich nicht mehr, ich bin zu teuer. Eigentlich sagte ich immer, ich möchte auch einmal nur mehr meinen eigenen Interessen nachgehen. Aber jetzt, wo ich das könnte, finde ich meine eigenen Interessen gar nicht, die haben sich ‚verschlupft'. Wer bin ich denn jetzt noch? Irgendwie habe ich keinen Wert mehr. Ich kann nichts mehr beitragen – vorläufig jedenfalls. Vielleicht fällt mir ja wieder etwas ein. Aber ich bin so ohne Einfälle. Ich habe einfach die Energie verloren, ich traue mir nichts zu. Alles leidet unter diesem Gefühl des Unnützseins. Meine Ehe leidet, meine Frau versucht, mir zu helfen. Aber das kann sie nicht. Ich fühle mich auch körperlich schlecht, einfach alt. Ich habe mich von den Freunden zurückgezogen. Die sind ja noch im Beruf, haben keine Zeit, sprechen von ihren Erfolgen oder wenigstens von ihrem Ärger. Wie gerne hätte ich den Ärger, den ich gehabt habe. Irgendwie gehöre ich nirgends mehr hin, und ich habe auch den Kontakt mit mir selber verloren."

Eine Frau um die fünfzig hatte früher in ihrem Beruf viel Erfolg. Durch Umstrukturierungen in ihrer Firma ist das, was sie bieten kann, nicht mehr so gefragt. Sie arbeitet in einer Nische, die man ihr, aus Anerkennung für ihre früheren Erfolge, zugesteht. „Ich war früher wirklich hervorragend in meinem Beruf. Das war eine fraglose Identität. Da gehörte ich hin, da hatte ich Erfolg, da wurde ich akzeptiert, und mindestens die halbe Belegschaft wusste davon. In meinem Privatleben, soweit es das gab, wusste man zumindest, warum ich kein Privatleben hatte, und auch das schien mir akzeptiert. Und jetzt: Mir ist es, als bekäme ich das Gnadenbrot. Meine Identität erodiert jeden Tag mehr, damit auch mein Selbstwertgefühl. Ich suche eine neue Nische, wo ich noch einmal so richtig einbringen kann, was ich kann und bin. Es fällt mir im Moment bloß so wenig ein. Ich hatte ein so gradliniges Leben, und jetzt fällt es doch noch auseinander."

Eine Frau, Mitte dreißig, hat ihre Stelle verloren und eine neue Stelle angenommen, die wesentlich schlechter bezahlt ist. „Ich bin schon froh, dass ich überhaupt eine Stelle gefunden habe, die sicher zu sein scheint, wo ich auch aufsteigen kann, wenn ich geeignet bin. Ich hätte nie gedacht, dass es mir etwas ausmacht, weniger zu verdienen. Aber es macht mir etwas aus. Ich fühle mich einfach weniger wert. Ich bin nicht mehr die ‚gut verdienende Kraft', sondern eine ‚normal verdienende Kraft'. Es ist nicht so, dass ich zu wenig Geld hätte. Damit kann ich schon auskommen, auch wenn ich meinen Lebensstil verändern muss, es ist ein Problem der Identität und des Selbstwertgefühls. Irgendwie muss ich das wieder in den Griff bekommen."

Ein Paar, Anfang fünfzig, steht vor dem Umbruch der Familiensituation, nachdem das letzte von vier Kindern ausgezogen ist. Besonders die Frau leidet: „Ich habe keine Funktion mehr. Nur zu Hause warten, bis der Mann nach Hause kommt, das ist nicht genug. Jetzt war ich so lange Mutter, und jetzt? Was bin ich denn jetzt? Ich bin sehr unzufrieden. Ich hätte früher daran denken müssen. Aber mir gefiel es gut, Mutter und Hausfrau zu sein. Hoffentlich werde ich jetzt nicht eine, die Tag und Nacht ‚herumpützelt'!"

Ein 25-jähriger Mann hält sich für sehr zuverlässig in Beziehungen. Er ist für seine Freunde da, wenn sie ihn brauchen. Er hilft, soweit er das kann. Beziehungen zu pflegen sind für ihn ein großer Wert. Ein Freund von ihm, den er immer wieder sehr gestützt hatte, suizidierte sich, als er in den Ferien war. „Es macht mir viel aus, dass dieser Freund nicht mehr lebt. Ich leide aber vor allem auch daran, dass ich versagt habe, ich fühle mich sehr schlecht. Ich war nicht der zuverlässige Freund, der ich sein wollte. Ich bin nicht so zuverlässig, wie ich mich sehe und es von mir verlange. Mein Selbstbild stimmt nicht. Ich muss das irgendwie verändern. Aber ich mag es nicht verändern, denn ich will zuverlässig sein ..."

Einer Frau um die vierzig, die in einem kreativen Beruf tätig ist, in dem sie viel Erfolg hatte, fällt seit Jahren nichts wesentlich Neues mehr ein. „Die anderen merken das vielleicht noch gar nicht, ich kann noch von den Einfällen von früher leben, aber ich merke es. Ich verliere meine Identität als kreative Frau, auf die ich insgeheim sehr stolz war, und ich traue mir immer weniger zu. Ich habe ein schlechtes Selbstwertgefühl, das sich auch über andere Lebensbereiche legt. Ich wehre mich viel weniger als früher, wenn mich jemand über den Tisch ziehen will, bin dann dafür traurig, resigniert. Eigentlich schrecklich! Man muss doch auch sonst noch jemand sein, wenn man nicht mehr kreativ ist!"

Aber auch politische Veränderungen können die Identität nachhaltig verändern. Ein Akademiker, der in seinem Land politisch verfolgt wurde und floh, sagte von sich: „Was mir am meisten zu schaffen macht, ist, dass ich nicht mehr der Widerstandskämpfer bin. Das hat zentral zu meiner Identität gehört. Ich muss aufpassen, dass ich hier nicht in dieser Mentalität weiterkämpfe. Das war einfach meine Identität, daraus bezog ich den Selbstwert. Ich habe nicht einfach für meine Freiheit gekämpft, sondern für die Freiheit meines Volkes. Das ist jetzt alles weggebrochen. Dass ich in meinem angestammten Beruf im Moment keine Arbeit finde, macht mir weniger aus. Das wird sich irgendwie lösen lassen. Arbeit habe ich ja, und die mache ich gut."

Den Personen dieser Geschichten, die um viele ähnliche erweitert werden könnten, ist gemeinsam, dass eine Veränderung im zentralen Identitätserleben ansteht und herausgefordert wird. Die Menschen fühlen sich durch eine Veränderung in ihrem Leben in ihrer Identität verunsichert. Sie können nicht so leicht auf eine andere Identität umschwenken.

Diese Veränderungen werden als Identitätskrisen erlebt und sind verbunden mit einem schlechten Selbstwertgefühl, Angst und dem Verlust von Selbstvertrauen, ja einem Gefühl, dass das Leben seine Kohärenz verliert, bedeutungslos wird oder gar misslingt. Die einen wissen, dass sie wieder eine Nische finden werden, in der sie sich verwirklichen können, die anderen sind sich da nicht so sicher und neigen dazu, eher zu resignieren.

Man kann in verschiedenen Bereichen des Lebens das Gefühl für die eigene Identität erfahren und da auch verlieren. Meistens geht es um den Körper, um sexuelle Identität, um Beziehungen, um Arbeit und Leistung, um Ökonomie, um Werte, um Kreativität. Das sind die Lebensbereiche, in denen wir unsere Identität erleben, und dort finden dann auch unsere Identitätskrisen statt.

Erfahrungen von Identität

Eine grundlegende Erfahrung von Identität zeigt sich schon darin, dass wir unabweisbar wissen, dass wir uns im Laufe des Lebens ständig verändern und dennoch auch die Gleichen bleiben. Wir werden älter, und dennoch sind wir immer auch die, die wir früher einmal waren – auch wenn sich unser Wesen verändert hat. Menschen, die uns von früher her kennen, erkennen das Konstante und benennen es in der Regel auch. Auch wenn wir es gelegentlich nicht so gerne hören, wenn andere uns versichern, wir seien immer noch „dieselben" – denn schließlich haben wir doch intensiv an uns gearbeitet und uns entwickelt. Doch sie stellen mit dieser Feststellung nicht diese Entwicklung in Frage, sie sehen und bestätigen uns nur, dass durch alle Entwicklung hindurch wir – auch – dieselben geblieben sind.

Da blitzt bei der uralten, gebrechlichen Frau plötzlich noch einmal die Intensität ihrer früheren Jahre auf. Die sie umgebenden Menschen sagen dann: Ja, das ist sie noch immer. Auch wenn in unserem Leben sich eine einschneidende Veränderung ereignet hat und wir dann von uns selber sagen, wir seien jetzt nicht mehr die gleichen – etwa nach dem unerwarteten Tod eines Partners oder einer Partnerin –, wir sind doch auch dieselbe Person geblieben. Wir haben jedoch neue Facetten an uns kennen gelernt. Aber es ist nicht nur die Erfahrung, immer auch dieselben zu sein, wir werden, auch bei den einschneidendsten Erfahrungen, unsere Lebensgeschichte nicht umschreiben: Wir fügen diese Erfahrung unserer Lebensgeschichte hinzu, als ein wichtiges Kapitel, das zu dieser Lebensgeschichte gehört.

Kontinuität und Kohärenz

Wir haben ein Gefühl sowohl für die Kontinuität als auch für die Kohärenz. Wir entscheiden emotional – und oft sehr schnell –, ob etwas zu uns passt oder nicht. Wir werden dabei Anforderungen abwehren, die uns ängstigen, und erst nach einiger Überlegung werden wir uns entscheiden, ob wir uns darauf einlassen oder nicht: Auch zunächst Fremdes kann dann zu geliebtem, geschätztem Eigenen werden. – Wir selbst sind uns auch immer fremd – Entwicklung geschieht, indem zunächst Fremdes nach und nach vertraut gemacht wird. Aber es gibt Fremdes, das für uns nicht einfach nur fremd, sondern unstimmig ist. Würden wir es zu integrieren versuchen, würden wir uns entfremden. Wenn wir immer wieder versuchen, Unstimmiges zu integrieren, dann verliert unser Leben die Kohärenz, es wird beliebig. Das ist meistens verbunden mit einem Gefühl von Sinnverlust. Man hat das Leben dann aus den eigenen Händen gegeben. Man fragt nicht mehr, was denn das Leben von einem will. Diese Kohärenz, die Möglichkeit, viele Aspekte des Ichs in einen Zusammenhang zu bringen, so dass sie gegenseitig aufeinander einwirken können, wird im Laufe der Entwicklung immer wieder neu hergestellt. Dabei geht es ganz praktisch darum, dass wir Erfahrungen, Eigenschaften, die wir haben und entwickeln, Träume, Fantasien, Wünsche miteinander verbinden – und zwar auf der Ebene des Körpers, der Psyche, des Sozialen und des Spirituellen. Dieses kohärente Selbst ist immer in Arbeit. Es entsteht, indem „das andere" integriert wird. Durch diese Kohärenz entsteht auch die Erfahrung von Kontinuität.

Wir erleben uns in gewissen Situationen als identisch mit uns selbst und haben ein starkes Identitätsgefühl. Wir erleben uns aktuell in unserer Identität, als dem Zentrum unserer eigenen Existenz. Wir sind eine Synthese von allem, was wir schon waren, und von allem, was wir sein werden: Darin zeigt sich Kontinuität. Wir erleben uns als Selbst, zeigen uns als Selbst und können damit auch identifiziert werden. Dieses aktualisierte Erleben von Identität ist je nach Mensch und nach Situationen im Leben unterschiedlich. Es gibt Menschen, die sich mit sich identisch fühlen, wenn sie so richtig einverstanden sind mit sich selbst und mit ihrem Leben. Andere sprechen von Identitätserfahrungen im Zusammenhang mit Körpererfahrungen „an der Grenze".

So sagt ein 38-jähriger Mann: „Wenn ich klettere und absolut am Limit bin, fast nicht mehr kann, dann spüre ich mich als mich selbst, mich einmalig, bedroht, am Abgrund – ich habe die Verantwortung für mich. Ich kann mich auf mich und meinen Körper verlassen. Das ist ein gutes Gefühl."

Ist man am Abgrund, auch symbolisch verstanden in Grenzsituationen, spürt man die Identität meistens recht gut. Menschen, die von einer lebensbedrohlichen Krankheit bedroht oder erfasst sind, stellen fest, dass sie besser als je zuvor wissen, wer sie sind, was ihnen wichtig ist und was sie in ihrem Leben noch verwirklichen wollen oder müssen.

Identitätserfahrungen werden auch angesichts einer schwierigen ethischen Entscheidung, die man treffen muss, gemacht. Fühlt man sich verantwortlich, in einer Situation zu entscheiden, in der man nicht weiß, wie man sich eigentlich entscheiden soll, da ist man plötzlich konfrontiert mit der eigenen Identität: und zwar mit den Widersprüchen, die man alle als zu sich gehörig – und vielleicht sogar als schon immer zu sich gehörig – versteht. Auch wenn jemand von uns etwas erwartet, was wir aus unserer innersten Überzeugung heraus nicht erfüllen können, wenn wir spüren – oft mit „jeder Faser unseres Körpers" –, dass wir dies nicht können und nicht wollen und auch nicht tun werden, haben wir ein Gefühl von Identität. Ich – im Gegensatz zu jemand anderem. Diese Situationen gleichen denen, in denen man sich fremd oder gar ausgestoßen fühlt oder fühlte.

Aus der Differenz zu anderen kann also die eigene Identität aufleuchten.

Solche Erfahrungen weisen zeitlich auch in die Vergangenheit zurück: Im Zusammenhang mit Identitätserfahrungen werden immer auch Kindheitserfahrungen thematisiert: Als Kind anders angezogen sein als die anderen, hervorstechen – im Guten oder im Schlechten, einfach nicht richtig, den anderen gegenüberstehen, ganz allein, und man ist eben anders als die anderen.

Diese Erfahrung kann unterschiedlich verarbeitet werden. Sie kann ein bestätigendes Identitätsgefühl vermitteln: Ich unterscheide mich, und ich gehe trotzdem nicht unter. Sie kann aber auch als eine absolute Katastrophe erlebt werden: Man fühlt sich zwar in die eigene Haut zurückgewiesen, aber eben zurückgewiesen, ausgestoßen: Man gehört nicht dazu.

Auch in einer großen Angst kann man die eigene Identität erleben. Dann erlebt man sie als Identität, die in Frage gestellt ist. Ähnliches geschieht bei Erleben von Schmerzen.

Es gibt andere Identitätserfahrungen, die weniger von Bedrohung als von Lust geprägt sind: Da gibt es Menschen, die hingebungsvoll tanzen, fast bis zur Raserei oder Trance, und von sich sagen, sie erlebten eine Selbstgewissheit in der Selbstvergessenheit.

Ein junges Paar plant, ein gemeinsames Geschäft aufzubauen. Von den zu erwartenden Anfangsschwierigkeiten bis zur großen Firma, die sie einmal haben werden, mit vielen Menschen, die mit ihnen zusammen arbeiten werden, stellen sie sich ihre Zukunft vor und sagen: Das sind wir beide. Und wir beide können so etwas. Darin kommt ein Gefühl von Identität und einem guten Selbstwert zum Ausdruck.

Ein Mann, vor vielen Jahren aus dem Osten in die Schweiz geflohen, erzählt, wie wunderbar er sich gefühlt habe, als er, endlich Schweizer geworden, an einer ersten Bürgerversammlung teilnahm. „Ich hätte jedem und jeder ins Gesicht rufen können: Ich gehöre jetzt auch zu euch. Ich bin auch immer sehr empfindlich, wenn die Schweiz kritisiert wird. Da gehöre ich jetzt dazu, und das ist ganz wichtig. Natürlich habe ich auch noch meine ursprüngliche Identität, ich komme natürlich aus dem Land im Osten, aber meine Wurzeln sind jetzt hier."

Normalerweise geben diese jeweils neu erlebten Identitätserfahrungen ein gutes Selbstwertgefühl der Selbstgewissheit und der Selbstakzeptanz. Ein solches Gefühl der Selbstgewissheit muss jedoch nicht einfach nur mit Freude verbunden sein, sondern es kann auch großer Schmerz damit verbunden sein.

Allgemein gesprochen sind identitätsrelevante Erfahrungen solche, die die eigenen Grenzen und das Über-sie-Hinausgehen in einem Akt von Vitalität erleben lassen. Oder es sind solche Erfahrungen von Situationen, in denen man in die eigenen Grenzen gewiesen wird und dies nicht einfach als Katastrophe versteht. Das sind Situationen, in denen deutlich eine Unterscheidung zwischen dem Selbst und dem anderen Menschen, aber auch zwischen dem Selbst und dem anderen der Welt erfahren wird, und wo etwas vom eigenen Wesen – meistens auch in seiner Gewordenheit – aufblitzt. Das sind Situationen, in denen für einen Moment unser originäres Selbst aufblitzt oder unser Gefühl von Identität: Es wird darin sichtbar und erlebbar, was wir wirklich sind. Gleichzeitig wird deutlich, was nicht wirklich zu uns gehört, was uns von außen aufgepfropft wird oder worden ist. Da wir solche Erfahrungen nicht immerzu machen, heißt das, dass wir meistens leben, ohne diese Gefühle von Selbstwert und Identität zu haben, oder uns sogar in einem Gefühl der Selbstentfremdung befinden.

Wo und wie wir unsere Identität erleben, gehört ganz eigentlich zu uns und unserer besonderen Persönlichkeit. Es scheint nur außer Frage zu sein, dass alle Menschen diese Erfahrung kennen oder darunter leiden, wenn sie sie nicht von Zeit zu Zeit machen. Das bedeutet aber auch, dass niemand diese ganz spezifischen Erfahrungen bestätigen kann. Haben wir vergleichbare Identitätserfahrungen, können wir uns darüber austauschen. Spricht jemand von einer Identitätserfahrung, die wir selber nie gemacht haben, können wir nicht mitreden. Nur wir selber können sagen, was für uns identitätsrelevante Situationen sind.

Identitätsbildung geschieht in einem internen, psychologischen und in einem externen, sozialen Prozess. Die verantwortete Auseinandersetzung mit dem Schicksal, mit anderen Menschen, mit uns selbst, hält diesen Prozess in Gang.

In diesem Buch werde ich verschiedene Aspekte von Identität beleuchten und sie im Lichte einiger Theorien der Identität reflektieren, die sich mit konkreten Erfahrungen von Identität verknüpfen lassen.[2] Meine Absicht ist, die komplexen psychologischen Konzepte von Selbstwertgefühl und Identität auch in ihrer Bedeutsamkeit für das alltägliche Leben darzustellen. Durch diese Klärung soll herausgearbeitet werden, wie es auch heute möglich ist, ein gutes Selbstwertgefühl und eine im guten Sinne flexible Identität zu entwickeln.

---

[2] Eine Begriffsgeschichte der Identität findet sich in de Levita David J (1971, 2002) Der Begriff der Identität. Gießen

Räume, in denen Identitäten erfahren werden

Identitätsbildung findet als Prozess statt, und es gibt Räume, in denen dieser Prozess bzw. das Ergebnis dieser vielen Prozesse mehr sichtbar wird als in anderen. Diese Räume bezeichnen die verschiedenen Rahmen, in denen Identität erfahrbar wird.

Der Körper als Grundlage des Identitätserlebens

Wenn wir uns fragen, ob es uns überhaupt gibt, dann beziehen wir uns meistens auf unseren Körper. Er erscheint als Garant dafür, dass es uns in dieser ganz besonderen Ausprägung gibt: ein Körper, wie ihn alle Menschen haben, ein Körper, wie nur ich ihn habe, mein ganz individueller Körper mit seiner Geschichte in der Vergangenheit und in der Zukunft. Wenn zu viel Entfremdung, zu viel Zerrissenheit auf uns einstürmt, dann finden wir immer noch im Körper unsere Lebendigkeit und eine Form der Ganzheit.

Mit dem Körper – und dazu gehört auch der Kopf und das Gehirn – leben wir, erleben wir, machen wir Erfahrungen. Leiblich begegnen wir den anderen Menschen. Zwar kann man sich im Cyberspace auch elektronisch und virtuell begegnen. Eine wirkliche Begegnung ist jedoch immer noch etwas Körperliches. Unsere Verbindung zur Welt ist zunächst eine körperliche. Ohne unser Gehirn könnten wir die Welt nicht erfahren. Auch die Veränderungen unseres Identitätsgefühls gehen oft vom Körper aus: Deutlich wird dies etwa in den Körperveränderungen, die wir in der Adoleszenz erleben und die so viel zur Identitätsentwicklung oder auch zu Identitätskrisen in jenen Jahren beitragen können: Der vertraute Kinderkörper ist plötzlich nicht mehr da, die Beine und Arme sind zu lang, man wird ungeschickt, harmonische Bewegungen weichen disharmonischen. Oft entfremdet man sich in dieser Zeit vom Körper, um dann wieder zu einer neuen Vertrautheit zu finden. Ähnlich sind auch die Veränderungen im Klimakterium und das damit verbundene neue Selbstgefühl. Erfahrungen mit dem alternden oder auch mit dem kranken Körper sind zentrale Selbsterfahrungen. Aber auch Erfahrungen mit einem Körper – besonders dem weiblichen –, der nicht dem üblichen Schönheitsideal entspricht, können zu einer Identitätsunsicherheit führen. Verändert sich unser Körper, muss sich auch unser Bild von unserem Körper verändern, und damit ist auch unser Identitätserleben betroffen. Über den Leib nehmen wir uns selber, aber auch die Mitmenschen wahr: Über den Körper werden wir als existierend erkannt.

Er ist auch der Ort meines Befindens, der Spielplatz meiner Emotionen: Wir erleben ganz verschiedene Emotionen, intensive oder eher oberflächliche, körperliche. Vielleicht haben wir auch ein emotionales Muster, das uns ganz besonders geprägt hat, etwa als ängstlicher oder als vorwiegend zorniger Mensch. Der Körper ist der Ort meiner Freuden, der Ort meiner Leiden, der Ort meines Schmerzes, und er ist auch der Ort meines zukünftigen Todes. Hätten wir keinen Körper, dann würde sich auch die Frage nach dem Sterben nicht stellen.

Der Körper ist eine natürliche Grundlage der Identität und verändert sich ständig. Zellen unseres Körpers werden ständig ausgetauscht – aber immer nach demselben Bauplan.

Wenn wir Fotografien von uns selber anschauen, die über eine lange Zeitspanne gehen, wird uns bewusst: Es gibt das Gleichbleibende und es gibt die Veränderung, die Kontinuität und die Diskontinuität.

Der Körper ist nicht nur der Ort meines Befindens. Mit ihm und durch ihn drücke ich mein Befinden aus, und die anderen Menschen können mein Befinden wahrnehmen und deuten. Innenwelt und Außenwelt treffen sich. Ich fühle, und die Gefühle drücken sich im Körper aus. Zwar haben wir eine gewisse Kontrolle über unseren Gefühlsausdruck, aber sie ist niemals total.

Um uns anderen zu zeigen, um identifiziert werden zu können, müssen wir uns in der Welt darstellen. Dies tun wir mit unserer Leiblichkeit. Auch wenn wir sprechen, spricht der Körper mit, und gelegentlich sagt er etwas anderes, als wir verbal ausdrücken.

Unser Körper verändert sich in der Selbstwahrnehmung, im Körpergefühl sowie im Ausdruck, je nachdem, mit wem wir in Beziehung treten. Es ist zwar immer derselbe Körper, und dennoch kann er sich in vielen Variationen zeigen: einmal müde, dann begeistert, abgegrenzt, vital, zurückgenommen – abhängig von der jeweiligen Interaktion. Es ist faszinierend, einem Menschen über längere Zeit zuzusehen, wie sich sein oder ihr Körperausdruck, natürlich auch der Gesichtsausdruck, in der Beziehung zu verschiedenen Menschen verändert oder in Phasen, in denen keine Beziehung aufgenommen wird.

Der Körper scheint gerade heute der zentrale Ort zu sein, wo sich Identität ausdrückt und wo sich Menschen ihrer Identität vergewissern. Im Körper ist man nicht so orientierungslos. Der Schönheits- und Körperkult könnte auch ein Ausdruck davon sein, dass man sich auf diesen Bereich der Identität zurückzieht. Der Körper erscheint als etwas Verlässliches in einer Welt, in der es so viel Unverlässliches gibt. Auch Kreativität in Form von Gestaltungswünschen wird am eigenen Körper ausgelebt – bis hin zu chirurgischen Schönheitsoperationen.

Ansehnlich wollen wir sein, und wenn wir gesehen werden, fühlen wir, dass es uns gibt. Wir fühlen uns versichert in unserer Identität. Körperkult, der einem Jugendideal huldigt, bringt jedoch ein großes Identitätsproblem für das Alter. Das Alter soll dann hinausgezögert werden, so lange wie möglich – der Tod natürlich auch. Beziehen wir unser Selbstwertgefühl nur über den Körper, über seine Schönheit, seine Kraft, dann geraten wir in großen Stress, wenn wir altern, und das steht uns ja allen bevor. Es ist klar: Der Körper kann nicht der einzige Raum der Identität bleiben.

Sexualität

Eng verbunden mit dem Körper ist die sexuelle Identität eines Menschen. Anders als in der Idee, dass die sexuelle Identität irgendwann im Leben, spätestens in der Adoleszenz, festgelegt wird, geht man heute davon aus, dass sich die sexuelle Identität im Laufe eines Lebens verändern kann, dass auch die sexuelle Identität nicht mehr einfach ein für alle Mal festgelegt ist.[3] Das ist für die einen ein Grund zur Freude, für die anderen ein Grund zu Angst. Phasen der Heterosexualität können gefolgt sein von Phasen der Asexualität, der Bisexualität, der Homosexualität, erneuter Heterosexualität usw. Die meisten Menschen haben sich allerdings auf eine Form der Sexualität festgelegt. Andere aber spielen mit ihrer sexuellen Identität und versuchen herauszufinden, was ihnen in bestimmten Phasen ihres Lebens besonders zusagt. Wurde dies früher als eine pathologische Entwicklung gesehen und so gedeutet, dass ein Mensch seine sexuelle Identität nicht gefunden hat, gilt dies heute eher als ein Hinweis darauf, dass auch die sexuelle Identität nicht einfach festgeschrieben ist. Dies suggeriert Freiheit und ängstigt zugleich, wenn ein so wichtiger Lebensbereich immer wieder auch mit sich selber und den Mitmenschen ausgehandelt werden muss. Sicherheit oder Abenteuer – das ist plötzlich die Frage. Solange die meisten sich selbst heterosexuell verstehen und die anderen als nicht normal verstanden werden, so lange kann man sich beruhigt fühlen. Wenn anderes aber auch „normal" sein sollte,

---

[3] Schmidt Gunter (1996) Das Verschwinden der Sexualmoral. Hamburg, S. 113 ff.

dann könnte man ja etwas verpassen. Entscheiden muss man sich dann allemal.

Das Netz der Beziehungen

Das Gefühl unserer Identität beziehen wir nicht nur daraus, wie wir uns selber sehen, sondern auch aus den Interaktionen mit anderen Menschen. Vielleicht ist sogar die Weise, wie wir uns selber sehen und akzeptieren, wesentlich davon abhängig, wie wir als Kinder von unseren Beziehungspersonen gesehen und akzeptiert worden sind. Wenn wir nicht wissen, wie uns der andere sieht, dann fantasieren wir uns seine oder ihre Sicht auf uns, und zwar in der Regel positiver, als es bei Nachfragen sich herausstellt.[4]

Wir sind als Einzelne immer auf andere bezogen, und wir vernetzen uns mit anderen Menschen. Dies gibt uns ebenfalls ein Gefühl der Identität. Wir gehören dazu, binden uns, bleiben aber auch Individuen. Das kann man sichtbar machen an den Lebensräumen: Pragmatisch verstanden ist dies der Wohnraum, weiter gefasst sind dies alle die Räume, die wichtig sind für einen bestimmten Menschen und in denen er sich bewegt: Arbeitsräume, Räume der Freizeit, emotionale Räume, Räume der Vorstellung, der Erinnerung, Interessenräume usw. Die meisten Räume werden mit anderen Menschen geteilt. Denn hier geht es auch um die persönlichen Beziehungen, um die Ich-Du-Beziehungen, um die Liebesbeziehungen. Auch darum, wie wir einander in Liebesbeziehungen herausfordern, zu gemeinsamen Werken und zur Entwicklung der eigenen Persönlichkeit.[5] Liebe, Solidarität, aber auch Dominanz, Rivalitätsverhalten und

---

[4] Das wurde von Astrid Schütz empirisch untersucht. Schütz Astrid (2000) Psychologie des Selbstwertgefühls. Von Selbstakzeptanz bis Arroganz. Stuttgart, S. 104f.

[5] Willi Jürg (1985) Koevolution. Die Kunst gemeinsamen Wachsens. Reinbek

Unterwerfung sind Themen der Beziehungsidentität. Liebenswert zu sein, dem anderen Menschen ein zuverlässiger Partner, eine zuverlässige Partnerin, bewirkt, dass wir ein gutes Selbstwertgefühl haben.

Die Identität in Beziehungen verdankt sich in hohem Maße der Geschichte mit all den Menschen, die wir im Laufe unseres Lebens getroffen haben, die für uns Modelle waren, die wir imitiert und mit denen wir uns identifiziert haben. Und auch wenn man heute wenig wissen will von Vorbildern: Man sucht sich immer wieder Menschen als Modelle, die etwas können, was man selber entwickeln möchte, man kopiert sie, und dann verbessert man die Kopie, bis man, wenn es gut geht, wieder zum Original wird. Diese Modelle können auch aus der Literatur stammen. Welche Modelle man letztlich sucht, ist nicht beliebig: Solche Modelle entsprechen Fähigkeiten, Fertigkeiten, die in uns brachliegen und latent vorhanden sind. Man übernimmt sie in der Regel nur für eine gewisse Zeit, und dann werden sie der eigenen Persönlichkeit gemäß verändert. Wir lernen am Modell. Es gibt sehr viele Modelle, auf die wir im Laufe unseres Lebens getroffen sind, – ohne dass wir es vielleicht merkten, dass jemand für uns ein Modell ist. Man kann auch von Menschen lernen, die für uns sozusagen ein Antimodell darstellen. An ihnen merkt man dann genau, wie es für uns eigentlich nicht geht.

Arbeit und Leistung

Arbeit im Sinne von etwas herstellen, aktiv sein, sich verwirklichen und sich in der Verwirklichung erkennen und anerkannt werden ist ein Pfeiler unseres Identitätserlebens.

Hier setzen wir unsere Fähigkeiten, unsere Fertigkeiten ein. Aus diesem Tun entwickelt sich in der Regel die Berufsidentität. Dass wir mit unserer Arbeit etwas beitragen zum Wohle einer gewissen Gruppe, dass wir mit unserer Arbeit etwas bewirken und verändern können, Anstöße geben können, mehr zum Wohlbefinden beitragen können, gibt uns ein besonders gutes Selbstwertgefühl. Dieser Aspekt der Identität ist in unserer Gesellschaft immer noch ganz besonders wichtig. Viele Menschen betrachten diese Arbeits-, Pflichterfüllungs- und Leistungsidentität als wichtigsten Aspekt ihrer Identität und als Garant für ein zumindest ausgeglichenes Selbstwertgefühl. Wenn es aber weniger Arbeit gibt, wie kann von einer anderen Seite her der Selbstwert gestützt werden? Über die Arbeit verwirklichen wir uns weitgehend, über sie bekommen wir Anerkennung und Geld, dadurch können wir uns das Leben in etwa so gestalten, wie wir es uns vorgestellt haben. Und die Arbeit füllt unser Leben auch einfach aus. Vielleicht aber nimmt dieser Aspekt der Identität zu viel Raum ein und geht auf Kosten von anderen Aspekten der Identität, zum Beispiel der Beziehungsidentität.

Werthaltungen

Werte sind sozial vermittelt und vom Einzelnen dann mehr oder weniger akzeptiert. Sie werden geteilt mit anderen, und immer auch als eigene Werte verstanden, auf die hin zu leben man sich verpflichtet fühlt. Sie haben eine gewisse objektive Gültigkeit, beinhalten das, worüber wir uns verständigen können, dass das jetzt das Gesollte ist. Solche Selbstverständlichkeiten der Wertevergewisserung sind jedoch nicht mehr vorhanden. Dies zeigt zum Beispiel die seit längerer Zeit stattfindende Wertedebatte. Zwar können wir keinen Wertezerfall konstatieren, sondern einen Wertepluralismus: Man ist gefordert, sich zwischen verschiedenen Werten zu entscheiden: Die Gewissheit eines „Guten", auf das man sich einfach beziehen könnte, ist nicht mehr vorhanden. Die eigene Entscheidung kann dann in eine Spannung zur Entscheidung anderer Menschen geraten. Diese Spannung ist auszuhalten. Fundamentalistische Angebote zeigen einen Weg aus diesem gelegentlichen Entscheidungsnotstand,

„erlösen" allerdings um den Preis einer starken Verengung. Dass überhaupt darüber debattiert wird, auf welche Werte und Werthaltungen hin wir uns auch in der Gesellschaft verstehen wollen, macht hellhörig. Werte wie Achtsamkeit, Mitmenschlichkeit, Zuverlässigkeit, Echtheit sind vielen Menschen wichtig. Aber es gibt auch Menschen, die sich auf einen gesteigerten Individualismus als Wert, auf Dominanz als Wert, auf ökonomischen Fortschritt um jeden Preis als Wert beziehen. Für wieder andere ist der ökologische Fortschritt ein Wert. Menschen haben unterschiedliche Werte. Es ist nicht immer einfach und offenbar, die Werte zu erkennen, auf die hin man das eigene Leben ausgerichtet hat. Hier braucht es gelegentlich die Diskussion mit einem anderen Menschen, der ein anderes Wertesystem vertritt, – und aus der Differenz heraus zum Denken und Fühlen dieses Menschen wird einem bewusst, welche Werte für uns zentral wichtig sind. Soziologen nehmen heute an, dass man Werte nur noch in einem relativ kleinen Netz miteinander diskutieren kann und dass man durch die Diskussion zu einem gewissen Konsens kommen kann. Aber vielleicht muss man das doch nicht so pessimistisch sehen: Vielleicht haben wir doch mehr gemeinsame Werte, auch in größeren Gruppen, als wir gemeinhin annehmen. Wir müssten darüber immer wieder sprechen, um uns unsere eigenen Werthaltungen bewusst zu machen.

Welche Werte wir haben, merken wir oft erst dann, wenn ein Wert bedroht ist. Ganz zentral merken wir es, wenn unsere Freiheit bedroht ist. Es ist auch möglich, dass neue Werte entstehen: Aus unserer Dominanzkultur, in der es ein Wert zu sein scheint, andere Menschen zu dominieren oder zu unterwerfen, könnte eine Beziehungskultur werden, in der es ein Wert wäre, miteinander die Probleme besser zu lösen und sich miteinander zu freuen. Ein gutes Selbstwertgefühl resultierte dann nicht aus der Erfahrung, besser zu sein als der andere oder die andere, sondern aus der Freude, miteinander etwas gestalten zu können.

Allgemein lässt sich feststellen: Werte zu verwirklichen, die wir als verpflichtend für unser Leben verstehen, gibt uns das Gefühl, ein wertvolles Leben zu führen, es gibt uns ein gutes Selbstwertgefühl.

Fantasien

Zum Raum der Identität gehören auch die Fantasien, die wir im Zusammenhang mit unserem Leben und unserer Person haben. Da sind zunächst einmal die Erinnerungen. Diese sind selten historisch korrekt, sondern überlagert von Fantasien. Die meisten Menschen wollen sich und ihr Leben etwas schöner machen, als sie sind und es ihr Leben tatsächlich war. Das kann man leicht bei sich selber nachprüfen, indem man kritisch beobachtet, wie sich Geschichten, die man immer wieder einmal erzählt, mit der Zeit verändern. Schon beim Erzählen harmloser Ferienerlebnisse ist dies zu bemerken. In der Erinnerung verändern wir zum Beispiel auch Situationen, die sehr viel Scham erzeugt haben, und machen sie ein bisschen erträglicher für unser Selbstkonzept. Im Erzählen unserer Geschichten sprechen wir auch darüber, wie immer wieder andere Facetten der Identität wichtig geworden und integriert worden sind. Unsere Biografie ist das Gewordensein von Identität, und damit ist viel Fantasie verbunden. Unsere Identität gestalten wir auch durch die Fantasie.

Die Fantasie spielt gerade im Zusammenhang von Selbstbild und Fremdbild eine große Rolle: Wie sehe ich mich selber, wie sehen mich die anderen? Wie mich die anderen sehen, muss ich erschließen: Natürlich geben mir die anderen einige Anhaltspunkte, etwa wenn sie zum Ausdruck bringen, dass sie gerne mit mir zusammen sind. Diese Anhaltspunkte nehmen wir und bringen sie in einen Zusammenhang, der im Wesentlichen von unserer Fantasie genährt wird. Wie die anderen Menschen uns sehen, wirklich und vermeintlich, ist wichtig für die Bewertung unserer Identität. Wir können uns nicht nur aus unserer eigenen Sicht beurteilen, unsere Mitmenschen und wie sie uns akzeptieren, sind real. Sie haben einen Einfluss darauf, wie wir uns selbst sehen. Wie wir uns vorstellen, dass die anderen Menschen uns sehen, hat auf der einen Seite viel mit unseren eigenen Wünschen, auf der anderen Seite viel mit unseren Befürchtungen, mit unseren Ängsten, aber auch mit unserer Haltung uns selbst gegenüber zu tun. Akzeptieren wir uns selbst, akzeptieren wir auch leichter andere Menschen und betrachten sie eher als „wertvoll". Wir erwarten dann aber auch leichter, dass wir selber auch als wertvoll gesehen werden.

Dieses Wissen um die eigene Identität und die in Situationen aktualisierte Identitätserfahrung, die Fantasien über sich selbst, sie finden immer im Spannungsfeld zwischen Blick von außen und Erleben von innen statt.

Kreativität

Kreativität als Fähigkeit, sich umfassend ausdrücken zu können, kommunizieren zu können, was einem in der jeweiligen Situation einfällt, Kreativität aber auch im Sinne des schöpferisch Verändern-Könnens von Lebenssituationen enthält Aspekte der Identität. Kreativität zeigt sich darin, dass man das Leben nicht einfach so nimmt, wie es ist, sondern sich fragt, ob man etwas verbessern oder verändern kann. Dies gilt auch für widrige Lebenssituationen: Natürlich gibt es Dinge, die man einfach akzeptieren muss, vieles aber kann man verändern und verbessern. Man muss sich vom Leben und von sich selber nicht alles gefallen lassen. Gäbe es nicht Menschen, die sich das Leben leichter machen wollten, würden wir immer noch das Wasser von der Quelle in die Küche schleppen, die Wäsche von Hand waschen ...

Es geht also nicht um die Kreativität der Hochkreativen, sondern um alltägliche Kreativität, darum, erfinderisch mit dem Leben umzugehen, um das Interesse und die Freude daran, das, was gegeben zu sein scheint, zu verändern.

Das Selbstwertgefühl und die Identität

Alle Erfahrungen, auch die Erfahrung von Identität oder von fehlender Identität, sind von Emotionen begleitet. Das begleitende Gefühl der Identität ist das Selbstwertgefühl.

Die Bedeutung von Emotionen

Das menschliche Leben ist von Anfang bis zum Ende von Emotionalität begleitet: im Wachen und im Träumen. Jede Erfahrung ist mit Emotionen verknüpft.

Von Geburt an unterscheiden Menschen zunächst zwischen angenehm und unangenehm, nach und nach entwickeln sich Freude, Trauer, Angst, Ärger, Neugier, Interesse, Schuld, Scham, Neid, Selbstwertgefühl. Emotionen wie Scham, Neid, Selbstwertgefühl treten erst etwas später in der Entwicklung auf, dann, wenn ein gefestigteres Selbstkonzept vorhanden ist.

Emotionen sind biologisch determiniert, sie entsprechen angeborenen Hirnstrukturen und ihrer Dynamik, sie haben eine evolutionäre Geschichte, werden beim einzelnen Individuum durch die Beziehungen zu den Mitmenschen und der Welt erfahrbar und differenziert und müssen in der Interaktion jeweils abgestimmt und kontrolliert werden. Dabei spielt natürlich die jeweilige Kultur und Gesellschaft, in die wir hineingeboren werden, eine Rolle. Durch die Gefühlsabstimmung wird etwa einem Säugling und einem Kleinkind vermittelt, in welcher Intensität Gefühle erwünscht sind, wie diese kommuniziert werden können und dürfen und wie man mit überwältigenden Gefühlen umgeht.

Emotionen regulieren die Anpassung an wechselnde Umwelt- und Innenweltbedingungen, wobei sie den physiologischen Gleichgewichtszustand im Organismus aufrechterhalten. Das wütende Schreien eines Säuglings bewirkt zum Beispiel, dass sein Hunger gestillt wird. Emotionen stehen im Dienste des physischen und des psychischen Überlebens und entscheiden weitgehend darüber, wie wir handeln.

Emotionen beziehen sich einerseits auf Stimmungen: So spricht man etwa von einer heiteren Stimmung oder einer gedrückten Stimmung. Andererseits bezeichnen sie genauer benennbare Gefühle, die wir spüren: Wir haben Angst. Oder sie beziehen sich auf starke Affekte: Panik hat uns ergriffen. Das Wort Emotion wird meist als Sammelbegriff im Unterschied zur Kognition gebraucht. Doch auch eine spezifische vorübergehende Veränderung im Organismus wird Emotion genannt. Diese Veränderung wird in neuronalen Mustern repräsentiert. Die damit verbundenen Vorstellungen nennt der Hirnforscher Damasio Gefühl[6]. Unser Leib hat zuerst Angst und reagiert mit verschiedenen neuronalen und chemischen Reaktionen. Und diese Reaktionen, die mit bestimmten Befürchtungsfantasien verbunden sind, nehmen wir als ein Gefühl der Angst wahr. Der Prozess des Fühlens, so Damasio, macht den Organismus aufmerksam auf das Problem, mit dessen Lösung die Emotion bereits begonnen hat, etwa die Aufmerksamkeit darauf zu lenken, dass wir uns bedroht fühlen, dass wir Angst haben und etwas unternehmen müssen.

Auslöser der Emotionen sind: Erfahrungen und Wahrnehmungen im Zusammenhang mit der äußeren Welt, aber auch Erinnerungen, Vorstellungen, Fantasien, Träume, die wir der in-

---

[6] Damasio Antonio R (2000) Ich fühle, also bin ich. Die Entschlüsselung des Bewusstseins. München, S. 102 f.

neren Welt zurechnen. Trauer ist solch eine starke Emotion: Ein Mensch stirbt, und wir erleben Trauer. Ich denke an eine Unterhaltung mit einem schon längst verstorbenen Menschen, und auch da erlebe ich Gefühle der Trauer, wenn auch in einer anderen Intensität.

In der Emotionalität des Menschen drückt sich seine Lebendigkeit und die Lebendigkeit seiner Beziehungen zur Mitwelt und zur Innenwelt aus.

Alle Erfahrungen, die uns unter die Haut gehen, sind emotionale Erfahrungen. Sie bedeuten etwas, sie sind nicht gleichgültig. Es sind Sinnerfahrungen.

Setzt man an den subjektiven Erfahrungen, am subjektiven Erleben des Menschen an, dann ist man bei den Emotionen, beim emotionalen Erleben.

Emotionen als komplexe Regulationssysteme

Emotionen haben immer mit dem Selbsterleben und dem Selbstausdruck eines Menschen zu tun. Menschen können von Anfang ihres Lebens an verschiedene wahrnehmbare und beschreibbare Emotionen erfahren. Alle diese Emotionen bilden den affektiven Kern unseres Selbsterlebens[7], der es uns ermöglicht, Kontinuität im Identitätserleben zu erfahren. Das emotionale Selbst stellt das Gefühl von der Einheit der Person auch dann noch her, wenn sehr widersprüchliche Informationen zu verarbeiten sind. So besehen sind die Emotionen das Zentrum unseres jeweiligen Identitätserlebens. Sagen wir zum Beispiel: Ich bin nicht bei mir, dann meinen wir meistens, dass wir nicht im Kontakt mit unseren Emotionen sind, uns daher vielleicht unlebendig fühlen. Ist jemand so ganz und gar emotionslos, dann ist es kaum möglich, mit diesem Menschen in Kontakt zu kom-

---

[7] Emde Robert N (1991) Die endliche und die unendliche Analyse In Psyche 45, 9, S. 763

men. Beziehung, Bindung, Kommunikation unter Menschen beruht vorwiegend auf emotionalem Austausch. Und auch die Motivation zum Handeln stammt aus der Emotion.[8]

Wenn wir von Emotionen sprechen, dann sprechen wir also von etwas, das uns ganz unmittelbar angeht, uns ausmacht und zwar durch unser ganzes Leben hindurch. Jede Autobiografie ist auch eine bestimmte Emotionsbiografie.

Jede Emotion hat eine bestimmte Erlebnisqualität und enthält einen Anreiz zu bestimmtem Verhalten. So regt Ärger etwa an, Grenzen zwischen Menschen zu bereinigen oder zumindest über Grenzen nachzudenken[9] oder sich mit dem verletzten Selbstwertgefühl auseinander zu setzen. Das Selbstwertgefühl ist die generalisierte emotionale Komponente des Identitätserlebens: Selbstwerterleben und alle anderen Emotionen wirken aufeinander ein und beeinflussen einander.

Emotionen regulieren unsere Beziehung zum Körper und sind somit auch Thema der Neurowissenschaften. Sie regulieren unsere Beziehung zum Du und zur Gesellschaft, sind verbunden mit Bindung, Liebe, Trennung, aber auch mit dem Selbstsein, das sich im Spiegel der Außenwelt erfährt. Emotionen werden erfahren und ausgedrückt: Sie sind Ausdruck dessen, was in uns vorgeht, etwa als Reaktion auf die anderen Menschen. Und durch die Emotionen teilen wir dem anderen nonverbal oder verbal mit, was in uns vorgeht. Emotionen sind eng mit der Thematik der Beziehung verbunden: Sie werden in Beziehungen ausgedrückt, und sie wirken auf die Beziehungen zurück. Das gilt besonders für das Selbstwertgefühl. Tiefenpsychologisch gesehen haben Emotionen, wie sie erfahren und ausgedrückt werden, viel zu tun mit unserer Geschichte und unseren Komplexen, die wir uns in unserem Leben zugezogen haben.[10]

---
[8] Emde, S. 771–773
[9] Kast Verena (1998) Vom Sinn des Ärgers. Stuttgart
[10] Kast Verena (1994) Vater-Töchter, Mutter-Söhne: Wege zur eigenen Identität aus Vater- und Mutterkomplexen. Stuttgart

Weil Emotionen so zentral unser Selbsterleben berühren und ähnlich wie die Identität einen Bezug und eine Wirkung nach innen und nach außen haben, haben sie einen direkten Bezug zu unserem Alltagsleben und den Alltagsproblemen. Sie sind das Alltäglichste, Allergewöhnlichste und ständig Gegenwärtige, und sie wirken bis hinein in die Träume – sie bestimmen unser Leben in hohem Maße. Sie sind Ausdruck davon, dass der Mensch in ständiger Kommunikation mit sich selbst und mit der Außenwelt ist und sein muss, also ständig an seiner Identität arbeitet. An Emotionen bei Kindern lässt sich sehr gut zeigen, dass Emotionen etwas allgemein Menschliches sind, dass sich in ihnen aber auch das Individuum ausdrückt.

Die elementare Emotion des Selbstwertgefühls

Das Selbstwertgefühl kann als eine primäre Emotion verstanden werden[11], als eine biologisch präformierte Emotion, die sich in jedem Individuum weitgehend kulturunabhängig in der Beziehung zu Bindungspersonen entwickelt und differenziert. Klinische Beobachtungen legen es nahe, den so wichtigen Bereich des Selbstwertgefühls als eigenständigen emotionalen Bereich zu bezeichnen und zu studieren. Das Selbstwertgefühl ist das Gefühl, das die Erfahrung der Identität fundiert. Alle psychischen Erfahrungen berühren letztlich auch das Selbstwertgefühl: Dies zeigt sich etwa im Verlust des guten Selbstwertgefühls, wenn Lebenskrisen erfahren werden.

Depressionen gehen einher mit sehr schlechtem Selbstwertgefühl, das allenfalls mit Grandiosität und Arroganz kompensiert wird. Gute Erfahrungen, die uns freuen, beflügeln hingegen unser Selbstwertgefühl.

---

[11] Kruse Otto (1991) Emotionsentwicklung und Neurosenentstehung. Perspektiven einer klinischen Entwicklungspsychologie. Stuttgart, S. 134

Ob das Selbstwertgefühl als primäre Emotion zu verstehen ist, ist umstritten. Wer sich gegen dieses Verständnis wendet, tut das meistens mit dem Argument, alle Emotionen hätten einen Einfluss auf das Selbst. Das ist richtig: Jede Emotion ist Ausdruck unseres Selbst, gibt eine Information darüber, welches Problem oder welches Glück unser Selbst zu bewältigen hat. In dieser Sichtweise, die etwa von Tomkins und Izard[12], den Klassikern der Emotionstheorie, vertreten wird, wird das Thema des Selbstwertgefühls im Rahmen des Schamgefühls abgehandelt. Scham wird hier verstanden als das Gegenteil eines guten Selbstwertgefühls. In der Psychoanalyse wiederum spricht man eher von Narzissmus als von Selbstwertgefühl. Doch der Narzissmus ist mit großen Selbstwertproblemen verbunden, denn die Kränkbarkeit im Bereich des Selbstwertgefühls ist sehr groß, ebenso wie die Minderwertigkeitsgefühle, die durch Grandiosität kompensiert werden. Es erscheint mir präziser, dort, wo ein Problem im Zusammenhang mit dem Selbstwertgefühl auftritt, von diesem direkt zu sprechen. Damit werden auch theoretische Implikationen vermieden, etwa die Annahme, dass, wer ein Problem im Bereich des Selbstwertgefühls hat, notwendigerweise eine Störung in einer sehr frühen Phase der Entwicklung haben muss. Betrachtet man die Theorien zum Narzissmus, so lässt sich erkennen, dass diese Theorien Probleme abdecken, die kurz vor oder nach der Geburt auftreten. Diese Probleme wurden aber inzwischen eher als Gegenstand der Bindungstheorie verhandelt. Die Selbstwertgefühle, die im Zentrum der narzisstischen Probleme stehen, entwickeln sich erst etwa im zweiten Lebensjahr. Betrachtet man psychische Entwicklungen und psychische Störungen auf der

---

[12] Izard Carol E (1981) Die Emotionen des Menschen. Weinheim
Tomkins Silvan S (1962) Affect, Imagery, Consciousness, Vol I. The Positive Affects. New York
Tomkins Silvan S (1963) Affect, Imagery, Consciousness, Vol II. The Negative Affects. New York

Basis von Emotionen, müsste man jeweils die Problematik im Bereich des Selbstwertgefühls beschreiben.

Entwicklung des Selbstwertgefühls

Da das Selbstwertgefühl in den Forschungen zur Entwicklung des emotionalen Ausdrucks[13] nicht berücksichtigt worden ist, ist es schwierig, genau zu bestimmen, wann es erstmals auftritt. Anfänglich ist es verbunden mit der Emotion Freude – und bleibt das vielleicht auch später. Ein gutes Selbstwertgefühl und die Emotion Freude interagieren miteinander. Freuen wir uns, dann erleben wir ein gutes Selbstwertgefühl, ein gutes Selbstwertgefühl macht uns wiederum offener für das Erleben von Freude.[14]

Kagan[15] hat im Zusammenhang mit dem Erleben des Selbstwertgefühls in einer Untersuchung Kindern, die zwischen 18 und 28 Monaten alt waren, mit Puppen eine Szene vorgespielt und sie dann gebeten, diese Szene selber zu spielen. Kinder in diesem Altersabschnitt reagierten auf diese Bitte mit Stress und mit Rückzug. Jüngere Kinder bekamen keinen Stress und sehr viel ältere auch nicht. Das könnte darauf hinweisen, dass das Selbstwertgefühl gerade in diesem Alter neu erlebbar ist: Die Kinder wissen, dass sie die Aufgabe nicht so gut bewältigen können, und geraten deshalb in Stress.

Genauer hat Heckhausen[16] die Selbstbewertungsemotion, so nennt er das Selbstwertgefühl, beschrieben. Er stellt fest, dass

---

[13] Ekman P, Friesen W V (1975) Unmasking the Face: a Guide to recognizing Emotions from Facial Clues. Englewood Cliffs
[14] Kast Verena (1991) Freude, Inspiration, Hoffnung. Olten
[15] Kagan John (1981) The second Year of Life. The Emergence of Self Awareness. Cambridge Mass.
[16] Heckhausen Heinz (1985) Emotionen im Leistungsverhalten aus ontogenetischer Sicht. In: Eggers C (Hg) Emotionalität und Motivation im Kindes- und Jugendalter. Frankfurt/Main, S. 95–132.

Kinder mit zwei Jahren vor allem Erfolg erleben, mit zweieinhalb Jahren jedoch auch Misserfolg.

Den Ausdruck des Erfolgs beschreibt er am Beispiel: Der Blick eines Zweijährigen geht vom Werk triumphierend hoch, ist auf den Verlierer oder die Verliererin gerichtet, der Oberkörper wird aufgerichtet und die Hände nach oben geworfen. Das ist eine Siegerpose, die wir heute noch sehen können, bei einem Kind, das ein Spiel gewinnt, aber auch bei Fußballern u. a.

Das Erleben von Misserfolg fand Heckhausen erst bei Kindern von etwa zweieinhalb Jahren. Der Ausdruck: Der Körper sinkt nach vorne zusammen, die Haltung wirkt geknickt, der Kopf ist leicht schief zur Seite geneigt, verlegenes Lächeln, Blick und Hände lösen sich nicht vom Werk. Das Kind wird kleiner, das Gesichtsfeld engt sich ein.

Was Heckhausen hier beschreibt, kennen wir auch aus der Welt der Erwachsenen. Diese Haltungen können zur Gewohnheit werden, sich also habituieren: Sichtbar wird das bei depressiven Menschen, die geknickt durch das Leben gehen.

Heckhausen ist der Ansicht, dass das Selbstwertgefühl in Zusammenhang steht mit einem „Eigenschaftsbild von Tüchtigkeit", das man von sich selbst entwirft. Dieses Selbstbild ist verbunden mit der Hoffnung auf Erfolg und der Angst vor Misserfolg. Das Kind allerdings erlebt zuerst nur den Erfolg und bleibt vom Misserfolg noch eine kleine Weile verschont. Das hieße aber auch, dass das positive Selbstwertgefühl und das negative Selbstwertgefühl zwei verschiedene Gefühle sind.[17]

Das gute Selbstwertgefühl scheint etwa ab zwei Jahren erlebbar zu sein, das schlechte ab zweieinhalb Jahren.

---

[17] Kruse, S. 139

Das Selbstwertgefühl im Alltag

Das Selbstwertgefühl ist ein komplexes Gefühl. Dies zeigt sich auch darin, wie wir dieses Gefühl bezeichnen.

Im Zusammenhang mit dem positiven, dem guten Selbstwertgefühl spricht man von Gelassenheit, von Zufriedenheit und Stolz, von Selbstakzeptanz, von Selbstvertrauen, Selbstachtung, Vertrauen generell, von einem Gefühl der Anerkennung. Will man ein übertrieben positives Selbstwertgefühl bezeichnen, dann sprechen wir von Arroganz, von einem anhaltenden Triumphgefühl, von einem Machtrausch oder von Größenwahn.

Das Selbstvertrauen ist in diesem Zusammenhang sehr wichtig.

Selbstvertrauen ist das Vertrauen in die eigenen Fähigkeiten, das Gefühl, etwas bewirken oder verändern zu können, der Mensch zu sein, der handeln kann, das eigene Leben gestalten kann. Selbstvertrauen ist verschwistert mit einem guten Selbstwertgefühl. Das Selbstvertrauen und das Vertrauen in andere, aber auch ins Leben, als einer Art von Seinsvertrauen, haben einen inneren Zusammenhang und hängen davon ab, ob man vertrauensvolle Beziehungen herstellen konnte.

Ein Säugling, ein kleines Kind, muss einfach darauf vertrauen, dass die Beziehungspersonen hinreichend verlässlich sind. Dieses Vertrauen ist zunächst eine natürliche Haltung. Das Vertrauen, das sich zwischen den Beziehungspersonen und dem Kind entwickelt hat, wird auf andere Menschen übertragen. Hat man einmal erfahren, dass man vertrauen kann, dass das Vertrauen nicht ständig enttäuscht wird, so nimmt man an, dass die Menschen im Allgemeinen vertrauenswürdig sind. Dies weckt das eigene Selbstvertrauen: Denn sind die anderen vertrauenswürdig, dann kann man sich auch auf sich selber verlassen. Bei dieser Entwicklung des Vertrauens spielt auch eine Rolle, wie viel Vertrauen die Beziehungspersonen in die Mitmenschen und ins Leben haben. Vertrauensvolle Eltern schaffen eine Atmosphäre des Vertrauens um sich. Vertrauen – wie auch das Misstrauen – wird in den Familien weitergegeben, nicht so sehr als etwas, das man entwickeln müsste, sondern als etwas, das einfach vorhanden ist. Man kann es als einen Raum des Vertrauens bezeichnen.

Trauen wir uns selber etwas zu, wissen wir um unsere guten Absichten und Motive, aber auch um unsere Schattenseiten[18], also darum, was wir auch an Üblem beabsichtigen können, trauen wir unseren Mitmenschen Ähnliches zu. Eigenes vertrauensunwürdiges Verhalten lässt uns erwarten, dass andere Menschen unseres Vertrauens auch nicht würdig sind, und lässt Misstrauen wachsen. In einer Welt, in der man vertrauen kann, in der andere Menschen auch uns vertrauen können, ist das Selbstwertgefühl indessen besser.

Im Zusammenhang mit dem negativen, dem schlechten Selbstwertgefühl spricht man von Minderwertigkeitsgefühlen oder gar von Minderwertigkeitskomplexen (ursprünglich eine Idee von Alfred Adler[19]), von Unzufriedenheit, von Unterlegenheitsgefühlen, die mit Stress verbunden sind, von Gefühlen des Gekränktseins, der Demütigung, vom depressiven Affekt, von Scham. Das schlechte Selbstwertgefühl wird als sehr unangenehm erlebt und zwingt das Individuum, etwas zu unternehmen, um diesen Zustand aufzuheben oder zu mildern. Das Selbstwertgefühl steht in Zusammenhang mit der Entwicklung des Selbst.

Die Entwicklung des Selbstempfindens

Die Entwicklung des Selbstwertgefühls und der Identität lässt sich besser verstehen, wenn man die Forschungen zur Entwick-

---

[18] Kast Verena (1999) Der Schatten in uns. Die subversive Lebenskraft. Zürich, Düsseldorf
[19] Adler Alfred (1930, 2001) Praxis und Theorie der Individualpsychologie. Frankfurt/Main

lung des Selbstempfindens, des Selbstgefühls, einbezieht. Darum soll es im Folgenden gehen.

Daniel Stern[20], einer der bekannten Säuglings- und Kleinkindbeobachter, stellt das Selbstempfinden ins Zentrum der Entwicklungstheorie. Selbstempfinden (sense of self), könnte auch als Selbstgefühl übersetzt werden. Das Selbstempfinden ist für Stern der zentrale Bezugspunkt in der Beziehung zur Welt, aber auch das organisierende Prinzip, aus dem heraus der Säugling sich und die Welt und, das heißt auch, sich selbst und die anderen versteht.

Für Stern ist das Selbstempfinden ein primäres Organisationsprinzip. Um dieses Gefühl herum baut ein Kind das ganze Leben auf. Nicht die Triebe gelten als organisierendes Prinzip des Lebens, nicht die psychosozialen Modalitäten im Zusammenhang mit den Trieben, wie Erikson sie noch als organisierendes Prinzip gesehen hat, sondern die Entwicklung des Selbstempfindens.

Die Prozesse der Selbstorganisation vollziehen sich nach Stern in Stufen, und zwar so, dass bestimmte physiologische und psychologische Veränderungen einander entsprechen. Diese Veränderungen werden von den Beziehungspersonen wahrgenommen, gesehen und gedeutet; die Beziehungspersonen treten in Kontakt mit dem Kind und bestätigen, dass sich etwas verändert hat. Säugling und Beziehungsperson bilden von Anfang an ein interaktionelles System, das sich in ständiger Entwicklung befindet. Es gibt von Anfang an nicht nur ein Ich, sondern ein Ich in Interaktion mit einem anderen wichtigen Menschen. Das sich entwickelnde Selbstempfinden ist immer schon Ausdruck von Selbstgefühl und von neuer Identität, das sich in einer Auseinandersetzung mit der Umwelt bildet.

---

[20] Stern Daniel (1985) The Interpersonal World of the Infant. A View from Psychoanalysis and Developmental Psychology. New York. Dt. (1992) Die Lebenserfahrung des Säuglings. Stuttgart

Entwicklungsstufen des Selbstempfindens

Ursprünglich beschrieb Stern vier Entwicklungsstufen des Selbstempfindens, später fügte er eine fünfte an. Diese Stufen bauen aufeinander auf, bleiben jedoch auch in sich selbst das ganze Leben hindurch wirksam. Sie organisieren jeweils die Entwicklung.

1. Das Selbstempfinden taucht zwischen null und zwei Monaten auf. Stern geht davon aus, dass Säuglinge in diesem Alter Verbindungen zwischen verschiedenen Ereignissen herstellen und dass ein erstes Gefühl von Regelmäßigkeit und Geordnetheit erlebt wird. Dies geschieht mit Hilfe angeborener Fähigkeiten, aber auch durch Lernen. Diese Stufe bezeichnet die erste Entwicklung des Selbstempfindens.
2. Das Kernselbstempfinden entwickelt sich etwa zwischen zwei bis drei und sieben bis neun Monaten. Stern weist nach, dass der Säugling nun versteht, dass er und andere physisch getrennte Wesen sind: zwei Körper, die miteinander in Beziehung treten können, es aber nicht müssen. Selbst und Beziehungsperson sind getrennt, aber in Beziehung. Stern nennt das „me and the other". Mit dieser Beobachtung korrigiert er die lange herrschende Idee, dass Kinder sie aus einer primären Symbiose heraus entwickeln: Ein Kind ist immer schon ein Wesen für sich selbst, in Interaktion mit Beziehungspersonen. Diese Interaktion ist in dieser Phase vor allem körperlich.
3. Das subjektive Selbstempfinden entwickelt sich in der Zeit ab sieben bis neun Monaten und bis fünfzehn bis achtzehn Monaten. Kleinkinder in diesem Alter merken nun, dass Menschen verschiedene Affekte und Absichten haben. Es gibt verschiedene Ideen, wie man mit der Welt umgehen kann. Stern und auch andere meinen nun, dass das Kleinkind hier versteht, dass seine psychischen Zustände und die eines anderen Menschen nicht unbedingt die gleichen sind,

dass man diese aber miteinander teilen kann. Das Kind merkt, dass man sich austauschen kann und auch, dass gelegentlich zwei dasselbe wollen. Das ist der Beginn der Entstehung von Intersubjektivität. Hier unterscheiden sich Subjekte, die miteinander kommunizieren können, die das Gleiche machen können, die wissen, was im anderen vorgeht, und die auch wissen, dass der andere weiß, was in uns vorgeht. Intersubjektivität lässt sich beschreiben als: Ich weiß, dass du weißt, dass ich weiß ...

4. Das verbale Selbstempfinden beginnt mit fünfzehn bis achtzehn Monaten. Kinder entdecken, dass sie persönliches Wissen und Erfahrungen haben, die sie mit Hilfe von Symbolen, also mit Sprache, kommunizieren können. Nicht nur körperlich kann man sich nahe sein, nicht nur psychisch kann man Nähe herstellen, sondern man kann miteinander darüber sprechen und man kann das Wissen teilen.

5. Das narrative Selbstempfinden entwickelt sich zwischen drei und vier Jahren. Das Kind hat nun die Fähigkeit, persönliche Erfahrungen und Erlebnisse nicht nur einfach zu benennen, sondern in einer erzählenden kohärenten Geschichte zu organisieren. Hier entsteht die Fähigkeit, einander etwas zu erzählen. Das ist gerade auch in Bezug auf Identität etwas ganz Wichtiges: In unseren Erzählungen blitzt unsere Identität auf, wenn wir unsere Lebensgeschichte erzählen. Hier wird Identität erfahren.

Jedes neue Selbstempfinden ermöglicht ein neues Selbstgefühl und definiert einen neuen Bereich der Bezogenheit auf die Welt und sich selbst. Dieses Selbstempfinden entsteht immer aus der Interaktion mit Beziehungspersonen. Physiologische und psychologische Fertigkeiten werden in Verbindung mit der Welt, mit den Beziehungspersonen ausgetestet. Jede dieser Phasen, ist sie einmal entwickelt, bleibt das ganze Leben voll umfänglich erhalten.

Auch Emde[21] definiert das Selbst als Prozess. Für ihn bestätigt sich durch die Ergebnisse der Säuglingsforschung die Theorie der Identitätsentwicklung in den Grundzügen, wie sie Erikson entwickelt hat. Das Selbst ist nicht einfach vorhanden, auch nicht erworben; es wird immer wieder neu in der emotionalen Auseinandersetzung mit der Mitwelt.

Selbstgefühl, Selbstempfinden und Selbstwertgefühl

In den Ergebnissen der Säuglings- und Kleinkindbeobachtung von Daniel Stern ist die Entwicklung des Selbstempfindens exemplarisch dargestellt. Und dieses Selbstempfinden, das Selbstgefühl, ist die Grundlage für das Selbstwertgefühl. Der Säugling wird allerdings, wenn sein neues Selbstempfinden, seine psychische Entwicklung, wahrgenommen und aufgenommen wird, nicht schon mit einem guten Selbstwertgefühl reagieren, sondern mit Freude, allenfalls mit Stolz. Das Selbstwertgefühl entwickelt sich erst später. Betrachtet man aber die Dynamik in der Interaktion, die das Selbstempfinden des Säuglings erleichtert oder erschwert, und fragt, wie dieses sich im späteren Leben in den Interaktionen zeigt, wird deutlich, dass es hier um grundlegende Erfahrungen auch für das Selbstwertgefühl geht.

Die Beobachtung an Säuglingen zeigt uns, dass die Entwicklung und das Wesen eines Menschen aus der Beziehung heraus entsteht und verstanden werden muss.

Auch wenn wir einen Kern der Persönlichkeit annehmen, wenn wir annehmen, dass jeder Mensch etwas unverkennbar Eigenes in sich trägt: Zum Tragen kommt dieser Kern in der Beziehung zu den Beziehungspersonen. Menschen sind auf Anerkennung angewiesen, sie brauchen eine Antwort. Der Austausch zwischen dem eigenen Selbst und dem Selbst der

---

[21] Emde Robert, N (1991) Die endliche und die unendliche Analyse. Psyche 45, S. 745–779, Psyche 45, S. 890–913

frühesten Beziehungspersonen sind in unserem Episodengedächtnis repräsentiert und führen dazu, dass wir ähnliche Beziehungserfahrungen auch wieder im späteren Leben erwarten.

Betrachten wir zum Beispiel das Thema der Affektregulierung. Dabei geht es vor allem um Beruhigen und Anregen. Dies gilt auch noch in den Interaktionen von Erwachsenen, und diese Interaktionen haben einen Einfluss auf unser Selbst – und auf unser Selbstwertgefühl.

Ein Mann hat seine Brieftasche verloren und gerät in Panik, er malt sich gerade aus, was er alles in dieser Brieftasche verstaut hat, welche Behördengänge ihm bevorstehen, wie viel Geld er verloren hat. Beziehungsperson A reagiert empathisch, sagt dann aber mit Autorität und Ruhe in der Stimme: „Jetzt einmal ganz ruhig. Es ist zwar äußerst unangenehm, wenn die Brieftasche wirklich verloren ist, aber sogar dann kostet es nicht das Leben. Atme ein paar Mal tief durch. Wann hast du sie das letzte Mal noch gebraucht? Bist du vielleicht gestört worden?" Usw. Das ist der Versuch von Affektregulierung im Sinne einer Beruhigung.

Beziehungsperson B reagiert anders: „Kein Wunder, du mit deiner Sauordnung. Natürlich hast du die Brieftasche wieder verloren, wie mich das anödet. Mich wundert, dass du sie nicht noch öfters verlierst. Geschieht dir ganz recht." Auch Beziehungsperson B reguliert den Affekt, beruhigt aber nicht, sondern vergrößert die Panik, die Aufregung wird sich noch verstärken.

Beide Formen der Affektregulierung wirken auf das Selbstwertgefühl: Ist es gelungen, den Verlierer etwas zu beruhigen, sei es dadurch, dass ihm verschiedene Möglichkeiten einfallen, wo die Brieftasche sein könnte, sei es, dass er zur Überzeugung gekommen ist, dass auch ein Leben ohne die Brieftasche möglich ist, stellt sich die Überzeugung ein, dass er das Leben trotz des Verlusts bewältigen kann. Ein normales Gefühl von Kompetenz taucht wieder auf, und dies ist ein Aspekt eines guten Selbstwertgefühls. Wird die Aufregung aber noch gesteigert und mit einer Abwertung des Verlierers gekoppelt, dann wird dieser Mann in diesem Moment ein schlechtes Selbstwertgefühl haben. Dieses schlechte Selbstwertgefühl kann dann etwa mit einem Wutausbruch oder einem Ausbruch von Panik kompensiert werden. Was bei den Kleinkindern notwendig ist, um ihr Wohlbefinden wiederherzustellen oder aufrechtzuerhalten, geschieht in den Interaktionen von Menschen ständig, wir sind uns dessen nur oft nicht bewusst. Mit dieser Affektregulierung können wir das Selbstwertgefühl der anderen Menschen entweder verbessern oder verschlechtern. Natürlich haben die Mitmenschen, und hier ist ein Unterschied zum Säugling, wesentlich mehr Möglichkeiten, auf diese Regulierungen zu reagieren, insbesondere darüber zu sprechen.

Bei der intersubjektiven Bezogenheit geht es um die Affektabstimmung. Da wird ein Affekt, ein Gefühl von der Beziehungsperson bestätigt und damit bekommt das Kind den Eindruck, dass Emotion und Erleben einander entsprechen. Oder es setzen leichte Veränderungsversuche ein: Wenn etwa ein Kind seine Freude sehr laut äußert und die Beziehungsperson gedämpfter reagiert, so lernt das Kind, die Freude etwas weniger laut kundzutun. Obwohl vielleicht diese laute Freude zu diesem Kind passen würde. Nur der etwas depressive Vater kann diese laute Freude nicht ausstehen und versucht, den Gefühlsausbruch des Kindes zu verändern. Es kann auch zu fehlenden Abstimmungen kommen: Gewisse Affektäußerungen werden dann übersehen. Diese fehlende Affektabstimmung kann man auch noch in den Interaktionen von Erwachsenen beobachten. Da erzählt zum Beispiel eine Partnerin ihrem Partner von einem Erfolg – mit Wiederholungen und großer Freude in der Stimme. Der Partner reagiert lustlos, sagt immerhin: Nicht schlecht. Einige Zeit später erzählt sie von einem Ärger; da geht ihr Partner sehr empathisch mit, bestätigt ihr, wie schwierig es ist, mit ihrem Chef auszukommen, wie gut sie das aber normalerweise macht ... Diese Form der Affektabstimmung bewirkt, dass die Frau emotional allein gelassen wird im Erfolg, aber sehr verstanden wird bei Problemen. Macht sich die Frau diese Form der Affektabstimmung in dieser emotionalen Interaktion nicht bewusst, wird sie mit der Zeit nur noch über ihren Ärger sprechen und nicht mehr über ihre Freude. Das mag sinnvoll sein, denn wer die Freude mit einem anderen Menschen nicht teilen kann, hat mit großer Wahrscheinlichkeit ein Neidproblem und daher die Tendenz, die Freude einem anderen Menschen zu verderben.[22] Aber das Ausdrücken der Freude, das Zeigen eines Erfolges, bewirkt ein gutes Selbstwertgefühl und verstärkt die Selbstakzeptanz. Werden wir durch eine empathische Affektabstimmung darin bestärkt, fühlen wir uns von außen in unserer Identität bestärkt und spüren, dass unser Gefühl und die Bestätigung von außen miteinander übereinstimmen. Die Affektabstimmung hat im Zusammenleben von Menschen eine große Bedeutung.

Die intersubjektive Bezogenheit dient auch der sozialen Vergewisserung. Gerät ein Kleinkind in eine schwierige Situation, die es noch nicht richtig einschätzen kann, schaut es die Beziehungsperson an. Lächelt diese oder zeigt keine Beunruhigung, wendet sich das Kind der unsicheren, aber auch spannenden Situation zu. Zeigt die Beziehungsperson hingegen Besorgnis, wendet sich das Kind ab.

Die soziale Vergewisserung ist ein wichtiger Aspekt der Interaktionen, auch unter Erwachsenen. Menschen, die etwas erzählen, werfen immer wieder einen Blick auf das Gesicht ihres Partners oder ihrer Partnerin und hoffen auf ein bestätigendes Nicken oder einen bestätigenden Satz, vielleicht sogar einen Ausruf der Bewunderung. Verweigern wir in Gesprächen diese soziale Vergewisserung, strapazieren wir das Selbstwertgefühl unserer Mitmenschen. Belauscht man Gespräche, bei denen diese Vergewisserung ausbleibt, fragt der sprechende Mensch immer dringlicher nach: Ist doch so, oder? Kommt immer noch

---

[22] Kast Verena (1996) Neid und Eifersucht. Die Herausforderung durch unangenehme Gefühle. Zürich

keine Bestätigung, hört man am besten auf zu sprechen. Ist man aber auf Bestätigung angewiesen und hat man habituell kein sehr gutes Selbstwertgefühl, wird man immer noch mehr nach Bestätigung heischen, und man wird sie immer weniger bekommen. Die soziale Vergewisserung, die beim Kleinkind dafür sorgt, dass ein gutes Selbstgefühl und dann auch ein gutes Selbstwertgefühl entsteht, bleibt eine Basis für ein gutes Selbstwertgefühl, auch im späteren Leben.

In der Phase der verbalen Bezogenheit wird schon lange vorhandenes Wissen durch Symbole, durch die Sprache, objektiviert, ausgedrückt. Es kann kommuniziert werden. Wenn man eine gemeinsame Welt hat, kann man Erfahrungen miteinander teilen. Das Erleben und das Ausdrücken dieses Erlebten sind jedoch schwer zur Deckung zu bringen. Was wir innerlich erleben, ist unter Umständen nur sehr schwer in Worte zu fassen. Das existentielle Selbst und das verbale Selbst können weit auseinander liegen. Beim Kind ist es wichtig, dass man ihm hilft auszudrücken, was es ausdrücken möchte. Gelingt es einem Kind nicht, das zur Sprache zu bringen, was es auch wirklich sagen möchte, vielleicht, weil die Beziehungspersonen ungeduldig sind, kann das Kind mit Wutanfällen reagieren oder verstummen. Diese Dynamik findet sich auch bei Erwachsenen: Es gibt Menschen, die hören so aufmerksam und geduldig zu, dass man Erlebtes immer wieder umformuliert, bis es stimmt, bis das Gesagte dem Erlebten in etwa entspricht. Es braucht viel interessiertes Zuhören, damit ein Mensch das, was er oder sie wirklich erlebt, zur Sprache bringen kann. Hört uns jemand kaum zu oder gibt zu erkennen, dass er oder sie rasch eine endgültige Formulierung haben möchte, fällt uns gerade diese schwer. Wir fühlen uns dann wenig kompetent, vielleicht sogar stümperhaft, unser Selbstwertgefühl schwindet. Kann uns indessen jemand gut zuhören, stellt die richtigen interessierten Fragen, dann erfüllt einen ein Gefühl der Sprechkompetenz. Wir sind überzeugt, dass wir uns selber verständlich ausdrücken können, und das Gefühl der Identität sowie ein gutes Selbstwertgefühl stellen sich ein.

Es geht hier natürlich auch um das Interesse, das man dem entgegenbringt, was ein Mensch sagen will und zu sagen hat.

Die Regulation des Selbstempfindens und damit des Selbstwertgefühls ist etwas, das uns das ganze Leben hindurch begleitet, und wichtige Bezugspersonen spielen dabei eine zentrale Rolle.

Bindung

Eine wichtige Basis für ein gutes Selbstwertgefühl ist der Aufbau einer sicheren Bindung zu den Beziehungspersonen. Die Bindungstheorie ist von Bowlby entwickelt und dann von Ainsworth weiterentwickelt worden. Es wird heute intensiv auf diesem Gebiet geforscht, vor allem gibt es Längsschnittuntersuchungen[23], die die Entwicklung der Bindungsqualität bereits über zwanzig Jahre lang bei den gleichen Menschen beobachtet haben. Die Bindungstheorie befruchtet in hohem Maße die psychoanalytischen Schulen – nachdem die Ideen von Bowlby zunächst von der Psychoanalyse vehement abgelehnt wurden.

Bowlby[24] ist von biologisch angelegten Bindungssystemen ausgegangen, die bewirken, dass jedes Junge einer Spezies, also auch die Jungen der Spezies Mensch, bei Gefahr – komme sie von außen oder von innen – Sicherheit und Schutz bei einem Älteren sucht, und diese Älteren sind meistens die Eltern. Die Person, bei der man am ehesten und am häufigsten Schutz sucht, ist nach Bowlby die Bindungsperson. Die Bindungsperson ist die Person, zu der das Neugeborene in den allerersten Lebensmonaten am meisten Kontakt hat. In dieser Zeit wird die Bindung an die Bindungsperson ausgebildet. Droht irgendwann im Leben

---

[23] Grossmann Klaus und Grossmann Karin (1995) Frühkindliche Bindung und Entwicklung individueller Psychodynamik über den Lebenslauf. In: Familiendynamik 20, S. 171–192

[24] Bowlby John (1980) Das Glück und die Trauer. Herstellung und Lösung affektiver Bindungen. Stuttgart

Trennung, wird das Bindungssystem aktiviert und damit die Bindungsmuster, die man eben am Anfang des Lebens gebildet hat, die sich aber durchaus umbilden können.

Mary Ainsworth und Mitarbeiter und Mitarbeiterinnen haben einen Test entwickelt, die „Fremde Situation", mit dem die Bindungsqualität gemessen werden kann.

Dabei wurde festgestellt, dass es nur drei bzw. vier Bindungsmuster gibt.[25] Es gibt Kinder mit sicherem Bindungsmuster, Kinder mit vermeidendem Bindungsmuster, Kinder mit einem ambivalenten Bindungsmuster und Kinder mit einem desorganisierten/desorientierten Bindungsmuster.

Kinder mit einem sicheren Bindungsmuster zeigen in späteren Beobachtungssituationen, zum Beispiel im Kindergartenalter, ein angemessenes Sozialverhalten. Sie können Konflikte eher selbstständig lösen, haben mehr positive Affekte, also Interesse, Freude usw., mehr Fantasie, mehr Ausdauer. Sie werden als konzentrierter, erfindungsreicher, frustrationstoleranter und neugieriger beschrieben. Sie können Gefühle der Trauer und der Aggression zulassen, diese formulieren, und sie können Hilfe und Trost suchen und annehmen.

Aus anderer theoretischer Sicht kann man das sichere Bindungsmuster mit dem Konzept des „Urvertrauens"[26] oder mit dem Konzept des ursprünglich positiven Mutterkomplexes[27], wie ihn Jung und andere beschrieben haben, in Zusammenhang bringen. Wesentlich am Konzept des Bindungsmusters ist indessen, dass eben die Bindung, die Interaktion zwischen Mutter und Kind im Vordergrund steht.

---

[25] Die Beschreibung der Testsituation und der Bindungsmuster finden sich z.B. in: Dornes Martin (1998) Bindungstheorie und Psychoanalyse: Konvergenzen und Divergenzen. Psyche 52/4, S. 299–348
[26] Erikson Erik H (1971) Identität und Lebenszyklus, Frankfurt/Main
[27] Kast Verena (1994) Vater-Töchter, Mutter-Söhne: Wege zur eigenen Identität aus Vater- und Mutterkomplexen. Stuttgart, S. 51 ff.

Was die Bedingungen für eine sichere Bindung sind, darüber wird inzwischen systematisch geforscht.

Zunächst ist die mütterliche Feinfühligkeit im Umgang mit dem Kind zu nennen. Weil diese als Erklärung jedoch nicht genügt, wurde das Erwachsenenbindungsinterview entwickelt, in dem die Einstellung der Mutter ihrer eigenen Kindheit gegenüber[28] festgestellt werden kann. Die Hypothese war, dass verinnerlichte Bindungsmuster aus der eigenen Kindheit einen Einfluss auf die Bindungsqualität der Kinder haben und diese sich voraussagen lassen. Die Ergebnisse der Forschungen sind widersprüchlich.[29]

Im Zusammenhang mit der Säuglingsforschung hält man die Affektabstimmung zwischen Mutter und Kind und damit auch die affektive Interaktion für wesentlich für das Zustandekommen einer sicheren Bindung. Affektabstimmung bedeutet, dass die Mutter den Gefühlszustand des Säuglings an seinem Verhalten ablesen kann und dieses Verstehen so zum Ausdruck bringt, dass der Säugling seinerseits spürt, dass die Reaktion der Mutter etwas mit seinem Gefühlszustand zu tun hat.[30]

Auch das genügt aber noch nicht als Erklärung für die Entwicklung einer sicheren Bindung: Eine neue, zusätzliche Blickrichtung wendete sich dem „Containment"[31] zu, dem Aufnehmen und Modifizieren von Affektäußerungen. Um eine sichere Bindung zu entwickeln, ist es wichtig, dass die Bindungspersonen gut sind im Containment: Die Bindungsperson nimmt die Affekte wahr, die ein Kind hat – Kinder können ja durch Affekte ungeheuer gestört sein –, versteht den jeweiligen Affekt, zum Beispiel die ungeheure Wut oder die Trauer usw.,

---

[28] siehe Dornes, Psyche 52, S. 318
[29] siehe Dornes und Köhler
[30] Stern Daniel (1992) Die Lebenserfahrung des Säuglings, S. 199
[31] siehe Dornes, Psyche 52, S. 323
Fonagy Peter (1998) Metakognition und Bindungsfähigkeit des Kindes. In Psyche 52/4, S. 349–368

und versteht es darüber hinaus, diesen zu modifizieren. Containment bedeutet jedoch nicht, dass eine Beziehungsperson alles aushält. Es meint, dass man den jeweiligen Affekt zulässt und es versteht, ihn so zu verändern, dass er erträglich ist. Oft genügt es, dass man einem Kind bestätigend sagt: „Mensch, jetzt bist du aber wirklich wütend." Und man kann das mit einer Stimme und einer Intonation sagen, die eine Struktur in diesen überbordenden Affekt legt. Containment heißt, den jeweiligen Affekt aufzunehmen, den Affekt zu benennen und ihn durch Verhalten zu verändern. Es gibt immer noch Menschen, die, ist ein Kind hingefallen, wohl aus eigenem Erschrecken heraus es schelten: „Hast du nicht besser aufpassen können!" Das ist weder Containment noch hilfreich. Der Schmerz muss aufgenommen werden, die Wut und auch die Scham des Kindes darüber, dass es hingefallen ist. Ermahnende Bemerkungen, wenn sie denn notwendig sind, bringt man besser in einer Situation an, in der das Kind getröstet ist. Die Qualität des Containments hat einen Einfluss auf die Entwicklung einer sicheren Bindung, erklärt diese aber auch noch nicht hinreichend.

Schließlich, so die Forschungen der Bindungstheorie, müsse man noch berücksichtigen, welche unbewussten Fantasien Eltern in Bezug auf ihre Kinder haben. Man hat festgestellt, dass zum Beispiel Frauen, die unbewusst die Vorstellung hatten, dass ihr Kind ein sehr zerbrechliches Wesen sei, einen Kontakt vermeidenden Interaktionsstil entwickeln. Bewusst wurde diese unbewusste Fantasie durch Interviews und durch projektive Tests.

Fonagy[32] hat festgestellt, dass die „Fähigkeit der Eltern, eigenes und fremdes mentales Befinden zu reflektieren", ein guter Prognosefaktor für die Bindungsqualität des Kindes ist. In dieser Fähigkeit sind möglicherweise einige der oben genannten Bedingungen für eine sichere Bindung enthalten, wie etwa Feinfühligkeit, eine gute Affektabstimmung, ein gutes Contain-

---

[32] Fonagy, S. 356 ff, S. 363

ment, Wissen darüber, welche zunächst unbewussten Erwartungen man an das Kind hat.

In unserem Zusammenhang ist eine Studie wichtig, die belegt, dass Jugendliche mit einer sicheren Bindungsrepräsentation[33] „ein positiveres Selbstwertgefühl zeigen, also zufriedener mit sich selbst sind als Jugendliche mit unsicherer Bindungsrepräsentation, und darüber hinaus ihr Selbstbild von positiven sozialen Interaktionen geprägt ist."[34] Außerdem konnte in mehreren Studien gezeigt werden, „dass eine sichere Bindungsrepräsentation mit einer klaren Identität, eine unsichere Bindungsrepräsentation vor allem mit einer diffusen Identität im Zusammenhang steht.[35]

Die Notwendigkeit der Anerkennung

Menschen brauchen Anerkennung für das, was sie sind und was sie beitragen. Dies ist eine weitere Voraussetzung für ein gutes Selbstwertgefühl. Es genügt nicht, dass die Bedürfnisse befriedigt werden, die Anerkennung dieser Bedürfnisse ist gleichermaßen wichtig. Dornes[36] zeigt das im Rahmen der Säuglingsbeobachtung: Das Kind muss nicht nur spüren, dass die Mutter jetzt gern mit ihm spielt, sondern auch, dass der Mutter gefällt, was das Kind macht. Das bringt die Mutter natürlich nicht mit Worten zum Ausdruck, sondern in der Art, wie sie an dem Spiel teilnimmt.

---

[33] Bindungsrepräsentation meint die emotionale und kognitive Verarbeitung früherer Beziehungserfahrungen als verinnerlichte Muster. Diese Verarbeitung zeigt sich auch darin, dass sie in Sprache gefasst werden kann.
[34] Zimmermann Peter, Becker-Stoll Fabienne (2001) Bindungsrepräsentation im Jugendalter. In: Gabriele Glober-Tippelt (Hg) Bindung im Erwachsenenalter. Bern, S. 251–274, S. 262
[35] Zimmermann, Bindungsrepräsentation, S. 263
[36] Dornes Martin (1997) Die frühe Kindheit. Entwicklungspsychologie der ersten Lebensjahre. Frankfurt/Main

Dornes meint, dass viele psychische Erkrankungen damit zusammenhängen, dass die Anerkennungswünsche frustriert werden. Anerkennung meint nicht billige Lobhudelei, sondern ein akzeptierendes Mitgehen. Ausgedrückt werden kann das auf verschiedene Weise. Kohut hat es so formuliert, dass ein Kind den Glanz im Auge der Mutter braucht. Es kann natürlich auch der Glanz im Auge des Vaters sein. Und diesen Glanz braucht nicht nur ein Kind, das brauchen auch erwachsene Menschen: den Glanz im Auge eines Partners oder einer Partnerin, eines Mitmenschen. Öfter versagen wir einander diesen Glanz.

Ein Säugling muss zunächst in seinem Wesen und seinem Tun anerkannt werden. Da ist vorerst nichts Reziprokes. Erst sehr viel später kann er selber anerkennen, Dornes meint, etwa mit drei Jahren.

Beim Bedürfnis nach Anerkennung wird deutlich, dass wir den anderen Menschen für die wohlwollende Selbstbestätigung brauchen, die dann in der Folge der Entwicklung dazu führt, dass man sich selber und anderen gegenüber auch anerkennend sein kann, Respekt für sich und für andere aufbringen kann. Das wiederum ist eine Grundlage für ein gutes Selbstwertgefühl.

Die Entwicklung des Selbst und die Herstellung eines ausgewogenen Selbstwertgefühls haben immer schon eine Identitätsstruktur, sind eine Folge der Auseinandersetzung mit dem anderen Menschen oder dem anderen schlechthin.

Eine klassische Theorie der Identität: Erik H. Erikson

Erik H. Erikson hat den Begriff der Identität, der vor ihm eher Gegenstand der Philosophie war, in die psychologische und psychoanalytische Theorie eingebracht. Er ergänzte die psychosexuelle Entwicklung des Menschen, wie sie Freud beschrieben hatte, durch die psychosoziale. Die Selbstkonzepte verstand man vor Erikson vor allem als intrapsychische Konzepte. Mit seinen Forschungen richtet Erikson sein Augenmerk darauf, dass der Mensch unter Menschen lebt, Anteil hat an anderen Menschen, an der Kultur, an Gruppen und dass dies unabdingbar ist für die Entwicklung der Identität. Es gibt also nicht nur eine Psychologie des Ich oder des Selbst, sondern auch eine Psychologie des Wir und der Interaktionen zwischen Ich und Welt. Durch diese Interaktionen beeinflussen beide Seiten einander und dadurch entstehen auch spezifische Probleme. Diese Gedanken sind heute geläufig, besonders seit den Erkenntnissen von Stern u. a., die die spezielle Interaktion zwischen Kind und Beziehungsperson beobachtet und ihre Bedeutung für die Entstehung des Selbst nachgewiesen haben. Jede Beziehungsperson gehört aber bereits in einen sozialen, ethnischen, kulturellen, religiösen Kontext, und in der Beziehung zu der Beziehungsperson ist das Kind schon dem gesellschaftlichen Kontext verbunden. Seine Überlegungen zur Identität stellte Erikson in einen großen Rahmen:

Der Identitätsprozess wird von ihm verstanden als die „Organisierung der Erfahrungen im individuellen Ich"[37]. Gelingt dieser Prozess, dann ist das Individuum fähig, mit Brüchen im in-

---

[37] Erikson Erik H (1971) (1999) Kindheit und Gesellschaft. Stuttgart, S. 28

dividuellen Leben, auch in Verbindung mit gesellschaftlichen Prozessen, umzugehen, ohne krank zu werden.

Erikson ist für seine Theorie der Identität viel gelobt, viel gescholten, viel gelesen worden; seine Gedanken sind Ausgangspunkt für viele Forschungsarbeiten geworden. Eriksons Verständnis von Identität ist nicht nur ein soziologischer oder psychoanalytischer Begriff, sondern enthält immer auch eine gewisse Unschärfe. Vielleicht wird er aber gerade dadurch auch für heutige Fragestellungen wieder fruchtbar: Was bedeutet es für die Identitätsentwicklung, wenn die soziale und kulturelle Welt so wichtig ist und sich gleichzeitig so rasant verändert? Die Welt, und vor allem das soziale Zusammenleben, hat sich seit den 40er Jahren des letzten Jahrhunderts sehr verändert. Deshalb muss auch einiges an dieser Theorie kritisch bedacht werden.

Erikson: Ein begabter Außenseiter

Erikson wurde 1902 als Kind dänischer Eltern in der Nähe von Frankfurt geboren. Sein Vater hatte die Mutter schon vor der Geburt verlassen. Die ersten drei Jahre lebte Erik allein mit seiner Mutter, die mit ihm Dänisch sprach. Als Erik drei Jahre alt war, heiratete seine Mutter Homburger, einen der ersten Kinderärzte. Homburger adoptierte Erik. Nach dem Abitur hatte Erik eine Krise: Er wusste nicht, wie es weitergehen sollte mit ihm, er wusste nicht wirklich, was er wollte, und er wusste nicht, wohin er gehörte. Er – immer schon ein Außenseiter – hatte in der Adoleszenz eine Identitätskrise, die er später „psychosoziales Moratorium" nannte. Erikson war vielseitig begabt, auch künstlerisch. Er wollte Künstler werden, ging nach München und hatte dort auch schon eine Ausstellung zusammen mit Max Beckmann, als er sich entschloss, doch nicht Künstler zu werden. Fast zufällig, durch die Vermittlung eines Freundes, fand er zum Kreis von Anna Freud und Dorothy Burlingham, die die Kinderanalyse auf den Weg brachten. 1927 bis 1933 war er in

Wien und wurde Kinderanalytiker. Wegen des Nationalsozialismus – Erikson war Jude – emigrierte er in die USA und wurde 1939 amerikanischer Staatsbürger. Diese neue Identität verband er auch mit einem neuen Namen: den Namen des Adoptivvaters, Homburger, verwendete er als zweiten Vornamen und schuf als Namen den Kunstnamen Erikson. Er legte sich also umfassend eine neue Identität zu. Er führte eine kindertherapeutische Praxis, hatte verschiedene Forschungsaufträge an Universitäten, war Professor an der Berkley University in Kalifornien und später an der Harvard University, ohne selber je ein Studium abgeschlossen zu haben. Er starb 1994.

Erikson war immer wieder ein Außenseiter – das scheint ein wichtiger Aspekt seiner Identität zu sein. Dieses Außenseitertum konnte er einbinden in gelebtes Leben: So wählte er eine Profession, Analytiker für Kinder und Jugendliche, die damals eine Profession für Außenseiter war. Er musste emigrieren, brachte aber nach Amerika seine wesentlichen Erkenntnisse mit, die in Amerika gut aufgenommen wurden. Ohne je einen akademischen Abschluss gemacht zu haben, bekam er immer wieder Forschungsaufträge von amerikanischen Universitäten und wurde Professor. Sein Leben ist sozusagen ein Paradebeispiel dafür, wie eine Kontinuität durch alle Veränderungen hindurch so erhalten werden kann, dass man auch etwas zum Leben der Gesellschaft beitragen kann.

Eriksons wohl bekanntestes Werk ist „Kindheit und Gesellschaft", für das Thema der Identität ist besonders die Aufsatzsammlung „Identität und Lebenszyklus" wichtig, die 1959 erschienen ist.[38] Die Verbindung von Jugend und Gesellschaft hat ihn sehr interessiert: Für ihn fand die Entwicklung zur Identität vor allem in der Adoleszenz statt; die Identitätsentwicklung ist für ihn eine psychosoziale Entwicklung, die Einbindung des Menschen in seine kulturelle Umwelt ist ihm zentral wichtig.

---

[38] Erikson Erik H (1959) (1966)Identität und Lebenszyklus. Frankfurt/Main

Die innere persönliche und die soziale Entwicklung müssen miteinander verknüpft werden, soll das Leben gelingen.

Erikson hat auch psychohistorische Rekonstruktionen von Biografien verfasst, so hat er über Martin Luther und Mahatma Gandhi geschrieben.[39]

Interessant sind in diesem Zusammenhang die Anregungen, die Erikson für die Biografiearbeit gegeben hat, die die Entwicklung der Identität, auch mit ihren Brüchen und den eventuellen Lösungen, aber auch dem Scheitern, sichtbar machen.

Zentrale Aspekte der Identität

Wie umfassend Erikson Identität verstanden hat, soll anhand einiger wichtiger Zitate belegt werden. Wichtig ist ihm die Wahrnehmung der historischen Kontinuität, die Gleichheit und Kontinuität in der Zeit, durch das Individuum auf der einen Seite aber auch, dass andere diese Kontinuität und Gleichheit auch erkennen.

„... dass dieses Identitätsgefühl die Fähigkeit vermittelt, sein Selbst als etwas zu erleben, das Kontinuität besitzt, das ‚das Gleiche' bleibt, und dementsprechend handeln zu können."[40]

„Das Gefühl der Ich-Identität ist also die angesammelte Zuversicht des Individuums, das der inneren Gleichheit und Kontinuität auch die Gleichheit und Kontinuität seines Wesens in den Augen anderer entspricht".[41]

Der Prozess der Organisierung der Erfahrung im individuellen Ich, den er einen zentralen Prozess nennt, „schützt ... die Kohärenz und die Individualität der Erfahrung ... Dieser Prozess

---

[39] Erikson Erik H (1975) Der junge Mann Luther. Frankfurt/Main
[40] Erikson, Kindheit und Gesellschaft, S. 36
[41] Erikson, Kindheit und Gesellschaft, S. 256

befähigt das Individuum, innere und äußere Gefahren zu antizipieren, und setzt es in die Lage, seine Anlagen mit den gegebenen sozialen Möglichkeiten zu integrieren. Damit verleiht er dem Individuum ein Gefühl kohärenter Individuation und Identität: Man selbst zu sein, in Ordnung zu sein, auf dem besten Weg zu sein, das zu werden, wofür andere Menschen einen in den glücklichsten Momenten halten."[42]

Einen anderen Aspekt von Identität sieht Erikson wie folgt:
„Unter günstigen Umständen besitzen Kinder schon früh im Leben den Kern einer eigenen Identität, oft müssen sie ihn sogar gegen die Notwendigkeit, sich mit einem ihrer Elternteile, oder beiden, übermäßig zu identifizieren, verteidigen."[43]

Grundsätzlich versteht Erikson Identität auch als Gleichklang prinzipiell veränderlicher sozialer Rollen: die Idee, dass die sozialen Rollen, die wir übernehmen, nicht so dissonant sind, sondern dass sie irgendwie harmonisch zusammen klingen. Auf dem Hintergrund heutiger Erfahrungen würden wir diese so erweitern, dass wir auch dissonante „Rollenklänge" in einem übergreifenden Klangraum vereinen können.

Oder man fasst Identität so: Unter Identität versteht man einen entwickelten Lebensstil, der bestimmt, wie soziale Rollen ausgefüllt werden. Weil das Individuum einen Lebensstil hat, lässt es sich die Rollen nicht von außen aufzwingen, sondern interpretiert aus diesem Lebensstil heraus die sozialen Rollen, die eigene Kontinuität im Umgang mit anderen. So schreibt de Levita in Weiterführung von Erikson:

„Als Resultat meiner Identität wird mein Schicksal mein eigenes."[44] Und: „Zur Bildung von Identität muss das Indivi-

---
[42] Erikson, Kindheit uns Gesellschaft, S. 28 f.
[43] Erikson, Kindheit und Gesellschaft, S. 235
[44] de Levita, David J (1971) Der Begriff der Identität. Gießen, S. 72

duum in Eriksons Theorie an einer kulturellen Einheit teilhaben, muss wie ‚manche anderen Menschen' sein, indem es deren Maßstäbe, Ideale und Sitten teilt. Es muss gleichzeitig wie ‚niemand anders' sein, indem es einen Platz unter ihnen einnimmt, den es allein einnehmen kann."[45]

Gerade diese Formulierung ist außerordentlich glücklich: Hier ist im Zusammenhang mit der Identität der Individuationsaspekt angesprochen, so zu sein wie niemand anders, also einmalig, und die Verpflichtung auf die Einordnung in ein Kollektiv, so zu sein wie alle anderen. Dieses Thema wurde auch schon von Jung im Zusammenhang mit seiner Theorie vom Individuationsprozess beschrieben.

Identitätsthemen

Nach Erikson ist die Identitätsentwicklung eine psychosoziale Entwicklung; es findet eine Wechselwirkung zwischen dem Individuum und der Gesellschaft statt. Diese psychosoziale Entwicklung folgt nun einem universellen Grundschema. Die Identitätsentwicklung läuft in ihrer Typik bei allen Individuen gleich ab, und jedes nachfolgende Entwicklungsthema baut auf dem vorherigen auf. Jede neue Fähigkeit des Kindes trifft sich mit Erwartungen, die zunächst die Eltern haben. Lernt ein Kind zu gehen, dann hat es nicht nur Freude an der neuen Beweglichkeit, es hat auch einen neuen Status. Die Eltern erwarten von einem Kind, das gehen kann, etwas anderes als von einem Kind, das erst sitzen kann. Dies lässt sich paradigmatisch verstehen: Die Eltern sind auch die Vertreter der Gesellschaft. Die Kinder identifizieren sich zunächst mit diesen Entwürfen der Eltern oder der Gesellschaft für sie. Gelingt dieser Schritt, führt das zu Selbstachtung und einem guten Selbstwertgefühl. Das Kind hat den Eindruck, sich zu einem wichtigen definierten Ich in einer sozialen Umgebung zu entwickeln.

---

[45] de Levita, Der Begriff, S. 98

Nach Erikson ist das erste Identitätsthema *Urvertrauen versus Urmisstrauen*.

Urvertrauen entsteht, wenn sich der Säugling willkommen fühlt, wenn seine Bedürfnisse richtig entschlüsselt werden, wenn er sich auf die äußeren „Versorger verlassen" kann. Die Zuverlässigkeit der Bindungspersonen ist hier zentral wichtig. Sie führt in der Folge dazu, dass das Kind davon überzeugt ist, dass das Ich und die Welt in Ordnung sind, dass die dringendsten Bedürfnisse befriedigt werden und dass die anderen Menschen brauchbar sind zur Behebung von unangenehmen Zuständen. Misslingt die Entstehung des Urvertrauens, dann stellt sich ein Urmisstrauen ein: Ein Gefühl des Grundzweifels, der Verlassenheit, des Abgelehntseins, der Angst. Urmisstrauen stellt sich dann ein, wenn die Beziehungspersonen der frühen Kindheit nicht da sind, wenn sie da sein müssten, wenn sie unzuverlässig sind oder die Bedürfnisse eines Kindes nicht verstehen können. Das Thema von Urvertrauen und Urmisstrauen spielt im Leben und in den Theorien über die Identität eine große Rolle. Offenbar entscheidet sich am Anfang unseres Lebens, ob wir eher Vertrauen oder Misstrauen in die Menschen und in das Leben entwickeln. In der Terminologie der Jung'schen Psychologie unterscheidet man, ob man eher von einem ursprünglich positiven Mutterkomplex (Urvertrauen) oder einem ursprünglich negativen Mutterkomplex (Urmisstrauen) geprägt ist.[46] Zugespitzt lässt sich die Auswirkung von Komplexprägungen so darstellen: Ist man von einem ursprünglich positiven Mutterkomplex geprägt, hält man sich selber für einen guten Menschen in einer guten Welt, der Gutes tut und Gutes zu erwarten hat. Ist man von einem ursprünglich negativen Mutterkomplex geprägt, fühlt man sich als schlechter Mensch in einer schlechten Welt, und man muss sich immer sehr anstrengen für alles, was man bekommen oder erreichen

---

[46] Kast, Vater-Töchter, Mutter-Söhne

möchte.[47] Die meisten Menschen haben eine gemischte Komplexstruktur, und dennoch überwiegt die eine oder die andere Komplexprägung. Aber nicht nur die Mütter beeinflussen die Bildung des Mutterkomplexes; es gibt außerdem so etwas wie einen Mutterraum, einen Lebensraum, in dem Mütterliches geschieht und erfahrbar wird. Dazu gehören auch Tiere, Pflanzen, die Umgebung. Der Mutterraum wird auf den Lebensraum als solchen übertragen. Doch auch die Umwelt interagiert mit dem Kind, so dass der ursprünglich positive Mutterkomplex auch aus der Interaktion mit der Natur und mit Dingen beeinflusst wird.[48] Zu diesem Mutterraum gehören andere Menschen, die Atmosphäre, in der man aufwächst, gehören der Vater, die Geschwister, die Großeltern oder einfach Menschen, die mitleben. So betont zum Beispiel Mechthild Papousek[49], dass zumindest mit den relativ globalen Forschungsmethoden der Säuglingsforschung heute kaum noch ein Unterschied zwischen der Beziehungsaufnahme der Mutter zu den Säugligen und der des Vaters zu den Säuglingen festzustellen ist. Die Ähnlichkeiten im Umgang mit den Säuglingen dominieren über die geschlechtstypischen Differenzen, die es natürlich gibt. Gibt eine Mutter ihrem Kind die Brust, dann sind damit wesentliche Interaktionen verknüpft, von denen der Vater ausgeschlossen ist. Dennoch ist heute zu beobachten, dass wesentliche Aspekte des Mutterfeldes auch vom Vater mitbesetzt werden.

Gerade die Möglichkeit, mit mehreren verschiedenen Menschen Beziehungen zu pflegen und dabei verschiedene Facetten des Mutterkomplexes aufzubauen, kann zum Beispiel dazu führen, dass ein Mutterkomplex, der an sich einengend wirkt,

---

[47] Kast Verena (1990) Die Dynamik der Symbole. Grundlagen der Jungschen Psychotherapie. Olten, S. 44 ff.
[48] Enke Helmut (1993) Beziehung im Fokus. Die ozeanische Beziehung. In: Lindauer Texte. Berlin, Heidelberg, S. 63
[49] Papousek Mechthild (1995) Die Rolle des Vaters in der frühen Kindheit. Ergebnisse der entwicklungsbiologischen Forschung. Kind und Umwelt 54, S. 29–49

nicht ein ganzes Leben einzuengen vermag, sondern es nur in ganz bestimmten Bereichen einengt. Je nachdem, welche Komplexstrukturen Väter in den Mutterraum einbringen, werden Öffnungen ganz anders wahrgenommen, werden andere Lebenswerte und Lebensthemen eine Bedeutung erhalten.

Ungeachtet der Komplexprägung besteht in allen Menschen ein Drang, sich zu entwickeln, ein Drang zu Selbständigkeit. Auch dieser Drang bewirkt, dass Menschen sich aus den Einengungen durch Komplexstrukturen befreien können.

Diese Komplexprägungen können sich also im Laufe der Entwicklung verändern. Im Leben eines jeden Menschen zeigen sich diese Ausprägungen jedoch immer nur in Mischformen. Und so gibt es auch zwischen Urvertrauen und Urmisstrauen viele mögliche Übergänge.

Vertrauen versus Misstrauen bleibt ein Lebensthema. Natürlich gibt es Menschen, die auf Grund ihres Wesens und ihrer Lebenserfahrungen vertrauensvoller sind, andere sind misstrauischer. Mit diesen Voraussetzungen befindet man sich aber immer wieder in Lebenssituationen, in denen man sich entweder zu Vertrauen oder zu Misstrauen entschließt. Man kann sich auch grundsätzlicher fragen: Gehört es zu unserer Identität, sich immer wieder auf die Seite des Vertrauens zu schlagen, auch wenn es immer wieder auch missbraucht wird, oder haben wir uns entschlossen, grundsätzlich misstrauisch zu sein, die Welt in einem für mich bedrohlichen Charakter wahrzunehmen, den Mitmenschen immer das Schlimmste zuzutrauen?

Ein nächstes Identitätsthema, das von Erikson beschrieben wird und das er mit der analen Phase sowie der Entwicklung der muskulären Fähigkeiten in Verbindung bringt, ist das Thema der *Autonomie gegen Scham und Zweifel*. Der Autonomie entspricht das Thema, sich durchsetzen zu können, etwas zu erreichen und auch festhalten zu können. Die Themen von Loslassen und Festhalten, sich Durchsetzen und Anpassen gehören hierher. Scheitert man, kann man sich nicht durchsetzen, passt man sich zu lange an, schämt man sich dafür und zweifelt an den eigenen Fähigkeiten.

Das nächste Thema in der psychosozialen Entwicklung, das von Erikson mit dem Spielalter verbunden wird und in etwa der ödipalen Phase entspricht, betrifft das Thema: *Initiative versus Schuldgefühle.* Erikson meint, dass durch die fortschreitende sensomotorische und kognitive Entwicklung das Kind viel Initiative entwickelt, an die Dinge herangeht im Sinne des Ergreifens, alles untersucht und auch sexuelle Neugier entwickelt. Findet ein Kind keinen Resonanzraum für dieses initiative Tun, dann kann es Schuldgefühle und ein forderndes, hart urteilendes Gewissen entwickeln. Statt zu handeln, wird es sehr lange hin- und herüberlegen. Diese Überlegungen, die kaum zu einem Ende führen, ersetzen sozusagen das Handeln.

Diese Schuldgefühle würde man heute eher im Zusammenhang mit den Trennungsimpulsen sehen: Entwickelt ein Kind viel Initiative, dann erobert es die „Welt", entwickelt eine eigene Welt und löst sich dadurch auch von den Eltern ab. Das kann Schuldgefühle auslösen, weil man mit den Eltern auch in einer „Wir-Gemeinschaft" bleiben möchte. Die Themen von Initiative, auf die Welt zuzugehen, etwas zu gestalten, und die daraus resultierenden Schuldgefühle, weil man sich in einen Gegensatz zu Mitmenschen stellt – dies bleibt ein lebenslanges Thema.

In der Latenzzeit, von Erikson das Schulalter genannt (fünf bis zwölf Jahre), wird der Werksinn entwickelt. Das Kind verschafft sich die Anerkennung über das, was es kann, es entsteht eine Rivalität im Tun: Wer kann schneller laufen, länger unter Wasser bleiben ... Erfolg und damit verbundene Anerkennung bewirken ein besseres Selbstwertgefühl. Kann das Kind etwas nicht, das es können müsste, oder ist es wirklich ungeschickt, erlebt es Gefühle der Minderwertigkeit. Diese Gefühle können mit Selbstverachtung verbunden sein. Das psychosoziale Thema dieser Phase lautet: *zielgerichtete Leistung, verbunden mit Aufwertung im Selbstwertgefühl, versus Minderwertigkeitsgefühle.* Minderwertigkeitsgefühle entstehen dann, wenn diese Leistung nicht vollbracht werden kann und/oder die Anerkennung ausbleibt.

Dass Erikson das Selbstwertgefühl nur mit dieser Phase verbindet, ist zu punktuell gesehen und zeigt, dass für ihn das gute Selbstwertgefühl seinen Ursprung fast ausschließlich in der guten Leistung hat.

Mit Eintritt in die Adoleszenz dominiert dann die Thematik von *Identität versus Identitätsverwirrung.* Hier wird nun das Bewusstsein des Selbst in Beziehung zur Gesellschaft zentrales Entwicklungsthema. Der Triebschub der Pubertät umfasst viele Bereiche, die bewusst erlebte Sexualität, das Sich-Verlieben und auch das Abgelehnt-Werden, das Aufspüren der eigenen Interessen, die ermöglichen, sich einen Beruf zu wählen, die Auseinandersetzung mit den Forderungen, sich für einen Beruf, eine politische Orientierung, neue Beziehungen zu entscheiden. Das alles führt zu einer „Identitätsverwirrung" oder zu einer „diffusen Identität" und bewirkt eine Auflockerung der Ich-Struktur. Die früheren Entwicklungsthemen bauen nach Erikson die Identität auf, sind also durchaus identitätsrelevant. Dies wird an bestimmten Kristallisationspunkten sichtbar. „Die ganze Kindheit hindurch werden Kristallisationen erprobt, welche das Kind fühlen und glauben lassen ..., dass es annähernd weiß, wer es ist, – um jedoch bald zu finden, dass diese Selbstgewissheit immer wieder den Brüchen in der psychosozialen Entwicklung ... zum Opfer fällt."[50] Durch Selbstreflexion können nun frühere Identifikationen in Frage gestellt werden. Es müssen Resonanzräume gefunden werden für den eigenen Weg, man sucht Men-

---

[50] Erikson Erik H (1965) (1959) Identität und Lebenszyklus. Frankfurt/Main, S. 141

schen, die ähnliche Ideen, Lebensentwürfe, Ansichten haben, von denen man sich bestätigt fühlt und auch bestätigt wird. Die Gesellschaft stellt ein Angebot von Rollen zur Verfügung, die eingenommen werden können. Stimmen diese Rollen mit dem eigenen Wesen überein, dann gibt es keine größeren Schwierigkeiten. Diese Rollenangebote können aber auch zu einer Scheinidentität führen, wenn man sich einfach anpasst und sich so verändert, bis man in die Rollen eingepasst ist. Damit ist oft die Erwartung verbunden, dass die anderen einen nun akzeptieren und mögen.

Erikson geht davon aus, dass man sich bis zum Zeitraum Pubertät mit Eltern und anderen Vorbildern identifiziert hat, die Identität sozusagen übernommen hat. In der Pubertät wird diese übernommene Identität hinterfragt. Jetzt zeigen sich verschiedene Alternativen: Der Jugendliche weiß aber nicht, wofür er sich entscheiden soll, und gerät in eine Identitätsdiffusion und damit in ein „psychosoziales Moratorium", das notwendigerweise mit einer Krise verbunden ist. Das Individuum weiß nicht, wofür es sich entscheiden soll, wofür es sich letztlich verpflichten will, und gerät daher in eine Situation der inneren Spannung und Unruhe. Es nimmt sich eine „Auszeit", beschäftigt sich mit sich selbst, bis deutlich wird, was denn jetzt zum eigenen Leben wirklich gehört, wozu man sich innerlich verpflichten kann. Nach der Krise hätte dann der Adoleszente eine „erarbeitete Identität", die nun nicht mehr bloß übernommen ist. „Jene endgültige Identität also, die am Ende der Adoleszenz ersteht ... schließt alle wichtigen Identifikationen ein, aber verändert sie auch, um aus ihnen ein einzigartiges und einigermaßen zusammenhängendes Ganzes zu machen."[51]

Am Ende der Adoleszenz müsste man nach Erikson sagen können: Ich weiß, wer ich bin in dieser Gesellschaft, und ich weiß, was ich will. Für Erikson sind am Ende der Adoleszenz die Brüche in der Identitätsbildung aufgehoben.

---

[51] Erikson, Identität und Lebenszyklus, S. 139

In dieser Betrachtung bleiben jedoch die Spannungen in der Identitätsbildung, die Spannung mit einer Gesellschaft etwa, die die Identitätsfindung der Jugendlichen nicht einfach akzeptiert, ausgeblendet.

Die Dynamik der Identitätskrise, die im Zusammenhang mit der Adoleszenz beschrieben wird, ist nicht in dieser Zeit wirksam.[52] Die Identitätskrise findet aber nicht nur einmal im Leben statt, sondern immer dann, wenn eine bedeutsame Veränderung der Identität ansteht. Die starre Verortung der abschließenden Identitätsentwicklung auf Pubertät und Adoleszenz ist zu statisch. Niemand bestreitet, dass in der Pubertät und in der Adoleszenz eine bedeutsame Veränderung im Identitätserleben stattfindet, besonders auch deshalb, weil der Jugendliche sich jetzt vermehrt kritisch betrachten kann und an sich selbst auch zweifelt. Die hier einsetzende Selbstreflexion und der Selbstzweifel ermöglichen es, dass bisherige Identifikationen in Frage gestellt werden.[53] Nicht nur sich selbst, auch die Beziehungspersonen betrachtet der Adoleszente kritisch, spürt, dass es viele mögliche Optionen für das künftige Leben gibt. Erdheim nennt deshalb die Adoleszenz auch die zweite Chance zur Entwicklung des Individuums.[54] Die Entwicklung zur Identität kommt hier natürlich nicht zu einem Abschluss. Sie ist eine lebenslange Anforderung, immer wieder unter veränderten äußeren und inneren Umständen zur Identität zu finden. Und sicher wäre es eine Überforderung zu meinen, dass man dieses Problem ein für alle Mal in der Pubertät und Adoleszenz lösen müsste.

---

[52] Kast Verena (2000) Lebenskrisen werden Lebenschancen. Wendepunkte des Lebens aktiv gestalten. Freiburg, S. 29 ff.
[53] Erdheim Mario (1990) Wie familiär ist der Psychoanalyse das Unbewusste? In: Rohde-Dachser Christa, Hg (1990) Zerstörter Spiegel. Psychoanalytische Zeitdiagnosen. Göttingen
[54] Erdheim, Wie familiär, S. 29

Das Identitätsthema im frühen Erwachsenenalter ist für Erikson *Intimität versus Isolierung*. Unter Intimität versteht er eine stabile Partnerbeziehung, zu der man nur fähig ist, wenn man seine Identität entwickelt hat. Wer seine Identität nicht entwickelt hat, wird isoliert. Wir würden heute das Wort „Intimität" durch Bezogenheit ersetzen. Gelingen Bindungen nicht, gelingt es nicht, Verantwortung für den anderen Menschen zu übernehmen, gelingt es nicht, Eigeninteressen und Fremdinteressen miteinander zu verbinden, dann werden Menschen isoliert. Für Erikson spielen sich diese Entwicklungsaufgaben innerhalb normierter sozialer Rollen ab: Intimität und Isolierung ist für ihn ein Thema der traditionellen Ehe. Diese Realität hat sich verändert: Heute sind viele mögliche Formen von Beziehung möglich; ein allein lebender Mensch muss nicht isoliert sein, ein verheirateter Mensch nicht die Stufe der Intimität oder Bezogenheit erreicht haben.

Das Entwicklungsthema des mittleren Erwachsenenalters ist *schöpferische Tätigkeit versus Stagnation*. Mit schöpferischer Tätigkeit meint Erikson das Interesse, Kinder zu haben und für sie Verantwortung zu übernehmen, aber auch Produktivität in der Arbeit. Bei diesem Schritt der psychosozialen Entwicklung wird das Thema der Generativität angesprochen: das Bedürfnis, etwas für die nächste Generation zu tun: „Kinder" müssen nicht leibliche Kinder sein, alles Mögliche, wofür man sich einsetzt, kann den Status eines „Kindes" haben. Hat man diesen Drang zur Generativität nicht, kommen Gefühle der Stagnation, der Langeweile und der Verarmung auf.

Erikson geht davon aus, dass Menschen sich bis zum Tode entwickeln können. Das hat vor ihm auch schon Jung so gesehen und in seiner Theorie vom Individuationsprozess ausgearbeitet.[55]

---

[55] Jung Carl Gustav (1931) Die Lebenswende. In: GW 8. Olten

Im hohen Alter dominiert die Thematik *Integrität versus Verzweiflung*. Es stellt sich nach Erikson die Frage, ob man mit dem eigenen Leben zufrieden sein kann, ob man es als eine harmonische Einheit integrieren und verstehen kann, ob das Leben als Ganzes als sinnvoll erlebt werden kann oder, wenn das nicht möglich ist, ob man Ekel vor dem eigenen Leben empfindet, Abscheu, Verzweiflung – also eine resignative Lebensbilanz zieht. Diese Beschreibung der Entwicklungsaufgaben des hohen Alters wurden von Erikson geschrieben, als er etwa 45 Jahre alt war, und sie sind aus dieser Perspektive zu sehen. Aber es ist sein Verdienst, auch Lebensthemen für das hohe Alter formuliert zu haben.

Kritik

Die von Erikson benannten Lebensthemen sind wesentliche Identitätsthemen und Entwicklungsthemen. Doch gibt es andere Lebensthemen, die er nicht beschrieben hat. Störend in Eriksons Entwurf wirkt, dass diese Themen so deutlich bestimmten Phasen in der Entwicklung zugeordnet sind. Auch muss die Entwicklung dieser Themen nicht notwendigerweise mit einer Krise verbunden sein. Falls sich diese Entwicklungsschritte krisenhaft äußern und diese Krisen nicht gelöst werden, ist eine Entwicklung auch nicht für immer verpasst. Die von Erikson formulierten Lebensthemen sind ohne Zweifel identitätsrelevant. Doch wir sollten sie als lebenslange Aufgaben sehen, die zu bestimmten Zeiten im Leben aktueller sind als in anderen.

In der Theorie von Erikson liegt implizit eine Definition des gelungenen Lebens: Wenn man Vertrauen hat, loslassen, Initiative ergreifen, tätig sein kann, Identität entwickelt hat, zur Intimität gefunden hat und schöpferisch tätig ist und alle Entwicklungsschritte ins eigene Leben integrieren kann, dann ist das Leben gelungen. Was aber ist mit denen, die misstrauisch sind, festhalten müssen, Schuldgefühle entwickeln, sich minderwertig fühlen, in Identitätsverwirrung stecken, sich isolieren – und diese Entwicklungsschritte natürlich nicht integrieren können oder wollen. Und was ist mit den Menschen, deren ganzes Leben stagniert und letztlich in Verzweiflung endet? So wie sich Identität aufbaut in der Auseinandersetzung zwischen den neuen Fähigkeiten eines Individuums und den Anforderungen der Umwelt, also im Zusammenhang mit diesen Reifungsschritten steht, so werden sich diese Reifungsschritte auch zwischen Gelingen und Misslingen ereignen. Es genügt hier, dass man die jeweiligen Forderungen „gut genug" erfüllen kann. Auch in der Identitätsentwicklung gibt es keine perfekten Lösungen. Diese Entwicklungsaufgaben können Lebensthemen bleiben, die immer wieder einmal im Leben eines Menschen bedeutsam werden.

Menschliche Entwicklung vollzieht sich nicht in diesem harten Entweder-Oder. Menschen können zu Beginn ihres Lebens schlechte Erfahrungen machen, sich als urmisstrauisch erleben, natürlich werden sie dann festhalten, was es festzuhalten gibt. Sie trauen sich wenig und können sich daher weitgehend minderwertig fühlen – doch dann geschieht etwas Unerwartetes in ihrem Leben. Sie können zum Beispiel einen Menschen finden, dem sie zu vertrauen lernen, sie können eine Bindung eingehen, auf die sie sich nach und nach zu verlassen lernen, und sich auch verlassen können, und dann sind sie vertrauensvoller. Die Entwicklung des Menschen ist viel dynamischer, als sie in Eriksons Konzept zum Ausdruck kommt.

Haben wir in einem bestimmten Lebensbereich eine gelungene Identität, haben wir sie weder für unser Leben als Ganzes noch für den Rest unseres Lebens. So kann jemand innerhalb einer Beziehung eine erarbeitete Identität haben, eine Identität, die nicht mehr einfach nach den Rollenmustern der Eltern und der Gesellschaft funktioniert. So kann dieser Mensch mehr oder weniger bezogen als Ich einem Du gegenüberstehen, sich in den anderen Menschen hineinversetzen und die Beziehung so gestalten, dass sie für beide befriedigend ist. Dieser Mensch mit einer hinreichend stabilen Beziehungsidentität kann jedoch eine diffuse Berufsidentität haben, sich etwa schon in einem dritten Beruf versucht haben und immer noch das Gefühl haben, nicht am richtigen Ort zu sein. Er weiß nicht wirklich, was der Beruf für ihn sein soll. Theoretisch und praktisch gehen wir heute davon aus, dass verschiedene Identitätszustände nebeneinander bestehen können. Für Erikson wäre das aber schon Identitätsdiffusion. Entweder ist man ganz und gar identisch oder man ist es eben nicht. Und diese Ansicht existiert sozusagen als Schattenidee noch heute. Wir wissen zwar heute, dass wir eine flexible Identität haben, eine Patchworkidentität, eine fließende Identität. Diejenigen Menschen sind am meisten identisch mit sich, die dissonante Identitätsaspekte wirklich konsonant organisieren können, die immer wieder für sich die gesellschaftlichen Resonanzräume finden können. Menschen brauchen ein Echo. Dennoch sind wir immer noch von der Idee bestimmt, Identität hieße, dass der Mensch eigentlich durch und durch stimmig sein sollte, es sollte eine klare Linie geben, und die verschiedenen Aspekte seiner Persönlichkeit sollten alle wunderschön zusammen klingen. Erikson hat großen Anteil an dieser idealistischen Sicht der Identität, die offenbar einer Wunschfantasie von uns Menschen oder zumindest einer bestimmten Generation entspricht.

Das psychosoziale Moratorium

Der von Erikson geprägte Begriff des Moratoriums ist für unseren Zusammenhang bedeutsam. Was ist damit gemeint? Ein Jugendlicher tritt in die Pubertät mit Orientierungen und Überzeugungen, die es von den Eltern weitgehend übernommen hat. Diese übernommene Identität, die Summe der Identifizierungen, werden nun in Frage gestellt. Noch ist es aber nicht möglich, eine eigene Orientierung in Bezug auf die Zukunft zu haben. Verschiedene Entscheidungsoptionen treten ins Bewusstsein, die Jugendlichen wissen nicht, wie sie sich entscheiden sollen. Dies ist die Identitätsverwirrung, in der eine krisenhafte Zeit erlebt wird. Diese Krise braucht Zeit. Sie bezeichnet ein psychosoziales Moratorium, während der Jugendliche keine Verpflichtungen eingehen muss und in Ruhe nach den richtigen Wegen suchen darf. „Die Adoleszenz und die sich immer mehr in die Länge ziehende Ausbildungszeit der späteren Schul- und Hochschuljahre können ... als psychosoziales Moratorium betrachtet werden: als eine Periode sexueller und kognitiver Reifung und gleichzeitig als ein sanktionierter Aufschub endgültiger Verpflichtung. Dieses Moratorium erlaubt eine relative Ellbogenfreiheit für Rollenexperimente, auch im sexuellen Bereich, und diese Experimente sind alle für eine adaptive Selbsterneuerung der Gesellschaft wichtig."[56] Wichtig scheint mir in diesem Zusammenhang zu sein – und das kommt in diesem Zitat deutlich zum Ausdruck –, dass nicht nur der Jugendliche sich verändert, indem er sich eine sicherere Identität schafft, sondern dass sich dadurch auch die Gesellschaft verändert.

Erikson illustriert den Prozess des psychosozialen Moratoriums an der psychohistorischen Biografie über Martin Luther.[57] Luther sollte Rechtswissenschaft studieren, so hatte es sein Vater, ein Bergmann, bestimmt: Sein Sohn sollte einen angesehenen bürgerlichen Beruf ergreifen. Luther identifizierte sich zunächst mit diesem Wunsch, hatte an der Universität Erfurt den Magistertitel mit Auszeichnung erhalten und hätte nun das Jurastudium beginnen können.

Da machte er eine einschneidende Erfahrung: Bei einem heftigen Gewitter befand er sich auf dem freien Feld, umgeben von zuckenden Blitzen. Luther drückte sich in seiner Angst in eine Ackerfurche, rief die heilige Anna, die Heilige der Bergleute, um Hilfe und gelobte, Mönch zu werden, sollte er dieses Gewitter

---

[56] Erikson Erik H (1988) Der vollständige Lebenszyklus. Frankfurt/Main, S. 98
[57] Erikson Erik H (1975) (1959) Der junge Mann Luther. Frankfurt/Main

überleben. Er überlebte und erfüllte das Gelübde umgehend, im Alter von 21 Jahren.

Die Zeit, die Luther im Kloster verbrachte, interpretierte Erikson als institutionellen Versuch, die Identitätsdiffusionen der Jugend zu verstärken, um sie dann zu heilen. Das ist ein interessanter Gedanke: Die Identitätsdiffusion soll durch die Klosterregeln noch verstärkt werden, damit sie zu einem Ende kommen kann. Gelungen ist die Verstärkung der Krise dadurch, dass persönlicher Besitz in diesem Kloster verboten war, aber – und das wiegt schwerer – auch das Sprechen, sogar das Sprechen mit sich selbst. Die Klosterzelle maß drei mal drei Meter. Nach diesem Stadium der Verwirrung und Verunsicherung folgt dann mit Luthers Priesterweihe und der Zeit seines Mönchtums eine Klärung, aber auch dies war wiederum ein vorübergehender Zustand: ein möglicher Weg „die Entscheidung darüber, was man sei und was man werden solle, hinauszuschieben".[58] Das ist das Kennzeichen des Moratoriums. Als Luther auf den Lehrstuhl für Moralphilosophie in Wittenberg berufen wurde, ging das Moratorium zu Ende.

Übergänge in Identitätszuständen

Marcia, geprägt von Erikson, hat das Konzept der psychosozialen Entwicklung weitergeführt. Er hat sich sowohl von der Idee der altersgebundenen Thematik der Phasen wie auch von der Irreversibilität der Krisenlösungen distanziert. Er etablierte eine empirische Identitätsforschung, bei der das Gewicht auf das psychosoziale Moratorium gelegt wird.[59] Seine Idee: Der Übergang

---

[58] Erikson, Der junge Mann, S. 46
[59] Marcia James E et al (1993) Ego Identity. A Handbook for Psychosocial Research. New York
Eine sehr informative Übersicht über Forschungsergebnisse von Marcia und Mitarbeitern wird in Hausser Karl (1995) Identitätspsychologie. Berlin, Heidelberg referiert

von einem bestimmten Identitätszustand in einen anderen ist im Laufe des Lebens immer wieder möglich. Ihn interessieren nicht Identitätsthemen, sondern Identitätszustände und die Übergänge zwischen diesen Zuständen. Ihn interessiert, wie Identität wird.

Auf der Basis seiner Forschungen identifiziert Marcia vier Identitätszustände: eine übernommene Identität, eine diffuse Identität, eine diffuse Identität mit Moratorium und eine erarbeitete Identität. Diese Identitätszustände sind immer auch Ausdruck einer spezifischen Entwicklung.

Im Zustand der „übernommenen Identität" ist man eine klare innere Verpflichtung eingegangen, etwa in beruflicher, politischer oder religiöser Hinsicht. (Das sind die Bereiche, die Marcia in seinem „Identity-Status-Interview" abfragt.) Man orientiert sich immer noch an den Auffassungen der Eltern und hat keine Krise durchgemacht. Die Eltern wollen zum Beispiel, dass man Arzt wird, also wird man Arzt: Man übernimmt die Identität von außen.

Menschen mit diffuser Identität sind desorientiert und können sich nicht entscheiden. Sie gehen keine Verpflichtungen ein. Sie haben aber auch keine Krise.

Wenn diese diffuse Identität mit einer Krise und dem damit verbundenen Moratorium einhergeht, werden widerstreitende Alternativen erlebt; man weiß, dass man sich irgendwann entscheiden muss.

Menschen mit einer „erarbeiteten Identität" sind zu diesem Identitätszustand über eine Krise gekommen, sie haben die verschiedenen Einflüsse, die sie übernommen haben, geprüft und sind zu einem eigenen Standpunkt gekommen.

Diese Identitätsforschung von Marcia hat wichtige Ergebnisse im Zusammenhang von Identität und Selbstwertgefühl gebracht. So stellte Marcia fest, dass Menschen mit einer erarbeiteten Identität und Menschen im Moratorium ein stabileres, situativ weniger beeinflussbares Selbstwertgefühl haben als

Menschen mit einer diffusen oder einer übernommenen Identität. Menschen mit einer übernommenen Identität haben signifikant höhere Autoritarismuswerte[60], sie orientieren sich mehr an Autoritäten als andere. Vom tiefenpsychologischen Gesichtspunkt aus würde man sie als noch identifiziert mit wichtigen Aspekten der Elternkomplexe bezeichnen.[61] Studentinnen mit einer übernommenen und erarbeiteten Identität hatten ein höheres Selbstwertgefühl als andere. Es erstaunt zunächst, dass übernommene Identität bei Frauen Anteil an einem guten Selbstwertgefühl hat. Mit übernommener Identität geht jedoch eine geringe Ängstlichkeit einher, während andere Identitätszustände mit hoher Ängstlichkeit verbunden sind. Und Marcia fragt sich 1980, ob von Studentinnen auf Grund der Frauenrolle erwartet wird, dass sie sich an Autoritäten orientieren, dass alle anderen Wege mit einer erhöhten Ängstlichkeit „bezahlt" werden.[62]

Die erarbeitete Identität erwies sich nach seinen Untersuchungen als der stabilste Identitätszustand, das Moratorium als der labilste Zustand.

In einer Veröffentlichung von 1989 stellt Marcia fest[63], dass der Anteil von Menschen mit einer diffusen Identität in der späten Adoleszenz (18 bis 22 Jahre) in zehn Jahren von zwanzig auf 40 Prozent angestiegen sei. Neben der gestörten Identitätsdiffusion schlägt er deshalb auch eine Kategorie mit „sorgloser Identitätsdiffusion" vor. Damit sind Menschen bezeichnet, die nur kurze, spontane Verpflichtungen eingehen. Darüber hinaus stellt er eine Kategorie mit „sozial angepasster Identitätsdiffusion" vor, mit der die Anpassung an den Mainstream gekenn-

---

[60] Marcia, referiert in Hausser, S. 82
[61] Kast Verena (1994) Vater-Töchter
[62] Marcia, 1980, Identity in Adolescence. In: Adelson J (ed) Handbook Psychology. New York, S. 159–187
[63] Marcia J E (1989) Identity Diffusion Differentiated. In: Luszcz M A & Nettelbeck T (eds) Psychological Development: Perspectives across the Life-Span. North Holland

zeichnet werden soll. Dies verhindert innere Verpflichtungen, und solche Menschen wollen oder können sich nicht auf etwas festlegen.

Diese Feststellung von Marcia ist kongruent mit der Analyse von Soziologen. Die „Gesellschaft" fordert gar nicht mehr eine erarbeitete Identität, eine sorglose Identitätsdiffusion ist modisch. Ob sie aber auch befriedigend ist? Und wie wirkt sie auf das Selbstwertgefühl? Ein situativ beeinflussbareres Selbstwertgefühl könnte die Folge sein, wohl auch anfälliger für Autoritäten.

Der Übergang von der übernommenen zur erarbeiteten Identität

Der Übergang von der übernommenen zu der erarbeiteten Identität ist wichtig sowohl für die Identitätsbildung der Adoleszenten als auch für die lebenslange Bildung der Identität.

Im Folgenden geht es darum, zu den Identitätsthemen der Adoleszenten auch tiefenpsychologische Überlegungen mit einzubeziehen. Gegen die übernommene Identität, gegen die Identifikationen mit Wünschen, Vorstellungen, Urteilen von Eltern und Lehrern, dem vorherrschenden Zeitgeist, rebellieren die Jugendlichen. Nicht selten auch dergestalt, dass sie das leben, was in den Systemen, aus denen sie stammen, verdrängt wird: Sie leben den Schatten von Eltern und anderen Autoritätsgestalten sowie auch den Schatten der Gesellschaft. Der Schatten, in die psychologische Diskussion durch C. G. Jung eingebracht, ist definiert als das, was man nicht sehen soll, was nicht im Licht steht, was dem widerspricht, was man den anderen zeigen möchte, und was man deshalb verdrängt oder nicht zum Tragen kommen lässt.[64] Dies wird auf die anderen projiziert, an ihnen kritisiert und gegeißelt – und dabei kommt man sich selbst recht

---

[64] Kast Verena (1999) Der Schatten in uns. Die subversive Lebenskraft. Zürich, Düsseldorf

gut vor. Die Adoleszenten setzen gegen die Werte, die die Eltern und die in der jeweiligen Gesellschaft vertreten werden, oft den Schatten der Eltern und der Gesellschaft, also das, was bisher in ihrem Umfeld verdrängt worden ist und was natürlich deshalb von den Eltern und der Gesellschaft schlecht toleriert wird. Diese Werte werden in der Gruppe gelebt. Diese Phase, in der Identifikationen gelockert werden, Verdrängtes gelebt wird, ist nicht einfach eine Phase, in der über die eigenen Werte nachgedacht wird und das Übernommene kritisch hinterfragt wird. Gerade wegen der Identitätsdiffusion ist dies nämlich eine Phase, in der wiederum schnell und leicht die Identität übernommen wird. Diese ist dann vermittelt durch die Gruppe der Gleichaltrigen oder durch die Medien und die Lebensstile, die dort gezeigt werden. Sie vermitteln jeweils das Gefühl, dass man „richtig" ist, wenn man sich ihnen anpasst. Die Medien zeigen verschiedene Lebensstile aus unterschiedlichen Kulturen, unter denen gewählt werden kann. Die Fülle von Optionen macht die Wahl schwierig. Es wird aber auch immer deutlich, was gewählt werden muss, um die Zugehörigkeit zu einer bestimmten Gruppe zu erhalten. Um eine attraktive Gruppenidentität zu haben, passt sich der Adoleszente, und nicht nur der Adoleszente, an.

Zwischen dem Zeitpunkt der Geschlechtsreife, der verbindlichen Partnerschaft und dem vollen Einstieg ins Berufsleben öffnet sich ein gewisser Freiraum für die jungen Erwachsenen. Hier hätten sie eigentlich Narrenfreiheit, könnten sie sich ausprobieren, wenn sie nicht zu rasch eine neue Identität – eine vom Kollektiv definierte – übernehmen. Aber auch wenn das geschehen sollte: Die nachdenklichen Jugendlichen unter ihnen werden auch diese Bilder hinterfragen und finden zu einem individuellen Selbstkonzept mit einer gewissen Kohärenz, auf das sie sich auch verpflichtet fühlen. Dies gibt ihnen die Grundlage für alltägliches Verhalten, Entscheiden und Erleben. Das psychosoziale Moratorium beschreibt eine Phase des Ausprobierens, wo eigene Begabungen, eigene Gefühle, eine eigene Lebensrichtung sich langsam herausschälen. Dieses Konzept der Identitätsbildung kann durchaus Widersprüche enthalten, Widersprüche, die man als solche akzeptieren kann. So gehört in dieses Moratorium dazu, auf das zu hören, was aus dem Inneren des Menschen kommt, der inneren Stimme, die Ausdruck wichtiger Träume und Fantasien ist. Dazu gehören die Schwierigkeiten, die man mit sich bringt, sowie die Einflüsse der Gleichaltrigen, die modischen Lebensstile. Und es wirken die unausgedrückten und die ausgedrückten Ideen, wie man als Mann oder Frau zu sein hat. Das gute Selbstwertgefühl entsteht aus einer gewissen Kompetenz, die man hat, vor allem aber auch aus der Akzeptanz der Gleichaltrigen, wenn es gelingt, die eigenen Kompetenzen auch einzubringen.

Aspekte weiblicher Adoleszenz

Die weibliche Adoleszenz muss von der männlichen unterschieden werden. Schon vor dem Eintritt der Geschlechtsreife – und die kann bei Mädchen heute schon sehr früh eintreten – werden die Körperveränderungen von der Umwelt bemerkt, kommentiert, bewertet, bevor das Mädchen sich selber in seinem veränderten Körperempfinden kennen lernen kann. Die begehrenden Blicke von außen, mit denen das heranwachsende Mädchen wenig anfangen kann, außer dass sie irritieren, haben eine fatale Wirkung: Das selbstbewusste Mädchen, das es vor der Pubertät war, geht unter, das eigene Selbst, das bis dahin entwickelt worden ist, geht leicht verloren, und das Mädchen versucht, dem Wunschbild der Umgebung zu entsprechen.[65]

Die Adoleszenz kann zu der Chance werden, den eigenen Körper nicht nur von außen, vom Begehren und den Wünschen an-

---

[65] Hagemann-White Carol (1995) Berufsfindung und Lebensperspektive in der weiblichen Adoleszenz. In: Flaake Karin, King Vera (Hg) Weibliche Adoleszenz. Zur Sozialisation junger Frauen. Frankfurt, New York

derer anzunehmen, wenn ein „Innenraum"[66] erfahrbar wird, in dem die Beziehung zu einer schützenden Umwelt – und das ist meistens die Beziehung zur Mutter – besteht. Hier muss im Alleinsein möglich sein, eigene Triebe und eigenes Begehren erfahrbar werden und das eigene Umgehen mit dem Körper erlaubt sein. Dieser Innenraum ist dem Übergangsraum von Winnicott nachempfunden, der entsteht, wenn es möglich ist, die beschützende Umwelt zu introjizieren. Dieser Innenraum scheint mir ganz besonders wichtig zu sein. Die Entstehung eines solchen Raumes hängt damit zusammen, dass für das Mädchen die Beziehung zur Mutter wichtig bleibt, sich aber verändern muss. Innerhalb der Beziehung muss es mehr Autonomie geben. Ist ein solcher Übergangsraum, ein solcher Innenraum erfahrbar und lebendig, hat das Mädchen die Möglichkeit, den eigenen Körper, der ja die Grundlage der Identität ist, im vollsten Wortsinn zu be-greifen – dies könnte man im Sinne eines psychosexuellen Moratoriums verstehen –, dann könnte ein dialogischer Austausch mit den Anforderungen der Umwelt, auch mit den begehrlichen Blicken, und den eigenen Antworten darauf gefunden werden. Auch könnte das Mädchen in der vollen Bandbreite der sexuellen Möglichkeiten seine Fantasien entfalten und würde nicht zwangsmäßig auf Heterosexualität festgelegt. Geschieht das nicht, dann wird die sexuelle Identität von außen eingefordert, und da wird es dann deutlich, dass die Adoleszenz nicht einfach zu einer erarbeiteten Identität führt, sondern zu einer weiteren übernommenen Identität: Die jungen Frauen geraten unter einen großen „Weiblichkeitsdruck". Dazu Steiner-Adair: „In der Adoleszenz sollen sie lernen, mit den biologischen Gegebenheiten des Körpers zurechtzukommen – dies aber in einer Gesellschaft, die Frauen nach dem Aussehen beurteilt und sie dazu auffordert, ihren Körper so zu verändern, dass er einem eng umrissenen Schönheitsideal entspricht."[67] Junge Frauen bezie-

---

[66] Benjamin Jessica (1990) Die Fesseln der Liebe. Frankfurt/Main
[67] Steiner-Adair Catherine: Körperstrategien. In: Flaake, King, S. 243

hen ihr Selbstwertgefühl weitgehend über ihren Körper – und sie sind es gewohnt, unzufrieden mit ihrem Körper zu sein.[68]

Solche theoretischen Feststellungen und Forschungsergebnisse zur weiblichen Pubertät und Adoleszenz werden oft durch alltägliche Erfahrungen gestützt. Die Fragen, wie ein Mädchen oder eine junge Frau zu sein hat, damit sie „ankommt" – bei den Jungen und den Männern –, scheint sie schon früh zu bewegen, was man unschwer den Frageseiten in Jugendzeitschriften entnehmen kann. Dabei geht es vor allem um den Körper: Hilfe, ich bin zu dick, ich gefalle nicht, obwohl ich mich schön schminke, meine Nase ist schuld, dass mich die Jungen nicht beachten, ich denke an eine Schönheitsoperation ... Und dies sind Leserinnenzuschriften von zwölf- bis 14-jährigen Mädchen.

Raum für ein Moratorium zu finden ist für Mädchen schwer: Auf sie wird eher psychosozialer Druck ausgeübt. Diesem Weiblichkeitsdruck können sich nur die Mädchen entziehen, die ein ausgesprochen gutes Selbstwertgefühl haben, Mütter die selber unangepasst sind, und Väter, die diese unangepassten Frauen akzeptieren können.

Hagemann-White bemerkt zudem, dass die reichhaltige Literatur zur weiblichen Entwicklung wiederum reichlich einseitig sei. Gewiss ist das Thema des „Selbst-Seins-in-Beziehungen" ein wichtiger Aspekt. Ihr fehlen aber Entwürfe für das weibliche Selbst als „Selbst-in-der-Welt": „Zu fragen bleibt, wie Mädchen in der Adoleszenz ein solches Selbst entwickeln, ein unverwechselbares Ich, welches nicht nur liebenswert und liebesfähig wäre, sondern auch im Wechselspiel der Kräfte mit anderen Menschen gemeinsam arbeiten, handeln und in der Welt etwas zu bewirken vermag."[69] Das ist eine wichtiger Aspekt, im Zusammenhang mit der Frage nach einer über den Körper hinaus erweiterten Identität und dem damit verbundenen Selbstwertgefühl.

---

[68] Steiner-Adair, S. 244
[69] Hagemann-White, S. 77

Die Idee, dass man in der Adoleszenz zur eigenen sexuellen und beruflichen Identität findet, verbunden mit verbindlichen Werten und sicheren Handlungsmustern im Umgang mit den Mitmenschen, ist eher eine Wunschfantasie als Realität. Das gilt besonders für die Mädchen. Die Adoleszenz kann eine Chance sein, sich neu und besser zu finden, ungewollte Verfestigungen aufzulösen, weil die Fähigkeit zur Reflexion und damit auch zur Distanzierung von Ungewolltem besser zugänglich ist, aber auch, weil der Körper als Grundlage der Identität verändert ist. Aber die Pubertät und die Adoleszenz können auch eine Falle sein, wenn nicht genug Innenraum entwickelt worden ist und man in Gefahr ist, dem Druck der gesellschaftlichen Vorstellungen nachgeben zu müssen. Die Idee, dass man in dieser Lebensphase ein für alle Mal aus der übernommenen Identität in eine erarbeitete überwechselt, die man dann ein für alle Mal für das gesamte Leben hat, muss man opfern – und dies gilt für beide Geschlechter gleichermaßen.

Das Schaffen und Verändern von Identität

Die Bewegung von der übernommenen zur erarbeiteten Identität ist eine lebenslange Aufgabe. Immer wieder werden wir Identitäten übernehmen und sie dann im Dialog verändern, bis sie wieder mit dem übereinstimmen, was wir jeweils als wirklich unser Eigenstes empfinden. Es ist dies ein ständiger Prozess, in dem Identität geschaffen und verändert wird. Es ist eine Individuationsbewegung, und es ist auch ein Prozess der Selbstregulierung. Reagieren wir unter der Wirkung des Autoritätskomplexes, reagieren wir so, wie uns die von uns geschaffenen Autoritäten haben wollten oder wie wir uns zumindest vorstellen, was „die Autoritäten" von uns erwarten, können wir nicht den ganzen Komplex auf einmal in Frage stellen. Wir werden aber dort etwas in Frage stellen, wo unser Leben unter der Wirkung dieses Komplexes zu einseitig, zu eingeschränkt, zu unfrei, zu langweilig wird. Wenn wir uns zu sehr von uns selbst entfremden, weil wir zu sehr unter der Wirkung der Autoritätskomplexe stehen, werden wir eine solche Selbstregulierung vornehmen. Wo also unser Eigenstes in Gefahr steht, da werden wir diese übernommene Identität hinterfragen.

Es gibt viele übernommene oder auch verschriebene Aspekte der Identität. Das geht auch in die Geschlechterthematik hinein: Was ein rechter Mann oder eine rechte Frau ist, das übernimmt man als Kind zunächst einmal und bleibt einem zunächst unbewusst. Im Laufe des Lebens merkt man dann, dass das eigene Frausein abweicht von dem, wie Frauen zu sein haben, dass das eigene Mannsein nicht mit dem Bild vom rechten Mann übereinstimmen will. Diese Ablösung von der verschriebenen Identität und das Finden der eigenen Identität ist ein zentraler Aspekt des Individuationsprozesses.

Diese Veränderung von der mehr übernommenen zur erarbeiteten Identität kann sich in einer Krise ereignen, muss es aber nicht. Nicht selten finden diese Veränderungen auch statt im Zusammenhang mit normativen Lebensübergängen, etwa einem runden Geburtstag. Auch hier spielt das psychosoziale Moratorium eine Rolle.

Die Krise ersetzt die Motivation zur Veränderung.[70] Nimmt man die Idee des psychosozialen Moratoriums ernst, ergibt sich daraus eine Anregung, wie mit solchen Krisensituationen umzugehen ist. Nehmen wir wahr, dass vieles nicht mehr gilt, was einmal gegolten hat, und dass wir sehr vieles hinterfragen müssen, dann müssen wir uns für die Neuorientierung Zeit nehmen. Man braucht dann eine „Auszeit", in der man viele verschiedene Ideen zulässt, sich auf die eigenen Träume konzentriert und diese mit den alltäglichen Fragen vernetzt. Gerade diese Unsicherheit birgt in sich die Chance, Festgelegtes immer wieder noch einmal zu hinterfragen. Die Idee keimt, dass ich auch noch eine „ganz andere" sein kann oder ein „ganz anderer" und dass

---

[70] Kast, Lebenskrisen, S. 29 ff.

ich durchaus etwas in meinem Leben verändern kann – immer wieder. Dazu braucht man aber Zeit, Zeit, um die innere Stimme zu hören, sich auf Träume zu besinnen, Schlafträume, Wachträume, auf die Fantasien, die wir für die Zukunft haben. Gerade diese zukunftsbezogenen Fantasien – auch wenn sie gelegentlich illusorisch sind – zeigen einen Entwicklungsstrang auf. Aber nicht nur, was intrapsychisch in uns aufbricht, ist wesentlich für diese Übergänge: Wir werden uns dabei immer auch mit Modellen auseinander setzen, die uns im alltäglichen Leben für unsere Lebenssituation nahe gebracht werden; Modelle, wie sie etwa in den Medien, in der Lebenshilfeliteratur dargestellt werden – es können aber auch Menschen sein, denen man persönlich begegnet ist. Es sind viele Modelle vorhanden, wir haben eine große Wahlfreiheit und es besteht eine große Versuchung, eines der Modelle unkritisch zu übernehmen.

Nicht zu unterschätzen sind die Modelle, wie sie uns in der Literatur nahe gebracht werden. Die Literatur stellt uns noch einmal unendlich viele Modelle zur Verfügung. Nicht nur aktuell lebende Menschen können uns Modell sein, Menschen, wie sie es schon immer waren und wie sie von Dichtern beschrieben worden sind, sind es ebenso. Diese Modelle, die gelegentlich einem auch einfach das Gefühl des Wiedererkennens geben, ein Gefühl für einen Aspekt der Identität in uns wachrufen, regen zur inneren Identitätsfindung an. Niemand verpflichtet uns darauf, diese literarischen Gestalten zu imitieren, möglicherweise gibt uns das auch keinen Zugewinn in den Augen der Mitmenschen, aber sie können uns helfen, uns selber in gewissen Aspekten zu erkennen, ohne dass wir diese Aspekte so ganz und gar ausleben müssen. Das hat ein anderer, eine andere bereits für uns getan. Wir können in aller Ruhe uns entscheiden, was davon zu unserer Identität gehören mag.

In unserer Kultur neigen wir dazu, in Krisensituationen krank zu werden. Solche Krankheit, die natürlich auch unangenehm ist, hat einen Sinn: So gewinnt man Zeit, um sich mit sich selber zu beschäftigen. Andere schlafen schlechter, als sie es normalerweise tun: Auch hier gäbe es Zeit, sich mit dem, was ansteht, auseinander zu setzen. Man könnte sich aber auch bewusst eine Auszeit nehmen, wenn eine Entwicklung ansteht. So wäre es einfacher, die Krisen zu bewältigen und uns von der übernommenen zu einer mehr erarbeiteten Identität hin zu bewegen. Diese erarbeitete Identität bleibt immer vorläufig. Worauf zielen dann diese immer wieder neu erarbeiteten Vorstellungen? Das Ziel, wenn man einem solchen Identitätskonzept folgt, ist es, immer mehr der Mensch zu werden, der man ist, der Mann zu werden, der man ist, die Frau zu werden, die man ist. Also, immer echter zu werden, immer authentischer, immer mehr zu unserem „wahren Selbst" (Winnicott) zu finden und dabei immer mehr zu einer Einzelperson zu werden. Und dies nicht abgekapselt, sondern in der ständigen Auseinandersetzung mit der Gesellschaft, mit der Gruppe, zu der man sich zugehörig fühlt. In dieser Person geht es auch darum, dass man das Gefühl für die Kontinuität des eigenen Lebens nicht verliert. Dieses Ziel kann ausgedrückt sein oder nicht ausgedrückt sein, aber es ist immer da und der Fixpunkt vieler Identitätskonzepte. Gesucht wird letztlich eine Übereinstimmung von Leben und Handeln mit dem eigenen Wesen. Das vermittelt Sinnerleben und ein gutes Selbstwertgefühl.

Der Übergang durch neue Modelle

Der Übergang von einer mehr übernommenen zu einer mehr erarbeiteten Identität – verbunden mit einer Identitätskrise – geschieht oft dadurch, dass man sich mit neuen Modellen identifiziert. Meistens geschieht dies in der Phase, in der man sich sehr unsicher fühlt, keine guten Ideen hat für das eigene Leben, das alte nicht mehr gilt, das neue noch nicht in Sicht ist. Unbewusst oder bewusster sucht man nach Menschen, die die anstehende Identitätskrise gelöst haben, man identifiziert sich mit neuen

Modellen. Als Modelle können Menschen dienen, die sichtbar und erlebbar sind, wobei eine persönliche, beeindruckende Begegnung hilfreich ist. Man hält deren Lebensentwurf, bezogen auf die Phase, in der man gerade steckt, für attraktiv. Nun ist es natürlich nicht so, dass man sich so einfach jemand Gleichaltrigen als Modell nimmt oder eine Schriftstellerin, einen Sportler oder eine Politikerin und diesen Menschen imitiert. Wir projizieren etwas auf Menschen, die sichtbar und erlebbar sind. Da gibt es Menschen, die einen Lebensentwurf haben oder von denen wir zumindest denken, dass sie einen Lebensentwurf haben, der für unsere Situation hilfreich sein könnte. Wer Mühe hat mit dem Lebensübergang bei fünfzig, beginnt, sich mit Fünfzigjährigen auseinander zu setzen, von denen sie den Eindruck haben, dass sie diesen Übergang ganz gut geschafft haben. Da man von diesen Menschen aber meistens nicht viel weiß, füllen wir das, was wir nicht wissen, mit Hilfe unserer Fantasie auf, wir projizieren auf diese Menschen. In diesen Projektionen zeigt sich unser eigenes unbewusstes Wissen, wie denn der Übergang zu schaffen ist und welche neue Identität ansteht. Im Grunde genommen „wissen" wir, wohin die Entwicklung geht, aber dieses Wissen wird uns erst über die Projektion auf andere Menschen zugänglich. Also projizieren wir auf einen Menschen, der uns als Modell dient, unsere inneren Bedürfnisse und Möglichkeiten, indem wir uns vorstellen, wie dieser Mensch denkt, fühlt, das Leben bewältigt, welchen Lebensentwurf er oder sie hat. Unser eigener anstehender Lebensentwurf wird auf ein Modell projiziert, und dadurch wird für uns eine neue Möglichkeit sichtbar, unsere Identität zu fassen.

Man identifiziert sich nicht einfach nur mit einem anderen Menschen, sondern indem man sich besonders mit Menschen, die man nicht gut kennt, identifiziert, kommen eigene, unbewusste Persönlichkeitsanteile zum Tragen. Die Identifikation als solche spielt dann mit der Zeit keine Rolle mehr.

Imitation und Identifikation

Das soziale Lernen erfolgt durch Imitation und Identifikation, durch Imitationslernen. Kleinkinder imitieren spielerisch Bewegungen, Sprache, den Gefühlsausdruck eines anderen Kindes oder auch eines Erwachsenen. Das ältere Geschwister benutzt einen bestimmten Ausdruck, das jüngere wiederholt ihn, das ältere macht eine gewisse Bewegung, das jüngere macht sie nach. Wir wissen, dass Kinder, die an zweiter oder dritter Stelle geboren sind, vieles schneller lernen als die Erstgeborenen. Denn sie müssen nicht alles selber erfinden, sie können es kopieren, imitieren und sind dann für eine gewisse Zeit wie der Bruder oder wie die Schwester und damit auch Spiegel der Geschwister.

Lernen durch Identifikation bedeutet: Wir übernehmen bewusst oder unbewusst Werte, Normen, Haltungen, Einstellungen und Verhaltensweisen von Personen, zu denen man eine gute Beziehung hat, die man liebt und bewundert. Man hofft in der Identifikation, man werde dann ein ebenso geliebter, bewunderter Mensch. Das Verhalten, das man von idealisierten Personen übernimmt, wird als ideal empfunden: Es entstehen Ideale. Das Lernen durch Identifikation, das ein ganz normaler Vorgang ist, darf hier jedoch nicht stecken bleiben. Identifikation kann verstanden werden als Prozess, durch den eine Person ihre Gedanken, Gefühle, Handlungen am Muster einer anderen Person, die als Modell dient, nachbildet. Man kann lernen am Modell und dieses Lernen auch verinnerlichen. Neues Verhalten kann so gelernt werden, und dies ist eine sehr wichtige Fähigkeit. Die Frage ist nur: Passt das Gelernte auch zu mir? Passt es noch nach einigen Jahren? Wollen wir zur eigenen Identität finden, so ist beides notwendig: die Identifikation und die Modifikation der Identifikation, sogar die Identifikation in Frage zu stellen.

Erikson sah die Identifikation mit Modellen als die Voraussetzung für Identitätsbildung und Identitätsveränderung. Die Identitätsbildung fängt da an, wo die Brauchbarkeit der Identifizierung aufhört. Daher ist es gefährlich, wenn man bei der Identifizierung stehen bleibt. Identitätsbildung, die Frage nach der jeweiligen eigenen Identität bricht da auf, wo uns unsere Identifizierungen nicht mehr ganz richtig erscheinen. Und an dieser Stelle setzt auch die Reflexion ein. Was will ich übernehmen von diesen Lebensentwürfen, kann dieser Mensch weiter ein Vorbild für mich sein? Inwieweit kann dieser Mensch noch ein Vorbild für mich sein? Imitieren wir unsere Vorbilder unkritisch, identifizieren wir uns mit ihnen ohne größere Überlegung, dann nähren wir möglicherweise ein falsches Selbst.

Es geht also in dem Prozess der Identitätsbildung immer wieder darum, das Gelernte mehr in Frage zu stellen, wenn wir nicht wieder zu einer verschriebenen Identität kommen wollen. Was vielleicht zu einer neuen Identität führt, muss unterschieden werden von dem, was zur Nichtidentität führt. Hier stellt sich dann auch die Frage, ob wir uns immer wieder an unsere Umgebung anpassen – das Chamäleon als Modell.

Von der Identifikation zur Identität

Im Zusammenhang mit Identitätsänderung lernen wir am Modell. Wir identifizieren uns mit Gedanken, Gefühlen und Handlungen von anderen. Diese rufen eine Resonanz in uns hervor, die zu einer Identifikation mit diesem Modell für unser Leben führt. Anteil an diesem Prozess der Identifikation hat auch unser Unbewusstes, mit dem wir Gedanken, Gefühle und Handlungen, Lebensentwürfe auf solche Menschen projizieren. Diese beiden Aspekte erlauben uns, eine neue Identität zu finden, die nicht einfach wieder nur eine übernommene Identität ist.

Zwar spielen Projektionen eine große Rolle, doch bleiben die real existierenden Menschen als Modelle doch wichtig. Denn diese realen Menschen lösen auch die Projektionen erst aus, ob durch irgendetwas in ihrem Wesen, oder durch eine ganz bestimmte Begegnung. Doch nicht alles am Modell ist Projektion.

Ein mutiger Mensch zum Beispiel kann uns einfach ermutigen und dadurch uns helfen, eine andere Einstellung in derselben Lebenssituation zu finden.

Eine sehr schüchterne, groß gewachsene 18-Jährige, die bei ihrem Auftreten immer versuchte, ihre Größe zu verbergen, was ihr natürlich nicht gelang, schwärmte plötzlich für eine wenig bekannte Sängerin, von der es einige wenige Videoclips gab. Die Sängerin hatte eine sehr elegante Art, sich zu bewegen.

Die 18-Jährige saß stundenlang vor diesen Videos und versuchte, die Bewegungen der Sängerin zu imitieren. Indem sie diese Bewegungen imitierte, hatte sie Vorstellungen, dass diese Sängerin eine sehr souveräne Person sein müsse, ein viel besseres Selbstwertgefühl habe als sie selbst. Sie selber erfuhr sich neu in ihrer Körperlichkeit, ging aus zum Tanzen und wurde bewundert.

Da bot sich ihr die Gelegenheit, diese Sängerin kennen zu lernen. Ihre großen Erwartungen erfüllten sich nicht, die Begegnung war enttäuschend. Ihr wurde bewusst, dass sie sehr viel in diese Sängerin „hineingesehen" hatte, was so gar nicht vorhanden war. Die Sängerin war für sie kein Modell mehr, aber das war auch nicht mehr nötig: Sie war ein gutes Modell gewesen, sie machte etwas sichtbar, was der 18-Jährigen zuvor gefehlt hatte: das lustvolle Zeigen des eigenen Körpers in eleganten Bewegungen.

Lernen am Modell kann direkt geschehen wie bei dieser 18-Jährigen, aber auch stellvertretend.

Möchte man zum Beispiel eine Sportart betreiben, die einem als sehr riskant erscheint, wird man jemanden suchen, der oder die diesen Sport betreibt, und genau nachfragen, was dabei alles zu befürchten ist. Man partizipiert am Lernen eines anderen Menschen. Wird dadurch nicht zu viel Angst ausgelöst, wird man sich selber diesem Sport zuwenden. Auch hier sind Projektionen mitbeteiligt, denn eigentlich kann uns ein anderer

Mensch nie ganz genau sagen, wie seine Erfahrungen wirklich sind – es bleibt noch genug Raum für die eigene Fantasie.

Es gibt natürlich auch eine Identitätsbildung in der Ablehnung von Modellen, also im bewussten Abgrenzen.

In diesem Zusammenhang ist es wichtig, auch das unbewusste Modelllernen in den Blick zu nehmen. Samuels[71] hat in einer Untersuchung von 1977 festgestellt, dass negatives Selbstwertgefühl und die Selbstabwertung von Müttern zu einem negativen Selbstwertgefühl der Kinder führen. Diese Übernahme des schlechten mütterlichen Selbstwertgefühls geschieht nicht über bewusstes Lernen, sondern über eine unbewusste Identifikation, über das prozedurale Unbewusste[72], eigentlich über eine Ansteckung. Unbewusst lernen wir auch in späterer Zeit, etwa an den Modellen, die die Medien ins Haus liefern. Wir setzen uns in der Regel nicht bewusst mit ihnen auseinander, obwohl wir ständig damit konfrontiert sind. Glücklicherweise sind es so viele verschiedene Modelle, dass es doch wieder in unserer Verantwortung ist, was wir für uns auswählen wollen. Und sobald wir auswählen müssen, spielt unsere Psyche, spielen unsere eigenen Wünsche, Bedürfnisse, unser eigenes Wesen eine zentrale Rolle.

Es gibt also immer nur eine mehr oder weniger erarbeitete Identität, die über Identifizierungen und Ablösung von Identifizierungen entsteht.

Wir wollen dabei zu einem eigenen Selbst finden oder immer wieder neue Aspekte des eigenen Selbst entfalten. Imitieren wir jedoch andere Menschen, dann scheint das zu einem übernommenem Selbst, einem unechten Selbst zu führen. Das kann der Fall sein, muss es aber nicht. Die Imitation ist dann nicht im Dienste des eigenen Selbst, wenn sie ohne innere Auseinander-

---

[71] Samuels, zitiert in Hausser, S. 102
[72] Im prozeduralen Gedächtnis sind automatisierte Prozessabläufe gespeichert, die unbewusst sind.

setzung geschieht und die Imitation von Modellen fast wahllos ist. Normalerweise kann nicht jeder Mensch Modell für uns sein. Auch wird nicht jede Veränderung in der Identität über ein Modell in der Außenwelt initiiert. Auch Gestalten, die in Träumen auftreten, an niemanden wirklich erinnern oder schon lange gestorben sind, können zu Identitätsveränderungen anregen.

Eine Frau von 45 Jahren hatte sich gerade entschlossen, ihre Berufstätigkeit als Managerin aufzugeben. Sie wurde ihr zunehmend mühsam, und sie fand, sie habe in ihrem Leben eigentlich genug gearbeitet. Sie träumte in drei Nächten von ihrem Großvater, der vor dreißig Jahren gestorben war. Sie konnte ihre Träume nicht zusammenhängend erzählen, erinnerte sich nur ganz lebendig an den Großvater, der intensiv auf sie einredete und versuchte, ihr etwas klarzumachen. Als wir ihre Einfälle zu ihrem Großvater sammelten, fiel ihr ein, dass er mit fünfzig Jahren seine Stellung auf einer Bank aufgegeben hatte und eine kleine Firma gründete, die ihm Gelegenheit gab, seine handwerklichen Fähigkeiten zu nutzen. Es gab also schon ein Modell in der Familie für einen frühen Ausstieg aus einem angesehenen Beruf, bei ihm war er allerdings mit der Idee verbunden, einen neuen Beruf zu leben, der eine andere Seite von ihm forderte. Die Träumerin hatte die Idee, überhaupt keiner Berufsarbeit mehr nachzugehen. Wollte der Großvater im Traum sie darauf hinweisen, dass dies keine so gute Idee war? So jedenfalls verstand die Träumerin diese Träume. Sie begann darüber nachzudenken, was denn in ihrem Leben noch fehlte, welche Betätigung sozusagen „ausstand". Lange konnte sie nichts finden, nichts war da, was ihr fehlte. Sie war Managerin – durch und durch – und auch durch und durch zufrieden. Nur war es für sie jetzt genug. Erst als sie die Zeit zu durchforsten begann, in der sie noch Gymnasiastin war, kam einiges zu Tage: Sie zeichnete und malte so gut, dass sie sich sogar fragte, ob sie auf die Hochschule für gestaltende Kunst gehen sollte. So ganz hatte sie diese

Fähigkeiten nicht verloren, sie hatte einen guten Blick für das Werbematerial und ihr Urteil war bei den Werbegrafikern gefürchtet. Sie eröffnete ein kleines Büro für Werbegrafik und verstand es, die neue Arbeit ihrem jetzigen Lebensrhythmus gemäß zu gestalten. Sie sagte, diese Arbeit wecke noch einmal ganz andere Aspekte ihrer Persönlichkeit: Sie empfinde sich als verbundener mit sich selbst und ihren Bedürfnissen, sie sei kreativ – das gebe ein gutes Selbstgefühl und ein gutes Selbstwertgefühl.

Wie verändert sich Identität?

Wir haben gesehen, dass es offenbar eine Wechselwirkung zwischen der bestehenden Identität und neuen Erfahrungen gibt, die diese entweder bestärken oder in Frage stellen. Wie lässt sich das erklären? Whitbourne und Weinstock[73] betrachten Identität als zentrale Entwicklungsdimension des Erwachsenenalters. Ihr Modell des Identitätsprozesses baut auf den Entwicklungsprinzipien von Assimilation und Akkomodation auf, wie sie Piaget[74] formuliert hat.

Die Autoren gehen davon aus, dass sich die Identität ständig verändert, es geradezu ihr Wesen ist, dass sie sich in einem Prozess der Veränderung befindet. Ausgangspunkt für einen solchen Veränderungsprozess ist nicht notwendigerweise eine Krise, vor allem dann nicht, wenn es um alltägliche und nicht um einschneidende Identitätsveränderungen geht.

Piaget stellt die Frage, wie sich ein Zuwachs an Erkenntnis ereignet. Er sieht eine Wechselwirkung zwischen dem Konzept von Realität, das das jeweilige Ich in einem bestimmten Moment hat – dies nennt er das persönliche Schema von Realität –, und einer neuen Realitätserfahrung, die dieses Schema verändert.

---

[73] Whitbourne S K & Weinstock C S (1986) Adult Development. New York
[74] Piaget Jean (1976) Die Äquilibration der kognitiven Strukturen. Stuttgart, S. 11 ff.

Das ist ein Phänomen, das gut zu beobachten ist, besonders auch bei Kleinkindern. Ein Kleinkind wirft einen Ball weg und merkt: Er rollt. Es findet eine Strumpfkugel – sie rollt auch. Es findet ein Ei aus Plastik, dieses rollt zwar etwas sonderbar, es „eiert", aber es rollt auch. Diese Erfahrungen bilden ein Konzept von Realität, ein Schema: Wenn ich Dinge wegwerfe, dann rollen sie. Jetzt versucht das Kind dieselbe Wurfbewegung mit einem Würfel auszuführen: Dieser rollt nicht. Jetzt muss es sein Schema von Realität verändern: Nicht alles, was ich wegwerfe, rollt. Solange alle Gegenstände rollen, haben wir es mit dem Prozess der Assimilation zu tun, man wird bestärkt in dem, was man sich als Erklärung zurechtgelegt hat. Die Erfahrung, dass bei der gleichen Bewegung etwas nicht rollt, oder vielleicht sogar die Erfahrung, dass man Würfel dafür aufeinander stellen kann, erfordert Akkomodation: Man verändert die Realitätswahrnehmung. Das Kind wird lernen, dass man Bälle rollen, Würfel aber aufeinander stellen kann. Das Kind hat jetzt zwei verschiedene Schemata von Realität zur Verfügung. Es hat etwas gelernt.

Assimilation heißt, neue Erfahrungen werden in vorhandene kognitive Schemata eingebaut. Diese werden dabei bestätigt. Akkomodation indessen bedeutet: Neue Erfahrungen verändern dieses Schema. Whitbourne und Weinstock und andere übertragen diese Dynamik, in der es um das Gewinnen von Wirklichkeitserkenntnis geht, auf die Veränderung von Identität.[75] Sie beschreiben eine ständige Wechselwirkung zwischen der bestehenden Identität und neuen Erfahrungen. Und diese können die Identität bestätigen oder sie können die Identität verändern.

Ein Fußballer, 32 Jahre alt, hält sich für einen sehr begabten Fußballspieler und bekommt auch entsprechende Rückmeldungen, etwa Angebote, in anderen Vereinen zu spielen usw. Das bestärkt ihn in seiner Identität als „hervorragender Fußballer", und dieser Aspekt der Identität ist ihm zentral wichtig. Diese

---

[75] Hausser, Identitätspsychologie, S. 62

Rückmeldungen werden jedoch seltener, die Angebote weniger, in den Spielberichten wird er weniger oft erwähnt. Das beunruhigt ihn. Er sucht Erklärungen: Reporter, die ihn nicht mögen, man hat sich daran gewöhnt, dass er so gut ist. In einem Spielbericht wird er als „alternder Altstar" bezeichnet. Das löst bei ihm eine Krise aus. Er kann sich nicht als alternder Altstar verstehen, er kann nicht akzeptieren, dass er seine Identität gemäß einer nicht zu leugnenden Realität, seinem fortschreitenden Alter, verändern muss. Hier wäre der Prozess der Akkomodation gefordert. Wenn dieser Prozess nicht zu leisten ist, gerät der Mensch in eine Krise.

Die Identität verändert sich ständig: Bei den Prozessen der Assimilation werden neue Erfahrungen an die bestehende Identität angepasst und stabilisieren sie. Man fühlt sich von außen bestätigt. Verstärken die Rückmeldungen die Identität nicht mehr, wird zunächst ein Prozess der Abwehr einsetzen. Empfindet man aber insgeheim die Rückmeldungen doch als berechtigt, setzt schließlich ein Akkomodationsprozess ein und die Identität wird an die neuen Erfahrungen angepasst. Gelingt das nicht, gerät der Mensch in eine Identitätskrise.

Bei diesen Regulationsprozessen können natürlich Probleme auftreten: Dominiert die Identitätsassimilation, werden neue Erfahrungen immer im Sinn der alten Identitätsstrukturen aufgefasst. Was immer einem solchen Menschen geschieht, was immer auch zurückgemeldet wird, wird einfach in die alten Strukturen eingebaut.

Der Fußballer hält sich auch noch für hervorragend, als er eigentlich nur noch auf der Ersatzbank sitzt. Diese Tatsache, die er nicht leugnen kann, wird mit der Antipathie des Trainers erklärt. Er kann aus den Erfahrungen noch nicht lernen.

Dominiert aber die Akkomodation im Identitätsprozess, dann wird die Identitätsstruktur ständig den Erfahrungen angepasst. Im Extremfall sind dies Personen, die wir als „Wendehälse" bezeichnen. Je nachdem, mit wem sie zusammen sind, haben sie eine andere Identität: Einmal intellektuell, politisch links, rechts, apolitisch, spirituell, materialistisch – entsprechend den Erwartungen von außen und dem, was am meisten Beifall verspricht. Diese extreme Akkomodation kann zu einer abgeleiteten Identität führen. Damit meint man in der Tiefenpsychologie, dass man sich die Identität von einem anderen Menschen „verschreiben" lässt.[76] Das kann darin geschehen, dass man sich vorstellt, wie der andere Mensch uns haben möchte, und sich dann projektiv unterwirft. Oder man setzt nichts dagegen, wenn ein anderer Mensch die Anpassung konkret einfordert. In beiden Fällen kann dies auch eine übernommene Identität sein: Man wendet sich Menschen zu, die einem sagen müssen, wie man sich fühlt und wer man ist. Fehlen diese Menschen, dann geht die Identität verloren, das Gefühl für die eigene Identität und auch ein gutes Selbstwertgefühl. Diese Menschen wissen dann nicht mehr, wer sie sind, sie haben sich selber verloren, sie suchen dringend jemanden, der ihnen sagt, wie sie jetzt zu sein und was sie jetzt zu tun haben. Der Schriftsteller Luigi Pirandello hat dies so formuliert: „Ich bin so, wie du mich haben willst." Dies lässt sich noch zuspitzen: „Ich kann nur so sein, wie du mich haben willst." In weniger gravierenden Fällen erhofft man sich durch diese abgeleitete Identität, geliebt zu werden – man ist das Werk des anderen Menschen. In gravierenderen Fällen sind es Menschen, die nur überleben konnten, wenn sie sich total angepasst haben. Eine abgeleitete Identität zu haben heißt, dass man kein eigenes Selbst hat. Man ist nicht einfach selbstlos, sondern man lässt sich das Selbst von einem anderen Menschen verschreiben, von dem man total abhängig wird.

Erich Fromm[77] sagt: „Der Verlust des Selbst und sein Ersatz durch ein Pseudo-Selbst erzeugt im Menschen einen Zustand in-

---

[76] Kast Verena (1991) Loslassen und sich selber finden. Die Ablösung von den Kindern. Freiburg, S. 71 ff.
[77] Fromm Erich, Analytische Sozialpsychologie. In: GW Bd. 1. München, S. 337 § 206

tensiver Unsicherheit. Er ist von Zweifeln besessen, weil er gewissermaßen seine Identität verloren hat, weil er im Wesentlichen ein Spiegelbild dessen ist, was andere von ihm erwarten. Um die aus diesem Identitätsverlust entspringende Panik zu überwinden, muss er sich anpassen und seine Identität in der ständigen Billigung und Anerkennung durch andere suchen. Wenn er selbst nicht weiß, wer er ist, werden es vielleicht die andern wissen, sofern er sich nur ihren Erwartungen entsprechend verhält."

Bei dem Konzept von Assimilation und Akkomodation ist die Idee ernst genommen, dass die jeweilige Identität nicht nur ein inneres Konstrukt ist, sondern dass sie sich dialogisch in der Auseinandersetzung mit der Umwelt immer neu formt. Um es im Bild zu sagen: Ein verkanntes Genie ist eben kein Genie, denn es braucht zumindest ein paar Leute, die diesen Menschen auch als Genie betrachten.

Normalerweise spüren wir von diesen Prozessen von Assimilation und Akkomodation wenig. Sie werden bewusst, wenn diese Prozesse unstimmig werden. Wenn wir zum Beispiel in etwas bestätigt werden, ohne dass eine Grundlage dafür besteht. So sagt der Fußballer nach einigen Therapiestunden: „Es gibt immer noch Menschen, die mir bestätigen, dass ich hervorragend bin. Aber das ist ein billiger Trost. Ich war hervorragend." Aber auch die Rückmeldungen von der Umwelt müssen kritisch angeschaut werden: Ist es eine Rückmeldung aus Bezogenheit, spürt man, dass die Rückmeldung aus einem ernsthaften Wahrnehmen entsteht, aus einem Betroffensein heraus, oder ist es eher eine Rückmeldung aus Opportunismus, die sich etwas davon verspricht, oder gar eine aus Rivalität und Neid? Rückmeldungen müssen deshalb immer auf ihre Stimmigkeit hin geprüft werden.

Erkenntnisse der Lebensspannentheorie, die von einer Entwicklung bis zum Tod ausgeht, zeigen, dass es in diesem Prozess wichtig ist, zu einem Gleichgewicht zwischen Identitätsassimilation und Identitätsakkomodation zu kommen, und dass dieses Gleichgewicht eine sinnvolle Entwicklung gewährleistet. Es ist also wichtig, die Meldungen, die das aktuelle Selbstkonzept bestärken, und Meldungen, die Veränderungen in der Identität bewirken, ins Gleichgewicht zu bringen. Wie und ob dies gelingt, hängt nicht nur von der Umwelt ab, in der man sich bewegt, sondern auch von einem inneren Gleichgewicht, vom habituellen und vom jeweils aktuellen Selbstwertgefühl. Haben wir ein aktuell schlechtes Selbstwertgefühl, werden wir Kritik von außen eher als berechtigt ansehen, die Kritik unhinterfragt annehmen und vielleicht sogar zum Ausdruck bringen, dass wir froh darüber sind, weil sie uns Gelegenheit gibt, etwas zu verändern. Oder wir werden die Kritik pauschal abwehren. Haben wir ein aktuell besseres Selbstwertgefühl, können wir eine Kritik, eine Beobachtung prüfen und uns entscheiden, ob wir etwas verändern wollen.

Menschen mit einer stabilen Selbstakzeptanz, Menschen, die ein relativ positives Bild der eigenen Person haben und auch zu ihren Schwächen stehen können, sind offen für Anregungen, nehmen Kritik ernst, lassen sich aber nicht grundsätzlich verunsichern. Menschen mit instabiler Selbstwertschätzung leiden unter Selbstwertschwankungen, reagieren mit bedeutenden Selbstzweifeln auf Misserfolge oder Kritik. Positive Erfahrungen heben im Gegenzug die positive Selbstbewertung.[78] Je nachdem, wie unser habituelles Selbstwertgefühl und unsere Selbstakzeptanz ist, aber auch, wie es sich gerade situativ zeigt, werden wir uns in diesen Prozessen von Assimilation und Akkomodation anders verhalten, werden wir der Umwelt eine wichtigere oder eine weniger wichtige Rolle zugestehen.

---

[78] So der Nachweis von Schütz, Psychologie des Selbstwertgefühls, S. 174

Persona und Schatten

Die Konzepte von Persona und Schatten[79] von C. G. Jung weisen in einer anderen Weise auf die Frage der Identität hin.

Der Ausdruck „Persona" geht zurück auf die Maske im griechischen Schauspiel. Da stülpte sich ein Schauspieler die Maske einer mythischen Gestalt über, eine Persona, und war dann identifiziert mit dieser Gestalt, der er durch sein Spiel zur Realität verhalf. Stülpen wir uns unsere „Masken" über, sind wir identifiziert mit einer Vorstellung von uns selbst, wie wir in der entsprechenden Situation am besten präsentabel sind, wie wir meinen, am besten anzukommen. Dieses Bild, das wir der Welt zeigen, kann uns auch in einem größeren Zusammenhang gut entsprechen, wir können aber auch den Eindruck haben, unecht zu sein und eine Rolle zu spielen, die nicht zu uns passt. Die Persona ist ein Kompromiss zwischen unserem Ich-Ideal und den Vorstellungen von den Erwartungen der Mitmenschen, die uns etwas angehen. Damit wir möglichst ansehnlich sind, verdrängen wir die Seiten, die nicht zu unserem schönen Bild gehören. Daraus entsteht dann der Schatten: Die Aspekte, die wir an uns nicht akzeptieren und zu denen wir nicht stehen können. Sie gehören dennoch zu unserer Persönlichkeit, und wie alles Verdrängte, Verborgene zeigen sie sich auch immer wieder, besonders dann, wenn man sie wirklich verbergen möchte.

Kleider, Frisur, Masken, Make-up, Hüllen, Fassaden, aber auch Autos usw. sind symbolische Darstellungen der Persona.

---

[79] Kast Verena (1999) Der Schatten in uns. Die subversive Lebenskraft. Zürich, Düsseldorf

Der Welt begegnen wir in einer Personahaltung: So und nicht anders möchten wir gesehen, möchten wir wahrgenommen werden. Die Art und Weise, wie wir uns verhüllen, enthüllt aber gleichzeitig etwas. Sehr oft zeigen wir nicht nur das, was wir zu zeigen beabsichtigen, sondern durchaus auch das, was wir eigentlich verhüllen wollten, nämlich den Schatten.

Im Zusammenhang mit der jeweiligen Personahaltung oder dem Personaausdruck steht zum Beispiel die Frage, was „man" denn zu einem bestimmen Anlass anzieht, wie man sich herrichtet. Eine andere Frage ist die nach der Kontrolle: Wie sehr kontrolliert „man" in einer bestimmten Umgebung zum Beispiel die Emotionen, wie viel gibt man preis? Welche Seiten von sich selbst zeigt man?

Die Persona ist das, was wir der Welt in den jeweiligen Beziehungssituationen zeigen, was wir darstellen, wie wir unsere Persönlichkeit in den jeweiligen sozialen Situationen zum Ausdruck bringen, so dass wir Akzeptanz erreichen, Zugehörigkeit, allenfalls auch Abgrenzung.

Jung hatte noch oft von einer erstarrten Persona gesprochen.[80] Ein Mensch spielt eine Rolle, kann aber nichts anderes mehr spielen als diese Rolle, er ist in ihr erstarrt und die lebendige Persönlichkeit ist nicht mehr spürbar. Dieser Mensch hätte allerdings eine eindeutige Identität – wenn auch eine erstarrte.

Heute sehen wir sowohl die Persona als solche als auch das Konzept der Persona viel flexibler. Es ist immer mehr auch ein spielerischer Umgang mit der Persona auszumachen, bis hin zur Frage: Wie inszeniere ich mich in einem bestimmten sozialen Zusammenhang? Möglicherweise ist das eine Folge der Mediengesellschaft: Zum einen geben uns die Medien sehr viele Modelle, wie man sich darstellen kann, zum anderen nötigen sie uns auch, uns zu inszenieren.

In Inszenierungen von Künstlerinnen und Künstlern wird dies

---

[80] Jung Carl Gustav (1976) Über Wiedergeburt. In: Die Archetypen und das Kollektive Unbewusste. GW 9/1, Olten, § 221

kritisch aufgegriffen und spielerisch demaskiert, so etwa von Cindy Sherman: Mit ihren Inszenierungen verfolgt sie die Absicht der künstlerischen „Demaskierung der gesellschaftlichen Maskenbildnerei von Identitätszwangsjacken für die so genannte ‚Frau'".[81] Gesellschaftliche Maskenbildnerei als Rollenzwang und damit auch Personazwang wird durch diese Künstlerinnen in Frage gestellt, und gleichzeitig wird in neuen Inszenierungen demonstriert, dass man sich diesem Zwang nicht unterwerfen muss.

Wenn der Rollenzwang sich lockert, mit der Persona flexibler und auch spielerischer umgegangen wird, dann ist damit zu rechnen, dass Menschen auch eher zu gewissen Schattenseiten stehen können und sich nicht mehr nur schön sehen müssen. Dann besteht aber die Gefahr, dass die fixierten Rollenvorstellungen zu Schatten werden, zu etwas, das wir ablehnen und bei anderen Menschen als unemanzipiert geißeln. Ins Bewusstsein kommen müsste eigentlich die Differenz zwischen diesem Spiel mit der Persona – und damit auch der Frage nach dem, wie wir unser Selbst ausdrücken können, und einem alten starren Rollenverhalten. So sind auch Lebensübergänge nicht mehr mit Forderungen nach einer bestimmten Persona verbunden: Frauen trugen noch bis in die 60er Jahre hinein nach der Menopause schwarz. Mit der Flexibilisierung der Persona setzt die Frage nach einer fließenden Identität nachweisbar ein.

Die Persona regelt unsere Beziehung zur Außenwelt, zeigt, was wir zeigen möchten und in welchen Aspekten wir von den Mitmenschen gesehen und anerkannt werden möchten. Insofern zeigen wir durchaus einen Aspekt unserer Identität. Es ist dabei egal, ob ich mich darstelle als Mensch mit vielen „Gesichtern" oder als ein Mensch, der sich eigentlich immer gleicht –, in genau diesen Aussagen über uns selbst wollen wir bestätigt werden.

Diese Bestätigung von außen reguliert auch das Selbstwertge-

---

[81] Sherman Cindy im Gespräch mit Wilfried Dickhoff (1995). Köln

fühl. Wir werden in der Regel versuchen, jeweils die Personahaltung einzunehmen, die uns am meisten Akzeptanz garantiert. Oder aber es wird uns deutlich bewusst, dass wir eine bestimmte Haltung nicht einnehmen können – auch wenn wir dann akzeptiert wären – weil wir uns sonst verraten. Wir wüssten zwar jeweils schon, wie wir uns zeigen und verhalten müssten, aber wir können das nicht, weil wir authentisch bleiben wollen. Das Bedürfnis, echt zu sein und gleichzeitig unter der Anforderung einer bestimmten Rolle zu stehen, kann zu einem Konflikt führen. Andere wiederum haben es längst aufgegeben, Akzeptanz zu bekommen, sie haben eine Persona kultiviert, die erschrecken soll, die andere Menschen aufschrecken soll. Dadurch verschaffen sie sich zumindest Beachtung. Menschen, die sich immer wieder in anderer Aufmachung und auch in einem anderen Stil zeigen, stellen mit ihren Inszenierungen die Frage nach Facetten ihrer Identität und wollen damit herausfinden, wer sie sind. Personadarstellungen und Personahaltungen sind nicht nur die Kehrseite des Schattens, sie verweisen auch auf die Frage nach dem Kern der Persönlichkeit: Gibt es einen Kern der Persönlichkeit, gibt es etwas in uns, das durch alle Veränderungen hindurch sich gleich bleibt, auf das wir Rücksicht nehmen wollen, oder können wir uns beliebig darstellen, passt alles gleich gut?

In der Familie werden Kinder auf die Persona hin sozialisiert. Kleine Kinder zeichnen sich gerade dadurch aus, dass sie kaum Persona zeigen, und mit der Entwicklung des Schamgefühls zwischen drei und sechs Jahren[82] entwickelt sich auch die Personahaltung, die weitgehend Frucht der Erziehung ist. Kontinuierlich spürt dann das Kind, dass es verschiedene Umgebungen gibt, in denen man sich verschieden gibt und sich auch verschieden benimmt, um entweder gut anzukommen oder anzu-

---

[82] Kruse Otto (1991) Emotionsentwicklung und Neuroseentstehung. Stuttgart, S. 148

ecken. In der Adoleszenz werden dann verschiedene Personahaltungen und auch verschiedene Ausdrucksformen der Persona ausprobiert, meist in großer Übereinstimmung mit der Gruppe der Gleichaltrigen.[83] Es genügt nicht mehr, dass man von den Eltern und den anderen Beziehungspersonen der Kindheit akzeptiert wird. Die eigene Identität muss von der Gruppe der Gleichaltrigen akzeptiert werden. Die Persona drückt sich dann vornehmlich in einem Kleidungsstil aus, den diese Jugendlichen teilen, aber auch in einem bestimmten Lebensstil, der oft dem Lebensstil der Erwachsenen entgegengesetzt ist und vieles vom Schatten der Erwachsenenwelt beinhaltet.[84]

Es ist konstitutiv für die Persona und die Identität, sich an den eigenen inneren Anforderungen zu messen, sich damit zu beschäftigen, was die anderen sagen. Was das Selbstkonzept entweder bestätigt oder zur Revision anregt, bestimmt aber auch den Schatten. Was die Mitwelt erwartet, ist bestimmt vom Zeitgeist und den herrschenden „Moden". Doch auch verinnerlichte Erwartungen aus der Kindheit werden noch auf die Umgebung projiziert und als Erwartungen der anderen verstanden, die man erfüllen sollte. Sagt zum Beispiel jemand: „Das kannst du dir in dieser Situation absolut nicht leisten", so kann dieser Satz sehr wohl noch ein „Vater- oder Muttersatz" sein und mit unseren Vater- oder Mutterkomplexen zusammenhängen, die noch zu wenig bearbeitet sind.[85] In der Folge unterwirft man sich dann der Umgebung projektiv: Wir sind überzeugt, dass die Umwelt von uns eine genaue Vorstellung hat, wie wir uns benehmen, anziehen, geben sollen. Gelegentlich geben wir uns große Mühe, diesen vermeintlichen Anforderungen zu entsprechen, ernten dabei aber keine besondere Akzeptanz und auch keine besondere

---

[83] Die Idee von Jolande Jacobi, die Persona bilde sich erst in der Pubertät, ist meines Erachtens nicht haltbar. Jacobi Jolande (1971) Die Seelenmaske. Olten
[84] Kast Verena, Der Schatten, S. 156ff.
[85] Kast Verena (1994) Vater-Töchter, Mutter-Söhne. Wege zur eigenen Identität aus Vater- und Mutterkomplexen. Stuttgart

Aufmerksamkeit, denn wir haben nur in den Mustern einer alten Geschichte gehandelt. Elterliche Gebote werden sehr leicht zu Personahaltungen, die nicht zu besonderer Akzeptanz führen.

Persona ist eine psychische, physische und soziale Haltung, die zwischen der inneren und der äußeren Welt vermittelt, vielleicht mehr „Gesicht als Maske", wie Blomeyer es ausdrückt.[86] In der Personahaltung muss also etwas ausgedrückt sein, was zutiefst unserem Wesen entspricht. Die Persona ist aber gleichzeitig an die Anforderungen der Gesellschaft angepasst. Deshalb werden die meisten Menschen von außen als verhältnismäßig gleich über Zeit und Situation hinweg wahrgenommen. Immer häufiger ist zu beobachten, dass die Persona inszeniert wird. Und dennoch wird von innen und von außen so etwas wie „Identität" einer Person erlebt, das Gleichbleibende durch alle Veränderungen hindurch, so etwas wie ein Kern.

Hinter der Persona verbirgt sich der Schatten

Mit Schatten bezeichnen wir Persönlichkeitszüge, die wir zumindest im Moment vom Ich-Ideal her nicht akzeptieren können. Werden wir bei einem Fehlverhalten ertappt, das diesem Schatten entspricht, so schämen wir uns; unser Schatten ist uns ausgesprochen peinlich. Deshalb haben wir die Neigung, Schattenaspekte von uns auf andere Menschen zu projizieren und sie an anderen Menschen wahrzunehmen. Dort indessen erscheint uns der Schatten als sehr interessant. Andere Menschen, auf die wir unsere Schatten projizieren, erfüllen für uns schnell die Funktion von Sündenböcken: Sie repräsentieren dann alles, was mit unseren Schattenseiten zu tun hat oder zusammenhängt.

Es ist nicht möglich, dem Schatten zu entgehen. Jede Personahaltung schafft wiederum neue schattenhafte Aspekte. Mit

---

[86] Lit. Blomeyer Rudolf (1974) Aspekte der Persona. In ANAPC4 5/1 S. 17 ff.

dem Schatten wird man also nie fertig. Aber oft liegen auch wichtige Persönlichkeitsaspekte im Schatten, die nicht gelebt werden dürfen. Es geht also darum, sich auf Schattenhaftes zu sensibilisieren und den Schatten zu akzeptieren. Dies meint, dass man in einer bestimmten Situation die Schattenqualität im eigenen Verhalten erkennt und das Verhalten allenfalls korrigiert. Auf jeden Fall sollte man sich fragen, was es bedeuten würde, wenn man diesen Schattenaspekt voll auslebte oder in eine Beziehung hineinbrächte und welche Konsequenzen dies hätte. Auch für den eigenen Schatten müssen wir Verantwortung übernehmen, soweit das möglich ist. Es gilt, eine Sensibilität für die Schattenaspekte bei sich und auch bei den anderen zu entwickeln. Solche Schattenakzeptanz und Schattensensibilität brächten einen Zuwachs an Selbsterkenntnis, meistens auch an Vitalität, Toleranz sich selber und den andern gegenüber. Heuchelei und die Abwertung anderer würde weniger und das eigene Selbstwertgefühl würde besser.

Das wahre und das falsche Selbst – oder: Die unstimmige Identität

Daniel Stern hat aufgezeigt, dass es in der Entwicklung des Selbstempfindens, die zu einem möglichst authentischen Selbst führen sollte, auch Fehlabstimmungen gibt. Da werden Ausdrucksformen, die den Beziehungspersonen genehm sind und ihnen passen, enthusiastisch bestätigt und damit verstärkt, andere, die dem Kind auch wichtig wären, werden nicht beantwortet. Das falsche Selbst entsteht nach Winnicott dadurch, dass gewisse Selbsterfahrungen von den Beziehungspersonen ausgewählt, hervorgehoben und gesteigert werden und andere im Schatten bleiben. Winnicott beschrieb dieses Phänomen, das später von Stern und Mitarbeiterinnen sehr differenziert erforscht und beschrieben worden ist, schon 1965.[87] Seine Theorie besagt: Wenn gewisse Selbsterfahrungen von den Beziehungspersonen bestätigt und anerkannt werden, andere aber nicht, entwickelt man das Verhalten und damit das Selbsterleben, das unsere Beziehungspersonen am meisten honorieren. Das ist das falsche Selbst. Für Winnicott ist jedoch wichtig, dass das falsche Selbst auch eine Möglichkeit bietet, das wahre Selbst zu schützen. Denn das wahre Selbst könnte bedroht sein, wenn es beantwortet oder beschämt wird. Davor schützt sich das Kind, in dem es ein falsches Selbst entwickelt. Das falsche Selbst ermöglicht es dem Kind, sich den Beziehungspersonen zugehörig zu fühlen und anerkannt zu werden. Gleichzeitig wird das, was man als Ureigenstes ansieht, nicht der Kritik ausgesetzt.

---

[87] Winnicott Donald W (1974) Reifungsprozesse und fördernde Umwelt. München (Englische Ausgabe: 1965)

Durch das falsche Selbst gerät Eigenes jedoch in den Hintergrund. Es entsteht ein System der Täuschung. Das Kind wird so, wie die wichtigen Beziehungspersonen es haben möchten.

Eine übertriebene Anpassungsleistung führt dazu, dass man ein anderer oder eine andere wird. Ich bin, ich werde die, die die Welt von mir erwartet, und identifiziere mich total mit den Wünschen einer Beziehungsperson. Spontane Gesten, so Winnicott, sind dann nicht mehr möglich. Das eigene Gefühl ist nicht gefragt und erwünscht. Dadurch entsteht ein Zustand der inneren Leere. Das ist der pathologische Pol des falschen Selbst. Es gibt aber auch einen gesunden Pol: Auch das wahre Selbst hat die Fähigkeit, sich zu fügen: Es ist dies die Fähigkeit, sozial akzeptiertes Verhalten zu entwickeln, die Fähigkeit zu Kompromissen und die Fähigkeit, sich anzupassen. Dies ist nicht pathologisch. Winnicott meint, dass bei einer gesunden Entwicklung in entscheidenden Fragen sich das wahre Selbst durchsetzt und diese Kompromissfähigkeit nicht mehr aktualisiert wird.

Das wahre Selbst und das falsche Selbst wird oft im Zusammenhang von Echtheit und Unechtheit gesehen. Die Echtheit ist hier als Authentizität verstanden. Das Ziel der Entwicklung von Identität heißt darum, größtmögliche Authentizität in der Beziehung zu anderen Menschen und der Welt zu entwickeln. Authentizität meint auch die subjektiv wahrgenommene Übereinstimmung des Verhaltens mit den eigenen Gefühlen. Ob ein Verhalten authentisch ist, merkt man oft an der Rückmeldung von außen. Oder eine Situation verändert sich in einer Weise, dass es einem bewusst ist: Da hat jemand authentisch gehandelt. Auch ein heiliger Zorn, authentisch geäußert, kann wie ein reinigendes Gewitter wirken.

Doch nicht nur die eindeutigen Gefühle sind authentisch, sondern auch ambivalente Gefühle können authentisch sein.

Die Frage nach dem wahren Selbst ist die Frage nach immer mehr Echtheit. Unecht ist jedoch nicht mit unwahr gleichzusetzen. Unecht wirkt auf uns künstlich, unnatürlich, gewollt, gekünstelt, vielleicht auch hohl. Dann erscheint so etwas wie ein unechter Gefühlsausdruck: eine unechte Freude, eine unechte Trauer. Wir sagen dann: gespielte Freude, vorgetäuschte Freude. Diese erleben wir oft: Menschen geben sich Mühe, freudig zu erscheinen oder auch traurig oder interessiert, aber diese Gefühle kommen nicht aus der Tiefe und können auch andere nicht anstecken. Da lacht jemand freudlos, und man kann nicht mitlachen. Es fehlt das Gefühl, man sieht nur den Gefühlsausdruck. Das echte Gefühl kommt aus einer Tiefe des Erlebens.

Der emotionale Ausdruck ist ein wichtiger Aspekt unserer Identität.

Indem wir unsere Gefühle ausdrücken, geben wir eine Rückmeldungen an unsere Mitmenschen: Wir sagen ihnen zum Beispiel mit unserem Ärger, dass sie eine Grenze überschreiten, die sie besser nicht überschreiten würden, mit unserer Freude, dass sie außerordentlich erfreuliche Menschen für uns sind, mit unserer Angst, dass wir uns bedroht fühlen. Ob Emotionen echt sind oder vorgetäuscht, spüren wir daran, wie wir auf die Gefühle anderer reagieren. Wenn jemand wirklich traurig ist, dann schwingt man mit, und man findet den Gefühlsausdruck, die Stimmung, die sich vermittelt, das, was dabei gesprochen wird, stimmig. Ein Mensch kann aber auch traurig aussehen, spricht traurig, und man nimmt dies nur kognitiv wahr. Gewiss ist man nicht immer in der Stimmung, um sich auf die Gefühle der Mitmenschen einzulassen. Aber möglicherweise handelt es sich auch nicht um echte Gefühle, sondern um zumindest teilweise vorgetäuschte oder bewusst eingesetzte. Gefühle der Trauer bewirken, dass die Mitmenschen freundlicher sind mit uns, und dies kann ausgenützt werden, indem man sie vortäuscht oder bewusst einsetzt.

Das private Selbst

Stern hat neben die Konzepte eines wahren und eines falschen Selbst noch das private Selbst gesetzt. Darunter versteht er den Selbstanteil, der weder je bestätigt noch kritisiert worden ist. Es bezeichnet den Aspekt der eigenen Persönlichkeit, der nie nach außen gelangt ist, anderen unzugänglich bleibt: Inseln der Freiheit. Stern schlägt vor, vom sozialen Selbst, vom privaten Selbst und vom verleugneten Selbst zu sprechen. Mit dem sozialen Selbst meint er den Aspekt, dass wir eine gewisse Anpassung an die Gesellschaft zu leisten haben, um akzeptiert zu werden und dazuzugehören. Ein wenig falsches Selbst scheint in der Anpassungsleistung unvermeidbar zu sein, und deshalb ist es sinnvoll, diesen Ausdruck nur dann zu gebrauchen, wenn man sich wirklich überangepasst hat und dabei wesentliche Aspekte von sich selbst verbergen muss. Das private Selbst bezeichnet den Bereich, in dem man etwas neu entwickeln kann. Das verleugnete Selbst bezeichnet das Selbst, zu dem man nicht stehen kann.

Welche Terminologie man auch wählt, die in diesem Konzept enthaltene Idee ist, dass sich im günstigsten Fall im Lauf der Entwicklung die verschiedenen Selbstanteile einem inneren Entwurf der Persönlichkeit annähern. Stern ist dabei recht optimistisch: Trotz all der Fehlabstimmungen, die zwischen Kind und Beziehungsperson möglich sind, trotz aller Sozialisierungsprozesse, die mal besser und mal schlechter verlaufen, kann ein Kind nicht in jede beliebige Richtung und uneingeschränkt verbogen werden. Das verleugnete Selbst wird wieder zu Tage treten. Auch wenn das Selbstempfinden ständig beeinflusst wird und das Selbstwertgefühl ständig reguliert wird, es bleibt doch etwas unverkennbar Eigenes.

Wo aber sind die Wurzeln der Unechtheit? Das eine ist der Erwartungsdruck der Gesellschaft in bestimmten Lebenssituationen, der mit dem Wunsch des Individuums nach Zugehörigkeit korrespondiert: In einer Trauergesellschaft hat man traurig zu sein, in einer Festgesellschaft hat man festlich gestimmt zu sein. Abgesehen von diesen speziellen rituellen Situationen gibt es aber viel kaum bemerkten Erwartungsdruck, etwa durch die Medien mit ihren Identifikationsangeboten von jungen, dynamischen, fitten Modellen: Wäre man so, dann wäre man richtig. Erwartungsdruck entsteht auch aus gesellschaftlichen Normen: In gewissen Berufen wird verlangt, ein bestimmtes Auftreten zu haben, eventuell auch eine bestimmte Kleidung zu tragen, es wird eine bestimmte Persona gefordert. Da wird die eigene Lebendigkeit eingezwängt in etwas, was der gesellschaftlichen Konvention entspricht.

Wenn das Leben für einige Menschen so beliebig, so aufreibend und so bedeutungslos geworden ist, so hat das auch damit zu tun, dass wir oft unbemerkt dem Erwartungsdruck nachgeben, tun, was „man" von uns erwartet, und nicht, was für uns emotional stimmt. Eigentlich müsste man sich dann mit diesem Erwartungsdruck auseinander setzen, herausfinden, inwieweit er überhaupt real besteht und inwieweit wir ihn in die „Gesellschaft" projizieren. Denn es gibt auch einen Erwartungsdruck von innen. Wir stellen uns vor, wie wir sein müssten, damit wir so ganz und gar mit uns selbst zufrieden sein könnten. Diese Vorstellung, die zum Teil aus früheren Erfahrungen stammt, projizieren wir in einer gegenwärtigen Situation nach außen und erleben sie als jetzige Forderung der „anderen", der wir entsprechen sollen. Wir unterwerfen uns damit möglicherweise Anforderungen, die in der Außenwelt so gar nicht existieren. Wir tun das, weil wir anerkannt und akzeptiert werden wollen. Am leichtesten wird man akzeptiert, wenn man so ist, wie die anderen auch sind. Dieser Lebensentwurf stellt niemand anderen in Frage und ist wenig störend. Die eigene Persönlichkeit kommt dabei jedoch zu kurz.

Je weniger wir uns von den Eltern abgelöst haben, je weniger wir die Identifikationen unserer Kindheit hinterfragt haben, je weniger wir uns in unserem Ichkomplex emanzipiert haben von unseren Elternkomplexen, umso unselbständiger sind wir. Wir erleben dann, dass wir unser Leben nur wenig beeinflussen können, und haben insgeheim ein schlechtes Selbstwertgefühl. Dieses unangenehme Gefühl wird oft kompensiert: Man versucht dann, eine Persönlichkeit von Format zu sein und den jeweiligen

Leitbildern zu entsprechen. Es besteht jedoch immer ein Missverhältnis zwischen dem, was man darstellen möchte oder sogar muss, damit man sich selber akzeptieren kann, und den faktischen psychischen Möglichkeiten und den Möglichkeiten des Verhaltens. Anstelle eines guten Selbstwertgefühls kommt es jetzt zu Überanstrengung, man erfährt das Leben als leer und dürftig.

Echtheit bedeutet, das Gefühl, das wir erleben, und den Ausdruck dieses Gefühls in einer sozialen Situation in Übereinstimmung zu bringen. Und gleichzeitig ist die Übereinstimmung zwischen dem Gefühl und der Handlung wichtig. Es geht um Innerlichkeit, die sich auch entäußern kann, ein Übereinstimmen mit sich selbst in einer Situation der Bezogenheit.

Selbstentfremdung

Über Anpassung erhalten wir Anerkennung. Passen wir uns aber zu sehr an, dann entfremden wir uns von uns selbst. Anerkannt wird in diesem Fall, was wir eigentlich nicht sind, aber vorgeben zu sein. Was wir aber wirklich sind, kommt nicht zum Ausdruck und kann deshalb auch nicht gesehen werden. Der Aspekt des eigenen Selbst in der Bezogenheit auf die Welt ist weitgehend in den Hintergrund getreten und nicht mehr erfahrbar. Ein unheilvoller Zirkel beginnt zu wirken: Je mehr wir das Gefühl für unsere Identität verlieren, umso mehr müssen wir uns den anderen anpassen. Denn wenn wir den Vorstellungen der anderen nicht entsprechen, dann droht Isolierung und die Gefahr, auch noch diese Pseudoidentität zu verlieren. Man gerät also in eine Falle, wenn man diese Billigung, diese Anerkennung vor allem durch die anderen sucht. Wenn ich nicht weiß, wer ich bin, dann können es mir die anderen Menschen ebenfalls nicht sagen. Sie können mir höchstens eine Identität verschreiben. Das Resultat ist eine Pseudoidentität, die zwar eine gewisse Anerkennung durch die anderen verspricht, aber eine Selbstentfremdung bewirkt. Diese Menschen leben reaktiv. Sie sagen nicht, was sie wollen, was sie denken, was sie fühlen, was sie fantasieren, sondern sie reagieren auf den Anpassungsdruck oder auf Konformitätsdruck von außen. Bei depressiven Störungen oder in depressiven Strukturen, zeigt sich oft, dass diese Menschen sich immer an das anzupassen versuchen, was die anderen wollen. Sie hoffen, dass sie dadurch geliebt werden. Zum Lieben gehören aber Menschen, die dem anderen ein Du sein können. Gerade das sind sie aber nicht. Weil sie in der Folge auch nicht in der Art geliebt werden, wie sie es sich vorstellen, versuchen sie sich immer mehr anzupassen und entfremden sich immer mehr von sich selbst. Sie lassen sich ein Selbst verschreiben, lassen sich sagen, was sie denken, fühlen, tun sollen. Verlieren diese Menschen denjenigen Menschen, der ihnen das Selbst verschrieben hat, dann verlieren sie auch die eigene Pseudoidentität. Sie haben nicht nur einen Menschen verloren, sondern sie wissen einfach nicht mehr, wer sie eigentlich sind, sie suchen aufs Neue jemanden, der helfen könnte, ihnen erneut ein Selbst zu verschreiben. Das Selbstkonzept dieser Menschen lässt sich aus dem erschließen, wie sie sich selber sehen. Sie sagen von sich, dass sie Menschen sind, die sich immer anpassen und dennoch nicht bekommen, was ihnen eigentlich zusteht. Aber sie haben das Gefühl verloren oder vielleicht überhaupt nie gehabt, dass sie ein Selbst haben, das die Fähigkeit hat, etwas zu initiieren, dass es so etwas wie ein Zentrum in ihnen gibt, von dem aus das Leben aktiv gestaltet werden kann.

Das Dilemma

Der Brockhaus definiert die Identität als „die Erfahrung eines Individuums, eine einzigartige, psychisch weitgehend stabile und von inneren oder äußeren Veränderungen unabhängige Einheit zu sein. Das Bewusstsein der eigenen Identität beinhaltet also, dass man sich als Individuum erlebt und darin eine andere Person als die Anderen, und auch, dass man die Gegensätze und Verschiedenheiten innerhalb der eigenen Person zu einer Synthese bringt."[88]

Der Begriff der Identität steht in den Sozialwissenschaften schon länger auf dem Prüfstand. Aus soziologischer Sicht scheint es fraglich, ob man in einer posttraditionalen Gesellschaft überhaupt noch von einer Identität sprechen könne, und wenn, wie diese zu benennen wäre. Der Identitätsdiskurs von Heiner Keupp[89] von 1988 ist in Verbindung mit der damaligen soziologischen Gegenwartsdiagnose von Ulrich Beck[90] zu sehen. Das Subjekt löst sich von vorgegebenen traditionellen Rollen, von einer vorgegebenen Biografie, wie sie etwa in einer Familie üblich war oder wie sie üblich war für eine Frau oder einen Mann. Die religiösen Systeme stellen nur noch für wenige Menschen einen verbindlichen Orientierungsrahmen dar. Der einzelne Mensch muss seine Identität selber entwerfen, sich immer wieder neu entscheiden. Keupp hat den Begriff der „Patchworkidentität" eingeführt, der sich etabliert hat. Die klassischen Patchworkmuster, geometrische Formen, die sich gleichmäßig wiederholen, entsprechen dem klassischen Identitätsbegriff. Der „Crazy Quilt" besteht aus wilden Verknüpfungen von Farben und Formen, im Herstellen eines solchen „Fleckerlteppichs" (Keupp) kann sich Kreativität ausdrücken. Identitätsarbeit, Identitätsbildung heute, so Keupp, hat viel mit der Herstellung eines „Crazy Quilt" zu tun. Es geht also nicht darum, dass Identität an sich verloren ginge. Verloren geht jedoch jene Form der Identität, die

---

[88] Bibliographisches Institut § F. A. Brockhaus 2001
[89] Keupp Heiner (1988) Riskante Chancen. Das Subjekt zwischen Psychokultur und Selbstorganisation. Heidelberg
[90] Beck Ulrich (1986) Risikogesellschaft. Auf dem Weg in eine andere Moderne. Frankfurt/Main

wie der klassische Quilt vorherschbar und geordnet ist. Nicht ein Verlust der Mitte, so Keupp, kein Zerfall der Identität ist festzustellen, sondern ein Zugewinn an kreativen Gestaltungsmöglichkeiten. „Crazy Quilt" entsteht in einem kreativen Prozess und hat eine innere Kohärenz. Die Vielgestaltigkeit der Rollen, die der heutige Mensch leben muss, die Notwendigkeit, sich auf rasche Veränderungen, etwa im Beruf, in den Beziehungen einstellen zu müssen, wird heute nicht als gesundheitsbedrohend, sondern als gesundheitsfördernd eingestuft. Peggy Thoits[91] fand in mehreren Untersuchungen heraus, dass multiple Rollenengagements die Ressourcen einer Person stimulieren und dass dadurch sowohl das Selbstwertgefühl als auch das Gefühl der existentiellen Sicherheit erhöht wird. Die flexible Identität erfordert zwar, sich immer wieder neu an neue Lebenssituationen und Anforderungen anzupassen, ohne schon Landkarten zur Orientierung zu haben. Doch gefragt ist auch in ihr nicht der Mensch ohne Mitte und ohne Kohärenz, sondern der Mensch, der an seiner Identität arbeitet und der trotz vielfältiger Rollen, vielfältiger sich auch widersprechender Ansprüche, trotz eines rasch sich verändernden Beziehungsnetzes immer wieder ein Gefühl der Identität herstellen und dieses auch kommunizieren kann.

Größere Veränderungen im Leben gehen mit Identitätskrisen einher. So bewirkt der Verlust eines geliebten Menschen, mit dem man zusammengewachsen ist, eine Identitätskrise. Im Trauerprozess werden zum einen die Gefühle der Trauer zugelassen, und indem diese Gefühle zugelassen werden, wird zum anderen auch eine Veränderung der Identität möglich: Es ist der vom Verstorbenen abgelöste Mensch. In dieser Ablösung muss das, was im Leben mit dem Verstorbenen möglich war und was Teil der eigenen Biografie geworden ist und zum Teil zu eigenen

---

[91] Thoits Peggy (1986) Multiple Identities and Psychological Wellbeing. In: American Sociological Review, 51, 1986, S. 259–272

Ressourcen geworden ist, nicht geopfert werden.[92] Eine moderne Patchworkidentität gelingt nicht ohne Krisen. Der posttraditionale Mensch muss krisenfreundlicher werden.[93] Er muss auch lernen, mit der Angst besser umzugehen. Trauern und mit der Angst besser umzugehen fällt leichter, wenn wir zuverlässige Beziehungen, aber auch ein habituell besseres Selbstwertgefühl haben. Aber gibt es diese innere Kohärenz?

---

[92] Kast Verena (1982, 2002)Trauern. Phasen und Chancen des psychischen Prozesses. Stuttgart
[93] Kast Verena, Lebenskrisen werden Lebenschancen

Der Individuationsprozess nach C. G. Jung

Eine Antwort könnte im Konzept des Individuationsprozesses von C. G. Jung zu finden sein. Viele Probleme werden nach Jung gelöst, indem die natürliche Entwicklungstendenz im Menschen angeregt wird, so dass der Mensch die Probleme überwachsen kann. Er sieht sie dann aus einer anderen Perspektive. Diese natürliche Entwicklungstendenz führt zu einer lebenslangen persönlichen Entwicklung, die von Jung als Individuationsprozess beschrieben wird. Ziel dieses Prozesses ist es, dass wir im Laufe des Lebens immer mehr der oder die werden sollten, die wir eigentlich sind, immer echter, immer mehr wir selbst, immer stimmiger mit uns selbst. Als Symbol dafür wird oft das Bild von einem Samen und dem daraus wachsenden Baum gebraucht. So muss aus einer Eichel eine Eiche werden: Eine Eichel kann sich nicht entscheiden, zu einer Buche zu werden. Je nachdem, wo die Eichel hingefallen ist, wird sie sich aber anders entwickeln. Die Stürme werden sie mehr oder weniger zerzausen, und eine für sie gute Umgebung wird es ihr ermöglichen, zu einem stabilen Eichbaum zu werden.

Der Individuationsprozess, so wie Jung ihn beschreibt, ist zum einen ein Integrationsprozess: Wir integrieren im Laufe eines Lebens die unterschiedlichen Seiten an uns, die zu uns gehören; brachliegende Persönlichkeitsanteile zeigen uns, dass wir immer auch noch anders sein können. Die Anregung zu dieser Entwicklung kann aus unserem Unbewussten kommen, durch einen Traum, eine Ahnung oder durch ein eigenes Verhalten, das wir nicht beabsichtigt haben, das einfach geschieht. Die Anregung kann aber auch aus der Auseinandersetzung mit der Mitwelt kommen. Meistens sind beide miteinander verbunden.

In der analytischen Beziehung, in der ein therapeutischer Individuationsprozess stattfindet, werden Aspekte des Gewordenseins besonders deutlich. Denn die Beziehungserfahrungen, die man gemacht hat, konstellieren sich in neuen Beziehungen wiederum neu, doch auch neue Beziehungsmöglichkeiten und Beziehungsnotwendigkeiten werden erlebbar. Das ist möglich, weil im Dialog mit dem Analytiker oder der Analytikerin eine andere Form der Beziehung aufgebaut werden kann und sich alte Beziehungsmuster verändern können.

Der Individuationsprozess ist zum anderen aber nicht nur ein Integrationsprozess, sondern auch ein Prozess der Abgrenzung, in dem immer mehr Autonomie und mehr Freiheit gewonnen wird. Abgrenzung bedeutet zunächst einmal eine bewusste Auseinandersetzung mit dem kollektiven Bewusstsein, mit Autoritäten, mit Rollen und Normen. Dies war in den 20er und 30er Jahren, als Jung das Individuationskonzept entwickelte, von sehr viel größerer Bedeutung, als es heute ist. Die traditionellen Geschlechtsrollen waren zum Beispiel noch recht starr und ließen vor allem den Frauen wenig Freiheit, das Leben auch nach ihrer Vorstellung zu leben. Vor solchem Hintergrund erschien das Individuationskonzept als revolutionär. Es betonte weniger die Rolle als die Frage des eigenen Lebens, es brachte Freiheit und nahm damit auch die Notwendigkeit in den Blick, sich entscheiden zu müssen. Im Individuationsprozess geht es des Weiteren um eine altersgemäße Ablösung von den Elternkomplexen, um die Auseinandersetzung mit Komplexen überhaupt, die uns nicht ermöglichen, das zu leben, was wir leben wollen, sondern in uns einen gewissen Wiederholungszwang bewirken.[94] Der Individuationsprozess ist gekennzeichnet durch ein konse-

---

[94] Kast Verena (1994) Vater-Töchter, Mutter-Söhne. Wege zur eigenen Identität aus Vater- und Mutterkomplexen. Stuttgart

quentes Fragen nach „mir selbst" in der Beziehung zu meinem Unbewussten, meinen Mitmenschen, der Mitwelt. Jung schreibt: „Denn die Beziehung zum Selbst ist zugleich die Beziehung zum Mitmenschen, und keiner hat einen Zusammenhang mit diesem, er habe ihn denn zuvor mit sich selbst."[95] Die Beziehung zum Selbst und zum Mitmenschen bedingen einander.

Es geht also beim Individuationsprozess nicht nur darum, Autonomie und damit mehr Freiheit zu erreichen – darum geht es auch –, sondern immer auch um die Entwicklung zu mehr Beziehungsfähigkeit und zu mehr Echtheit.

Dieser Prozess vermittelt nach Jung Sinnerfahrung, macht das Individuum schöpferischer und bewirkt dadurch, dass es besser mit Problemen umgehen kann. Das Selbstwertgefühl verbessert sich, und es fällt leichter, mit der Angst umzugehen. Diesem Entwicklungsgedanken entspricht, dass Jung sich auf die Ressourcen des Menschen orientiert, die er besonders in der schöpferischen Fantasie, in der Imagination und in der damit verbundenen Kreativität sah. Diese Sichtweise ist therapeutisch wirksam und geradezu modern.

Individuation ist ein Prozess und letztlich auch ein Ziel. Als Ziel ist Ganzwerden eine Utopie, die wir nie erreichen, wir sind bestenfalls auf dem Weg. Und auf diesem Weg bleibt man auch immer wieder einmal stecken. Der Prozess indessen erfüllt die Dauer des Lebens mit Sinn.[96] Dieser Prozess besteht in einer kontinuierlichen Auseinandersetzung zwischen Bewusstsein und Unbewusstem, die sich in zwischenmenschlichen Beziehungsmustern und Spannungen zeigen. Dabei geht es nicht nur um Spannungen, die entstehen, wenn man sich zwischen zwei Optionen zu entscheiden hat, sondern auch um die Spannung zwischen dem, was wir in unserem eigenen Leben, aber auch im

---

[95] Jung, Die Psychologie der Übertragung. In: GW 16, § 445
[96] Jung, Die Psychologie der Übertragung. In: GW 16, § 400

Leben der Gesellschaft, als lebensfördernd, und dem, was wir als lebenshemmend erfahren. Diese Gegensätze müssen ausgehalten werden, bis sich neue Systeme bilden, die sich meistens auch in Symbolen zeigen. Im Verlaufe dieses Prozesses werden einige besonders wichtige Archetypen – wie Animus und Anima, Bilder des geheimnisvollen Fremden oder der geheimnisvollen Fremden, die einerseits die Ablösung von den Elternkomplexen bewirken, andererseits mehr zur eigenen Mitte hinführen und die Beziehungen steuern[97], und die vielfältigen Bilder des Schattens[98] belebt. Mehr als zu Jungs Zeiten werden heute Lebensübergänge beschrieben, sie werden dokumentiert mit Träumen, wie dies etwa in Ingrid Riedels Buch, „Träume – Wegweiser in neue Lebensphasen"[99] anschaulich wird. Dabei werden archetypische Felder beschrieben, die in sich viele Optionen haben. Auch bei Jung gibt es keinen starren Individuationsplan.

Jung sieht ein Zentrum im Menschen, das diesen Individuationsprozess intendiert und bewirkt: das Selbst.

Das Selbst in der Jung'schen Psychotherapie

Jung versteht das Selbst als zentralen Archetypus von großer Selbstregulierungs- und Selbstzentrierungskraft, als den geheimen „Spiritus Rector" unseres Lebens, der Anreiz zu lebenslanger Entwicklung gibt, als einen Archetyp, der auch den Aufbau des Ichkomplexes steuert. Das Selbst gilt weiter als Grund und Ursprung der individuellen Persönlichkeit und umfasst diese in

---

[97] Kast (1984) Paare. Beziehungsphantasien oder Wie Götter sich in Menschen spiegeln. Stuttgart
Kast (1998) Animus und Anima. Zwischen Ablösung von den Eltern und Spiritualität. In: Frick E, Huber R (Hg) (1998) Die Weise von Liebe und Tod. Göttingen
[98] Kast (1999) Der Schatten in uns. Die subversive Lebenskraft. Zürich, Düsseldorf
[99] Riedel Ingrid (1998) Träume – Wegweiser in neue Lebensphasen. Stuttgart

Vergangenheit, Gegenwart und Zukunft.[100] Jung spricht dann auch von „dem Selbst" (im Unterschied zu „mein Selbst") und meint damit den Menschen als solchen in uns – Individuation bedeutet also letztlich auch Arbeit am „Menschlichen". Eine weitere Stufe des Selbst beschreibt er in Anlehnung an den Alchemisten Dorneus: Der ganzheitliche Mensch kann sich dem Unus Mundus verbinden, es gäbe also letztlich – als Vision, als Utopie – die Verbindung des menschlichen Selbst mit dem Kosmos als Ganzem.[101] Damit verbindet sich Menschenbild und Weltbild: Was innen ist, ist auch außen, was außen ist, ist auch innen. Dem entspricht, dass Symbole als Ausdruck der Beziehung des Individuums zur realen, konkreten Welt gedeutet werden (Deutung auf der Objektstufe), aber auch als Information von inneren Prozessen (Deutung auf der Subjektstufe).

Meistens wird der Archetypus des Selbst in Träumen oder gemalt in Bildern erlebt und erscheint in abstrakten Symbolen von Ganzheit und Gegensatzvereinigung, wie etwa Kreis, Kreis und Kreuz, Kugel, im dynamischen Aspekt etwa in der Geburt eines göttlichen Kindes. Wird dies erlebt, so entsteht ein Lebensgefühl, in dem eine Selbstzentrierung erfahren wird, die Schicksalhaftigkeit einer Situation. Begleitet wird dies vom Erleben einer fraglosen Identität und eines unabweisbaren Sinnes. Es wird ein sicheres Selbstwertgefühl erlebt, das verbunden ist mit Hoffnung auf Zukunft. Das Selbst gilt denn auch strukturell als Archetypus[102] der Ordnung und der Selbstzentrierung, von der Dy-

---

[100] Jung, Mysterium Coniunctionis. In: GW 14/2. Olten, § 414
[101] Jung, GW 14/2, § 414
[102] Jung beschreibt die Archetypen als die „a priori Determinanten der Imagination und des Verhaltens". Sie gründen in der Struktur des Gehirns, sind also biologisch verankert, zeigen aber – im Zusammentreffen der Menschen mit der Welt – einen „geistigen" Aspekt. Jungs Lebenswerk bestand darin, die schöpferischen Fantasien in Mythen, Träumen, der Literatur, die diesen archetypischen Konstellationen entsprechen, zu studieren. Den biologischen Aspekt der Archetypen, der im Zusammenhang mit dem heutigen neurowissenschaftlichen Diskurs sehr interessant ist, erwähnt er immer einmal wieder. Die Archetypen,

namik her ist es der Archetypus, der zur Selbstwerdung anregt, zur schöpferischen Entwicklung in der Auseinandersetzung mit der Mitwelt. Es ist also der Archetypus, der hinter dem immer wieder notwendigen Erleben und Gestalten von Identität steht.

Der Archetypus gilt als „Urbild", Ausdruck dessen, dass es bei den Menschen schon immer so war, zugleich aber auch als Stätte des schöpferischen Impulses. Jung spricht davon, dass der schöpferische Prozess in einer „unbewussten Belebung des Archetypus und in einer Entwicklung und Ausgestaltung desselben bis zum vollendeten Werk" bestehe, wobei „die Gestaltung des urtümlichen Bildes ... gewissermaßen eine Übersetzung in die Sprache der Gegenwart"[103] sei.

Grundidee und Grunderfahrung der analytischen Psychologie nach C. G. Jung ist es, dass die Psyche sich im Sinne einer Selbstregulierung schöpferisch verändert. Sie wird schöpferisch, um

---

neuronale Muster für typische Vorstellungen, die nicht aus der eigenen Lebensgeschichte stammen, haben die Funktion, für alle Menschen typische Erfahrungen und Verhaltensmuster in der Interaktion mit der Welt auszulösen und diese Erfahrungen auch miteinander in Verbindung zu setzen, so dass eine Erfahrung von Sinn entsteht.
Auf die existentielle Erfahrung Tod als Beispiel reagieren wir Menschen alle etwa vergleichbar: Vergleichbare Bilder des Todes, des Jenseits, des Verlassenwerdens, wie wir sie schon in alten Kulturen kennen, dargestellt in den verschiedenen Totenbüchern, zum Beispiel den ägyptischen, beschäftigen unsere Fantasie. Die Gefühle, die mit der Erfahrung Tod verbunden sind, können wir nachvollziehen, auch wenn wir nicht in einen anderen Menschen hineinschauen können. Ähnliche Befürchtungen, ähnliche Erwartungen, aber auch eine vergleichbare Verarbeitung der Erfahrung „Verlust" im Trauerprozess sind festzustellen. Natürlich ist dieser individuell eingefärbt: durch unsere Persönlichkeit und unserer Geschichte mit Bindung und Trennung, durch die Bedeutung des Menschen in unserem alltäglichen Leben, den wir verloren haben, durch die Todesart. Und dennoch: Das Typische an der Todeserfahrung eines geliebten Menschen und am Trauerprozess ist seit Tausenden von Jahren ähnlich beschrieben worden (Gilgamesh-Epos, Shiva und Shakti).
[103] Jung, Analytische Psychologie und dichterisches Kunstwerk. In: GW 15. Olten, § 130

aus einem Ungleichgewicht heraus immer wieder in ein Gleichgewicht zu finden und sich an die Anforderungen von Außenwelt und Innenwelt anzupassen. Dieser schöpferische Prozess ereignet sich zwischen dem Unbewussten, den archetypischen Strukturen und den Komplexen, und dem Bewusstsein, im Dialog des Bewusstseins mit dem Unbewussten. Der schöpferische Prozess entwickelt sich also zwischen zwei Polen dialogisch, indem er das andere, das Gegenüber, das Du – und damit auch den konstruktiven Widerspruch einbezieht.

Symbole als Wegmarken des Individuationsprozesses

Im therapeutischen Individuationsprozess lernen wir, auf unbewusste Prozesse zu achten: Das heißt, wir beschäftigen uns mit Symbolen, mit Träumen, mit Emotionen, vor allem aber auch mit Erfahrungen in Beziehungen: – zunächst einmal in der analytischen Beziehung, denn in der Auseinandersetzung mit dem Du, in Beziehungsmustern und in Beziehungssehnsüchten, zeigt sich sehr viel auch von unserer unbewussten Psyche. Oft werden die jeweils anstehenden Entwicklungsthemen in Symbolen an das Bewusstsein herangetragen. In der schöpferischen Auseinandersetzung mit den Symbolen entwickelt sich die Persönlichkeit und lösen sich Probleme. Gelegentlich geschieht dies auch nur dadurch, dass man aus einer anderen Perspektive die Probleme und die Lebenssituation sehen kann, vielleicht sogar mit Humor, oft aber auch dadurch, dass man intensiv an Komplexkonstellationen arbeitet, also durch harte Arbeit.

Symbole wie zum Beispiel ein Ring, eine rote Blume, ein Schiff, eine Kuh usw. stammen meistens aus der Alltagswelt und lassen sich sinnenhaft fassen, sie verweisen aber auch auf Hintergründiges, Psychisches. Symbole erleben wir in Träumen, in Fantasien, in Kunstwerken, in Faszinationen, im Alltag, in Märchen und Mythen, in Symptomen usw. Auch das

Symbol hat eine Identitätsstruktur: Erfahrungen von außen und von innen kommen zusammen. Wird ein Symbol bedeutsam für unser Leben, dann beginnen wir, unsere aktuelle Lebenssituation auf dieses Symbol hin zu beziehen und zu verstehen. Symbole binden unser Interesse. Man beginnt, gewisse Gegenstände zu sammeln, sie fallen einem auf, Texte dazu werden gesucht. Emotionen und Bedeutungen, die mit diesem Symbol verbunden sind, werden erlebt und erinnert. Leben im Zusammenhang mit diesem Symbol wird bedeutsam. Wir beginnen uns dafür zu interessieren, welche Bedeutung dieses Symbol in der Menschheitsgeschichte schon immer gehabt hat. Wir versuchen zu verstehen, welche Bedeutung für unser aktuelles Leben stimmig sein könnte. Das Symbol meint einerseits unsere ganz aktuelle existentielle Situation und verweist auch gleichzeitig auf Hintergründiges, auf Zusammenhänge, lebensgeschichtliche und menschheitsgeschichtliche, die jeweils nicht besser als eben in diesem Symbol auszudrücken sind. Auch wenn wir meinen, ein Symbol zu verstehen, wenn wir mit ihm in Kontakt getreten sind, behält es doch immer noch einen Bedeutungsüberschuss zur jeweiligen Situation. Gerade dieser Bedeutungsüberschuss bewirkt, dass das Symbol Hoffnungen in uns erweckt und Erwartungen lebendig hält. Symbolen sind Erinnerung und Erwartung eigen und stark mit Gefühlen verbunden. Daher sind sie höchst bedeutsam. Im therapeutischen Prozess sind Symbole Brennpunkte unserer menschlichen Entwicklung, Verdichtungskategorien: Lebensthemen, Konflikte, die einerseits unsere Schwierigkeiten ausmachen, aber auch unsere Lebensmöglichkeiten in sich bergen und unsere Entwicklungsmöglichkeiten abbilden. Zudem zeigen diese Symbole – und darauf hat Jung immer wieder hingewiesen –, dass unsere persönlichen Probleme meist typisch menschliche Probleme sind; Probleme, mit denen Menschen schon immer gerungen haben. Dies zeigt sich nicht zuletzt in ihrer Bearbeitung in der Dichtung, der Kunst und der Philosophie.

Im Individuationsprozess ist Identität immer nur vorläufig erlebbar, erreichbar, erarbeitet. Das Ich bleibt in einer Spannung zur Außenwelt, zur Gesellschaft, zu den Normen und den Rollen zum einen, aber auch in einer Spannung zur Innenwelt, zu dem, was aus den Träumen, aus dem Unbewussten und dem Kollektiven Unbewussten uns entgegenkommt zum anderen. Dies ist eine lebenslange Auseinandersetzung. Durch sie sollen wir immer mehr wir selbst werden, immer mehr zu dem werden, wie oder wer wir eigentlich sind, also immer mehr zu dem finden, was von Winnicott und anderen das wahre Selbst genannt wird. In der Theorie des Individuationsprozesses ist implizit enthalten, dass jeder neue Entwicklungsschritt, den wir in der Auseinandersetzung mit der Außenwelt und der Innenwelt machen, etwas korrigieren will. Jeder neue Entwicklungsschritt orientiert sich am Ziel, stimmiger mit uns selbst zu werden, besser mit uns übereinzustimmen und in der Folge auch ein besseres Selbstwertgefühl zu bekommen. Die Vorstellung darf aber nicht darüber hinwegtäuschen, dass es in der Realität wichtig ist, Spannungen, die Widersprüche im eigenen Wesen, auszuhalten.

Wer diesem Individuationsprinzip entsprechend lebt und sich damit auch in einen Gegensatz stellt zu dem, was im Moment gesellschaftlich gefragt ist, will nicht nur in der äußeren Welt funktionieren, sondern auch in einer Beziehung zu sich selbst stehen, will Sinn erleben, auch dann, wenn das Leben schwierig ist, etwa in einer Depression. Auf eine Depression reagiert die Außenwelt nur selten damit, dass sie die Sinnfrage ins Spiel bringt, die gesellschaftliche Anforderung lautet vielmehr, etwas zu unternehmen, damit die Depression rasch wieder verschwindet. Was ist richtig? Die Frage ist nur zu beantworten, wenn wir in Kontakt mit unseren Gefühlen sind, dann erst haben wir eine Ahnung davon, was für uns stimmiger ist. Dabei steht man allerdings in einer Spannung zu denen, die einen anderen Blickwinkel haben, und vielleicht ergibt sich daraus sogar ein Konflikt. Solange man in Konflikten steht, sei es mit der Außenwelt oder mit der Innenwelt, ist unser Selbstwertgefühl beeinträchtigt[104] . Bei Menschen mit an sich niedrigem Selbstwertgefühl ist es daher noch mehr beeinträchtigt als bei Menschen mit hohem Selbstwertgefühl. Auch wenn die Theorie der Individuation verspricht, dass der Mensch, der in diesem Prozess steht, immer stimmiger mit sich selber wird und zu einem besseren Selbstwertgefühl kommt, bedeutet das natürlich nicht, dass man vor Selbstwertkrisen geschützt wäre. Man wird aber mit der Zeit lernen, dass Selbstwertkrisen etwas Normales sind. Das Selbstwertgefühl ist natürlich habituell besser, wenn wir eine Selbstwertkrise als eine normale Schwankung deuten können, als wenn wir sie um jeden Preis verhindern müssen. Dann werden wir sie entweder verleugnen oder wir werden alles tun, um sie in irgendeiner Weise zu vertuschen: Infolge davon wird unser Selbstwertgefühl jedoch immer schlechter. Wir können dann auch keine Konsequenz aus der Selbstwertkrise ziehen. Jedes Gefühl, von dem wir ergriffen werden, hat ja einen Hinweischarakter. Im Falle der Selbstwertkrise bedeutet dies: Wir erleben in unserem Leben eine Beeinträchtigung in unserem Selbstwert – vielleicht könnten wir dies verändern.

Im Prozess der Individuation setzt man sich ebenfalls auseinander mit einer übernommenen oder auch einer verschriebenen Identität: In der Terminologie des Individuationsprozesses heißt das, sich von den Eltern und von den Elternkomplexen abzulösen. Vieles, was wir als unsere Identität verstehen, ist aus Identifikationen mit dem Lebensstil und den Überzeugungen der Eltern, aber auch der kulturellen Umgebung, in der wir gelebt haben, entstanden. Anderes, was wir ebenfalls als unsere Identität verstehen, sind Verschreibungen, wie wir sie als Kind von den Eltern, den Lehrern und den verschiedenen Beziehungspersonen erhalten haben. Da galt jemand immer als fleißiges Kind, ein anderes Kind war immer eine Frohnatur: Mit solchen Verschreibungen, besonders wenn sie schmeichelhaft sind, identifi-

---

[104] Schütz, Psychologie des Selbstwertgefühls, S. 192

ziert man sich – und man wird von außen damit identifiziert. Es ist eine menschliche Entwicklungsaufgabe, dass man differenziert, sich Gedanken darüber macht, was wirklich zu einem selbst gehört und was man einfach übernommen hat. Diese Aufgabe wird meistens in der Adoleszenz in Angriff genommen, wenn Selbstzweifel und Selbstbeobachtung einsetzen.

Ein junger Mann, depressiv, ohne Antrieb, unglücklich mit vielen körperlichen Beschwerden, ist auch ein unglücklicher Student. In verschiedenen Anläufen hat er sein Abitur geschafft, und jetzt sollte er studieren. Auf die Frage, was er denn wirklich gerne macht, erwähnt er, er habe sehr erfolgreich mitgeholfen, ein großes Lager einer internationalen Jugendorganisation zu organisieren. Spricht er davon, dann wird er lebendig, und man spürt genau, dass dort sein Herz schlägt. Warum er denn Altphilologie studiere? „Ich bin ein total introvertierter, intellektueller Typ mit Sprachbegabung – da ist doch Altphilologie das logische Studienfach!" Auf seine Gefühlslage aufmerksam gemacht, wenn er vom Organisieren spricht und von seinen aktuellen Studien, nimmt er wahr, dass „da vielleicht etwas nicht ganz stimmt". Er kommt aus einer Familie, in der es immer wieder bedeutende Altphilologen gab. Da er sprachbegabt ist, wurde er identifiziert als der nächste Altphilologe. Es brauchte einen längeren Entwicklungsprozess, bis er diese Verschreibung – und damit auch eine Sicherheit – geopfert hatte und sein Studienfach wechselte. Damit wurde auch seine depressive Verstimmung überwunden.

Eine flexible Identität müsste nach der Jung'schen Theorie zu einer kohärenten Identität führen, da sie vom Selbst (hier verstanden als Tiefenselbst) gesteuert ist und immer wieder Prozesse der Selbstzentrierung und der Selbstorganisation stattfinden. Dieses Selbst ist verstanden als das Zentrum im Menschen, das immer wieder Erfahrungen von „Ganzheit" ermöglicht. Dies meint zunächst nur, dass alles, was auf uns einstürmt, in Beziehung gebracht werden kann mit uns selbst und wir uns darauf beziehen können. Wichtig in diesem Zusammenhang ist, dass wir mit diesen selbstregulierenden Kräften bewusster in Kontakt sind.

Der Hirnforscher Damasio beschreibt eine ähnliche Idee: „Die frühesten Ursprünge des Selbst, einschließlich des höheren Selbst, das Identität und Personalität umfasst, sind in der Gesamtheit jener Hirnmechanismen zu finden, die fortwährend und unbewusst dafür sorgen, dass sich die Körperzustände in jenem schmalen Bereich relativer Stabilität bewegen, der zum Erleben erforderlich ist."[105] Diese Körperzustände sind eng mit den Emotionen verknüpft, mit „Hintergrundsempfindungen", wie Damasio sie nennt. Sie vermitteln ein Gefühl der Kontinuität und machen die Veränderungen, denen wir ständig ausgesetzt sind, bewusst.[106]

Der Hirnforscher Gerhard Roth[107] geht von der Existenz verschiedener „Iche" aus: So identifiziert er ein Körper-Ich, ein Ich als Erlebnissubjekt, ein autobiografisches Ich und andere mehr. „Wir erleben diese vielen ‚Iche' in aller Regel als ein einheitliches Ich. Gleichzeitig erleben wir uns aber als ein fluktuierendes Etwas, als ein Auf und Ab verschiedenster Selbstempfindungen, in denen von Minute zu Minute das Körperliche, das Perzeptive, das Emotionale oder das Kognitive dominiert. Dies bedeutet, dass die auf Grund der Tätigkeit unterschiedlicher corticaler und subcorticaler Areale und Zentren entstehenden verschiedenen Iche sich aktuell in verschiedener Weise zusammenbinden und den Strom der Ich-Empfindungen konstituieren. Wie dieses Zusammenbinden zustande kommt, ist ... rätselhaft."

---

[105] Damasio Antonio R (1999) Ich fühle, also bin ich. München, S. 36
[106] Damasio Antonio R (1995) Descartes' Irrtum. München, S. 213
[107] Roth Gerhard (2001) Fühlen, Denken, Handeln. Frankfurt/Main, S. 327

Individuationsprozess und Gesellschaft

Es wäre ein Missverständnis, den Individuationsprozess nur einseitig als Selbstverwirklichung zu verstehen, ohne sich bewusst zu machen, dass diese Selbstverwirklichung nur in der Interaktion mit der Welt geschehen kann. Allerdings wurde von Jung selbst der Individuationsprozess zunächst als eine Konzentration auf die Bedürfnisse der Seele verstanden. In einem Vortrag von 1916 spricht Jung davon, dass sich der Mensch sowohl an die äußeren Bedingungen, die Bedingungen der Umwelt und unsere bewussten Überlegungen dazu, als auch an die inneren Bedingungen, das Unbewusste, anpassen muss.[108] Individuation sieht er zu diesem Zeitpunkt „ausschließlich als Anpassung an die innere Realität".[109] Das bringt ein Problem mit sich. „Der Individuierte hat a priori durchaus keinen Anspruch auf irgendwelche Schätzung. Er hat sich zu begnügen mit der Schätzung, die ihm auf Grund geschaffener Werte von außen zufließt."[110] Jung war zu dieser Zeit der Ansicht, dass Menschen, die sich dem Individuationsprozess zuwenden, zu viel Energie von der Gemeinschaft abziehen. Sozusagen als Lösegeld müssten sie dem Kollektiv „verwertbare Werte" zurückgeben. Wer das nicht könne, so Jung, wer nicht schöpferisch genug sei, um diese Werte zu schaffen, müsse die „kollektive Einstimmigkeit mit einer selbst gewählten Sozietät herstellen, sonst bleibt er ein leerer Schädling und Wichtigtuer".[111]

Aber gerade dann, wenn man diese Mahnung von C. G. Jung ernst nimmt, führt der Individuationsprozess zu einer dialogischen Beziehung zwischen Innenwelt und Außenwelt, ist der Individuationsprozess auch ein Beziehungsprozess.

---

[108] Jung (1916, 1981) Anpassung, Individuation und Kollektivität. In: Das symbolische Leben, GW18/2. Olten § 1084–§ 1106
[109] Jung, Anpassung, § 1095
[110] Jung, Anpassung, § 1096
[111] Jung, Anpassung, § 1098

Autobiografie: Identität in der Kontinuität

Kontinuität und Kohärenz als wichtige Aspekte unserer Identität finden sich in unseren autobiografischen Erfahrungen. Die Verbindung mit den gefühlten Emotionen ist die Verbindung zu den Wurzeln eines Menschen. Der Hirnforscher Daniel Schacter ist der Ansicht, dass „unser Ich-Gefühl entscheidend von der subjektiven Erfahrung der Erinnerung an unsere eigene Vergangenheit abhängt".[112] Und Damasio meint ergänzend zu dieser Sicht: „Die Erinnerungen an die Szenarien, die wir als Hoffnungen, Wünsche, Ziele und Verpflichtungen speichern, wirken zu jedem Zeitpunkt nachdrücklich auf das Selbst ein. Zweifellos spielen sie auch eine Rolle bei der bewussten und unbewussten Modifizierung der Vergangenheit und bei der fortlaufenden Erschaffung der Person, als die wir uns sehen."[113]

Identitätsrelevante Erinnerungen sind jene, die von unserem Leben geformt worden sind und gleichzeitig weiter formend auf unser Leben zurückgewirkt haben. Im Gesamt der identitätsrelevanten Erinnerungen werden die vielen Identitäten, die wir gehabt haben, die wir haben und die wir haben werden, zu einer Identität – zu meiner Identität.

Zu identitätsrelevanten Erfahrungen gehört, dass wir sie als solche wahrgenommen haben. Sie waren für uns emotional bedeutsam und haben einen Einfluss auf das Selbstwertgefühl. Diese Erfahrungen helfen zu klären, wie wir sind, vielleicht helfen sie sogar vorauszusagen, wie sich das Leben entwickeln könnte.

---

[112] Schacter, S. 65
[113] Damasio, Ich fühle, S. 271

Das Erzählen von Episoden aus der Lebensgeschichte ermöglicht uns nicht nur, die Kontinuität in unserem Leben sichtbar zu machen, sondern es schafft auch Kohärenz: Die verschiedenen Identitäten, von denen man gelegentlich denkt, dass sie gar nicht besonders gut zusammenpassen, können in diesen Erzählungen zu einem „Ganzen" werden, einem Ganzen, das vielleicht ein paar Tage später schon wieder anders geordnet wird. Diese Geschichten werden auch bewertet, in ihnen kommt Identität zum Ausdruck; allerdings steht hier nicht so sehr das aktuelle Selbstwertgefühl im Zentrum, sondern es geht mehr um eine generalisierte Selbstbewertung. Für eine kurze Zeit hat man dann ein Gefühl für das eigene Leben als Ganzes und bewertet es. Taugt diese Identität als Ganze? Muss etwas verändert werden?

Erzählen sehr alte Menschen oder Menschen, die kurz vor dem Sterben stehen, aus ihrem Leben, fragen sie oft unvermittelt: Es war doch in Ordnung, oder? Diese Frage wird fälschlicherweise oft auf das gerade aktuelle Erzählthema bezogen, bezieht sich aber eher auf die Frage, ob man, wie sie selber, auch der Ansicht ist, dass ihr Leben als Ganzes „in Ordnung" und damit wertvoll sei. Eine letzte Anerkennung des Ganzen ist hier gefragt. Wir Menschen haben ein inneres Modell davon, wie ein Leben sein sollte, damit es wertvoll ist. Dieses Modell ist von Mensch zu Mensch etwas unterschiedlich und wird im Laufe des Lebens immer wieder mehr oder weniger verändert. Dieses innere Modell hängt deutlich mit den Werten zusammen, die wir verwirklichen wollen. Die Frage lautet im Blick auf das Ganze dann: Kann mein Leben vor diesen inneren Werten bestehen?

Autobiografische Erzählungen

Autobiografische Erzählungen bestehen aus meist kurzen Episoden, die auf der autobiografischen Erinnerung beruhen. Man rekonstruiert oder konstruiert damit die Lebensgeschichte:

Meine Lebensgeschichte in der Kontinuität meines Lebens, in der Kontinuität meiner Herkunftsfamilie und in der Kontinuität der Zeitgeschichte. Der erzählende Mensch versucht durch seine Erzählung, den zeitlich strukturierten Lebens- und Handlungsablauf zu rekonstruieren. Er schaut dabei auf sich selbst: Wenn wir etwas Autobiografisches über uns sagen oder schreiben, dann spricht das erinnernde Selbst über sich selbst und schafft dabei gleichzeitig ein erinnertes Selbst. Was subjektiv erfahren worden ist, ist nun in Erinnerung vorhanden, die in Sprache gefasst worden ist. Ein System kann ja ganz selten von innen beschrieben werden, es braucht eine Perspektive von außen, damit es wirklich beschrieben werden kann. Bei autobiografischen Erzählungen beobachten wir selber von außen unsere identitätsrelevanten Erfahrungen und schildern sie. Niemand anderer, nur wir selbst befinden dann über unser Leben. Andere Menschen können dies nicht leisten: Zwar lässt sich von außen ein Lebensgang nachvollziehen, mit Interviews Wesentliches über das Leben eines Menschen herausarbeiten, aber dies wird immer eine Mischung zwischen einem Roman und einer Biografie bleiben. Nur wir selber sind für die Beschreibung unserer Identität die jeweils maßgeblichen Personen.

Autobiografische Erzählungen dienen nicht nur der Beschreibung des Lebens, nicht nur der Bewertung; die meisten autobiografischen Erzählungen und Texte haben insgeheim das Ziel zu zeigen, dass man kompetent mit dem Leben umgehen konnte und es noch immer kann.

Ohne dass wir uns gezielt vornehmen, Lebensgeschichte zu erzählen, tun wir es doch ständig. Dies beginnt etwa mit drei, vier Jahren. Da entsteht das, was Stern das narrative Selbst nennt, die Möglichkeit, das Selbst durch Geschichten darzustellen und zu entwickeln. Zwar erzählen die kleinen Kinder meistens zunächst die emotionalen Höhepunkte der Geschichte und lernen erst nach und nach, dass eine Geschichte einen Anfang, einen Höhepunkt und ein Ende hat.

Wir erzählen oft ohne eine größere Absicht etwas aus unserem Leben. Solche in Sprache gefassten Erinnerungen können durch ein besonderes Vorkommnis im Kontext mit anderen Menschen hervorgerufen werden. Jemand hat eine wichtige Prüfung bestanden und erzählt davon. Diejenigen, die gerade anwesend sind, beginnen sich zu erinnern, wie ihre Prüfungen verlaufen sind, und sie erzählen dann meistens ebenfalls davon: Unser autobiografisches Gedächtnis wird abgerufen. Eine emotional aufwühlende Erfahrung wird gemacht: Ein Lehrer ist erschossen worden. Plötzlich sprechen viele Menschen darüber, wie sie einmal bedroht worden sind und wie sie damit umgegangen sind. Emotional bedeutsame Vorkommnisse in der äußeren Welt regen uns an, etwas aus dem eigenen Leben zu erzählen. Und natürlich erzählt man dies anderen Personen.

Aber auch ein Traum kann ein Auslöser für eine autobiografische Erinnerung sein. Berührt uns ein Traum emotional, und das tun Träume sehr oft, denn sie helfen, emotionale Erregung zu verarbeiten[114], bringen wir den Inhalt des Traumes in Verbindung mit unserem aktuellen Leben, aber auch mit unserer Vergangenheit, mit unserer Geschichte. Manchmal bringt ein Traum uns einen Menschen zurück, an den wir schon sehr lange nicht mehr gedacht haben, der vielleicht auch schon längere Zeit tot ist, und dann erinnern wir uns an die Besonderheiten dieses Menschen, was wir mit ihm oder ihr erlebt haben, was dieser Mensch in uns belebt hat, welche Bedeutung er oder sie auf unserem Lebensweg hatte. Meistens löst ein solcher Traum identitätsrelevante Erinnerungen aus und verknüpft die Vergangenheit mit der aktuellen Lebenssituation. Denn es muss einen Grund geben, dass wir gerade jetzt von diesem Menschen träumen. Und so fügen wir den Faden der Vergangenheit in den aktuellen Kontext unseres Lebens.

Bewusster werden Lebenserinnerungen abgerufen, wenn wir einen neuen Menschen kennen lernen. Wenn wir neugierig und

---

[114] Hartmann Ernest (1996) Outline for a Theory on the Nature and Function of Dreaming. Dreaming 6, S. 147–170

interessiert einander die Frage stellen: Wer bist du? Und dann erzählt man sich Geschichten, die wir für das Wesen unserer Person für typisch halten, die wirklich etwas aussagen über unser Gewordensein und über unser Sosein. Wie war das bei dir? Wie ist das bei mir?

Diese Erzählungen von bedeutsamen Episoden in unserem Leben sind ergiebig, und sie entstehen zwischen zwei Menschen. Der Mensch, dem wir die Geschichte erzählen, hat durchaus einen Einfluss darauf. Auch wenn wir lebensgeschichtliche Episoden aufschreiben, haben wir bewusst oder unbewusst jemanden vor dem inneren Auge, dem wir es erzählen, oder von dem oder der wir möchten, dass er oder sie es liest. Von Matt[115] hat im Zusammenhang mit dem Schreiben von einer Werksfantasie gesprochen und damit gemeint, dass man als schreibender Mensch immer auch schon die Menschen vor Augen hat, die lesen werden, was man jetzt schreibt. Umso mehr gilt das, wenn wir unsere Lebensgeschichte erzählen: Das Gegenüber spielt eine große Rolle, es reagiert ja auch, geht mit, macht Einwände. Es entsteht ein Erzählraum, ein Raum des Imaginativen. Man sieht sich vor der Notwendigkeit, eine gute Geschichte erzählen zu müssen, damit das Interesse erhalten bleibt. Und so erzählt man oft mehr, als man sich vorgenommen hat, erzählt emotionaler und variiert die Erzählung. Wenn wir die eigene Lebensgeschichte erzählen, sind wir also produktiver, als wenn wir sie einfach aufschreiben.

Die Lebensgeschichte erzählt man natürlich auch im Rahmen der Therapie. Wir wissen, dass das, was wir erzählen, in der Therapie emotional verarbeitet werden kann und die Erzählung sich im Laufe der Zeit verändern kann. In den Forschungen zur Effektivität der Psychotherapie, bei denen frühe Erinnerungen,

---

[115] von Matt Peter (1979) Die Opus-Phantasie. Das phantasierte Werk als Metaphantasien im kreativen Prozess. In: Psyche 33, S. 207 ff.

wie sie zu Beginn einer Therapie erzählt werden, mit den früheren Erinnerungen, wie sie am Ende einer Therapie erzählt werden, verglichen werden[116], hat sich gezeigt: Diese Erinnerungen verändern sich.

Wenn wir erzählen, erzählen wir immer aus einer gewissen Perspektive etwas von unserem Leben. Wir vergewissern uns damit, dass es dieses Leben gegeben hat und noch gibt und dass wir eine eigene Geschichte haben.

In dieser Vergegenwärtigung spielen Emotionen eine Rolle und auch unsere Erinnerung erleben wir aktuell und emotional. Was geschieht bei einer identitätsrelevanten Erzählung? Es findet eine Selbstthematisierung und Selbstreflexion statt. Man identifiziert sich noch einmal mit der eigenen Geschichte. Indem man eine Geschichte erzählt, also ein erinnertes Selbst in den Raum stellt, kann man sich distanzieren und darüber reflektieren. Das Gegenüber, das Du, hat diese lebendige Geschichte ermöglicht und bewertet oft eine jeweilige Episode in Form von mehr oder weniger Interesse. Ist eine Geschichte interessant für uns, dann hören wir interessierter zu, langweilt uns eine Geschichte, dann ziehen wir Energie ab. Möglicherweise wissen wir, dass es sehr wichtig ist, einem anderen Menschen zuzuhören, und zwingen uns zum Interesse.[117] Das Interesse ist ein ehrlicher Maßstab, nicht so sehr, ob das, was wir erzählen, „wertvoll" war, sondern ob es für einen anderen Menschen interessant ist und vielleicht in ihm ebenfalls identitätsrelevante Erinnerungen hervorruft. Die Reaktionen der Zuhörer können auch darin bestehen, eine Geschichte explizit zu bewerten, das Verhalten beeindruckend zu finden und bei schwierigen Erzählungen mitzufühlen.

Erzählen wir eine Geschichte, sind wir zuerst identifiziert

---

[116] Eckstein Daniel (1976) Early recollection changes after counseling: A case study. Journal of Individual Psychology, 32, S. 212–223
[117] Kast Verena (2001) Vom Interesse und dem Sinn der Langeweile. Düsseldorf

mit ihr, tauchen noch einmal ganz in die damalige Situation ein und identifizieren uns möglicherweise mit allen beteiligten Personen. Reflektierend distanzieren wir uns auch von der Geschichte, reagieren auf sie, bewerten sie damit implizit und erhalten auch eine Reaktion vom zuhörenden Menschen. Manchmal fällt uns während des Erzählens dann ein, was wir eigentlich in jener Situation gebraucht hätten, was uns geholfen hätte.

Erinnern

Beim Erzählen der Lebensgeschichte geht es meistens um Schlüsselepisoden und nicht um einen einheitlichen Bericht über das chronologisch abgelaufene Leben. Dies sind Episoden, die einen Schlüssel für das Verständnis von uns selbst darstellen, also identitätsrelevante Episoden. Meistens sind es Erfahrungen, die wir für typisch für unsere Person halten, die wir für unser eigenes Selbstverständnis als wichtig ansehen. Es sind aber generell auch Erfahrungen, die emotional hoch bedeutsam waren, von daher leichter zu erinnern, oder Erfahrungen, über die wir oft gesprochen haben. Gelegentlich sind es Erlebnisse, mit denen wir uns so darstellen können, wie es uns besonders gefällt, gelegentlich auch solche, von denen wir denken, dass sie die zuhörenden Personen aufheitern und ihnen etwas geben.

Um als Erinnerung empfunden zu werden, muss die abgerufene Information in den Kontext einer bestimmten Zeit und eines bestimmten Orts gebracht werden. Wir selber sind Teilnehmer an dieser Situation. Nach Tulving, der die Funktionsweisen des Gedächtnisses erforscht hat, hängt diese Art des Erinnerns vom episodischen Gedächtnis ab. Das Episodengedächtnis hat einen großen Einfluss auf die autobiografische Erinnerung. In einer Episode werden nicht einfach nur zwei oder drei Wörter abgespeichert, sondern ein Zeitraum, eine Handlung mit Emotionen, mit einer Umgebung, mit einem Kontext, der sich etwa so präsentieren könnte: Kind, Hunger, Brust, Milch, wohlig, schlafen, alles ist in Ordnung. Das episodische Gedächtnis ermöglicht es uns, persönliche Erfahrungen zu erinnern, die die Besonderheit unseres Lebens ausmachen. Der „Erinnerer" (Tulving) ist überzeugt, dass die Erinnerung eine mehr oder weniger deutliche Kopie des Erfahrenen ist, also Teil der eigenen Vergangenheit. Für den Erinnerer geht es um eine „mentale Zeitreise, das Wiedererleben von Dingen, die in der Vergangenheit geschehen sind".[118] Episodisches Erinnern ist für Tulving eine Art Imagination, bei der die Grenzen von Zeit und Raum überschritten werden können.

Erinnerungen sind kontextabhängig: Sie müssen in Verbindung gebracht werden mit Gefühlszuständen, mit Bewegungen, mit autobiografisch relevanten Orten, eben mit Episoden. Und solange kein Reiz einen Aspekt einer Episode abruft, werden wir uns schlecht oder nicht erinnern. Spezifische Erinnerungen sind episodische Erinnerungen.

Ob wir etwas wirklich erinnern, oder nur wissen, dass es stattgefunden hat, hängt davon ab, wie viel Aufmerksamkeit wir der Erfahrung ursprünglich gegeben haben[119] und wie emotional betont das Ereignis war. Was man sieht, hört, denkt und fühlt, wird mit einer besonderen Aufmerksamkeit wahrgenommen und in eine Erinnerung verwandelt. Diesen Vorgang nennt man Kodierung.[120] Um eine überdauernde Erinnerung zu ermöglichen, muss die Erfahrung weiter kodiert werden, das heißt, sinnvoll mit bereits vorhandenen Erinnerungen und vorhandenem Wissen verbunden werden.[121] Das Gedächtnis erscheint im Alltag als Nebenprodukt unserer Erfahrungen und

---

[118] Tulving Endel (1993) Self knowledge of an amnesic individual is represented abstractly. In: Scrull and Wyer (ed) The mental representation of trait and autobiographical knowledge about the self. Hillsdale, NJ, S. 127
[119] Schacter Daniel L (2001, 1996) Wir sind Erinnerung. Gedächtnis und Persönlichkeit. Reinbek, S. 51
[120] Schacter, S. 75 ff.
[121] Schacter, S. 77

unseres Denkens. Wollen wir etwas wirklich erinnern, dann müssen wir eine „elaborierte Kodierung"[122] vornehmen, wir müssen uns Gedanken über Erfahrung, Information etc. machen und diese mit unserem bereits vorhandenen Wissen vernetzen. Ohne Elaboration verarmen unsere Erinnerungen. Schacter weist darauf hin, dass Menschen schlecht die Vorderseite und die Rückseite von Münzen erinnern, die sie eigentlich tagtäglich benützen.[123] Haben wir eine elaborierte Kodierung vorgenommen, dann können wir bei einem entsprechenden Abrufreiz recht genau erinnern. Erfolgreiches Erinnern ist wesentlich auf Abrufreize, oder Hinweisreize, angewiesen.[124] Alte Freunde liefern Hinweisreize in Form von eigenen Erinnerungen, die eigene Erinnerungen dem Vergessen entreißen.

Wie geht das Erinnern hirnphysiologisch vor sich? Vermutlich enthält kein einzelnes Gebiet des Hirns das Engramm einer bestimmten Erinnerung. Rückwärtige Rindengebiete, die für die Analyse von Wahrnehmungen zuständig sind, speichern „Fragmente der Sinneserfahrung, Bruchstücke von Bildern und Lauten. Verschiedene andere Regionen des Gehirns, die Damasio Konvergenzzonen nennt, enthalten Kodes, die Fragmente der Sinneserfahrung miteinander und mit bereits vorhandenem Wissen verbinden."[125] So entstehen „Aufzeichnungen früherer Kodierungen."[126] Aktivieren Nervenimpulse aus Konvergenzzonen auch Fragmente der Sinneserfahrung, die früher miteinander verbunden waren, findet Erinnerung statt. Erinnerung ist „eine Konstruktion, die viele Mitwirkende hat."[127] Erinnerung ist also nicht einfach etwas, was einmal eingeschrieben ist als Engramm (als Erinnerungsbild) und dann aktiviert wird, sondern

---

[122] Schacter, S. 79
[123] Schacter, S. 81
[124] Schacter, S. 108
[125] Schacter, S. 112
[126] Schacter, S. 112
[127] Schacter, S. 113

sie entsteht aus dem Zusammenwirken von Abrufreiz und dem, was einmal gespeichert wurde – sie ist also ein eigenes Muster.[128] Die Engramme verblassen im Laufe der Zeit. Wir vergessen. Das ist nicht nur ein Ärgernis. Es wäre auch schrecklich, wenn wir alles immer in der Erinnerung behalten müssten. Andere Engramme hingegen werden immer resistenter gegen das Vergessen. Sie sind konsolidiert. Diese Langzeitkonsolidierung entsteht, weil Menschen über ihre Erfahrungen sprechen. Je älter – und relevanter – die Erinnerung, umso länger kann man von ihr sprechen. Aber auch der Schlaf scheint zu helfen, Erinnerungen zu konsolidieren.[129]

Die Forschung unterscheidet verschiedene Ebenen des biografischen Wissens:

Conway und Rubin[130] unterscheiden Erinnerungen an längere Lebensabschnitte, die Jahre oder Jahrzehnte umfassen können: Etwa die Zeit, die man in einem bestimmten Land verbracht hat, oder die Studienzeit. Dann Erinnerungen an „allgemeine Ereignisse": Darunter sind längere Episoden, die sich aus verschiedenen Ereignissen zusammensetzen. Dann gibt es das „ereignisspezifische Wissen", Einzelepisoden, die nur kurz dauern: Die Episode, als man überfallen wurde, als man zum ersten Mal eine große Rede hielt usw. Diese drei Arten autobiografischen Wissens haben unterschiedliche Funktionen und sind möglicherweise auch durch unterschiedliche Gehirnsysteme vermittelt. Fragt man nach Erinnerungen aus der Vergangenheit, beziehen sich diese Erinnerungen auf „allgemeine Ereignisse". Conway und Rubin sind aber der Ansicht, dass im Gedächtnis nicht eine einzelne Repräsentation gespeichert werde, sondern Erinnerungen würden durch die Kombination

---

[128] Schacter, S. 120
[129] Schacter, S. 147
[130] Conway Martin, Rubin David (1993) The structure of autobiographical memory. In Collins a. a. (eds) Theories of memory. Hillsdale NJ

von Informationen aus allen drei Ebenen des autobiografischen Gedächtnisses konstruiert.

Dieses komplexe Wissen um unsere Vergangenheit wird jeweils zu Lebensgeschichten verflochten. Und mit der erzählerischen Kontinuität werden in den Biografien Vergangenheit und Zukunft verknüpft. Dieser Erinnerungsfundus ist „der Kern der persönlichen Identität".[131] Mc Adams ist der Ansicht, dass die Geschichten, die wir erzählen, keine Chroniken des wirklich gelebten Lebens sind. Es geht weniger um Fakten als um Bedeutungen in diesen Geschichten. Unsere Lebensgeschichte wird konstruiert. Auch Price ist der Ansicht, dass autobiografische Erinnerungen „komplexe Strukturen" haben.[132] Er sagt von sich selber, er sei zu vertraut mit der „schöpferischen Kraft des Gedächtnisses", um nicht zu wissen, dass er sich auch da, wo er meine, zuverlässige Erinnerungen zu haben, irren könne.

Auch weiß man, dass die Abrufreize und der Abrufkontext einen großen Einfluss auf das Erinnerte haben. Auch in einer Psychotherapie wird die Vergangenheit nicht in der Gestalt bewusst gemacht, wie sie war, sondern sie wird in einem interaktionellen Prozess rekonstruiert und dabei auch konstruiert.

Das Gedächtnis wird heute also nicht einfach verstanden als etwas, das unsere Erinnerungen aufbewahrt und speichert. Die Erinnerungen werden im Gedächtnis umgebaut und verändert. Wir meinen zwar, akkurat zu erinnern, was genau geschehen ist, und dennoch ist es nicht so. Das kann man leicht erforschen, indem man zum Beispiel Tonbandmitschnitte von Gesprächen mit dem vergleicht, was Menschen noch erinnern. Es gehört zum Wesen des Gedächtnisses, dass Erinnerungen umgebaut werden. Dies ist ein kreativer Akt, man spricht deshalb von der kreativ konstruktiven Fähigkeit unseres Gedächtnisses. Im Ge-

---

[131] Mc Adams Dan (1996) Das bin ich. Wie persönliche Mythen unser Selbstbild formen. Hamburg
[132] zitiert in Schacter, S. 157

dächtnis kann alles, was einmal geschehen ist, ergänzt, gekürzt, beschnitten werden.

Dem autobiografischen Gedächtnis geht es nicht so sehr darum, wann etwas geschehen ist, sondern darum, das Geschehene zu verstehen, es in einen Lebenskontext einzubauen, es geht ihm also um Sinn und um Bedeutung. John Kotre[133] sagt in diesem Zusammenhang, der Sinn des autobiografischen Gedächtnisses sei es, „das Selbst mit Sinn zu versorgen".[134]

Aus Untersuchungen[135] weiß man, dass alles, was zum ersten Mal passiert, sehr gut erinnert wird. Auch wird alles, was einem Muster entspricht, gut erinnert. Schreibt man einen autobiografischen Text, wird man feststellen, dass es dabei Muster gibt. Wir alle haben einige Muster in unserem Leben, die auch Lebensthemen entsprechen. Erfahrungen, die in keines der Muster passen, werden eher vergessen. Befinden sich zum Beispiel in den Erzählungen einer Person immer wieder Siegermuster, dann werden Niederlagen ausgeblendet oder unter der Hand doch noch in einen Sieg verwandelt. Wer vor allem im Opfermuster erzählt, versteht sich auch in einer Erzählung, die von Erfolgen handelt und von der eigenen Dominanz, sich noch als Opfer darzustellen. Was nicht passt, das vergessen wir einfach.

Besonders lebhafte Erinnerungen – so haben die Untersuchungen gezeigt – hat man bei einzigartigen Ereignissen (73 Prozent), bei erstmaligen Vorkommnissen (20 Prozent) und bei letztmaligen Vorkommnissen (3 Prozent). Vier Prozent bleibt übrig für Banales. Was einzigartig ist, wird am besten erinnert und ist vor allem Gegenstand der autobiografischen Erinnerungen, die wir erzählen.

---

[133] Kotre John (1996) Weiße Handschuhe. Wie das Gedächtnis Lebensgeschichte schreibt. München
[134] Kotre, Weiße Handschuhe, S. 110
[135] Kotre, S. 111 ff.

Es gibt Lebensabschnitte, an die Menschen sich, statistisch gesehen, besser erinnern. Forschungen an Menschen von Mitte fünfzig und Menschen von Mitte siebzig haben gezeigt, dass sich die Mehrzahl am besten an die Zeit zwischen 18 bis 35 Jahren erinnert.[136] Dieses Phänomen bezeichnet Rubin als „Reminiszenzberg". Und dieser Ausdruck zeigt sehr gut, dass diese Erinnerungen über das normale Erinnern hinausgehen. Dies könnte damit zusammenhängen, dass zwischen 18 und 35 viele Erfahrungen zum ersten Mal gemacht werden, dass jungfräuliche Erfahrungen auch mit jungfräulichen Augen betrachtet werden. Meistens werden diese Erfahrungen auch emotional hoch bewetet. Das ist offenbar identitätsstiftend, und diese Bedeutung bleibt auch im höheren Alter.

Hört man sich als Psychotherapeut, als Psychotherapeutin Lebensgeschichten an, die sich ja nicht so sehr unterscheiden von Lebensgeschichten von Menschen, die sich nicht in Therapie befinden, fällt auf, dass diese einzigartigen Ereignisse mit unerwarteten Wendungen im Leben, mit Wendepunkten, mit Krisen und mit den daraus erwachsenden Veränderungen zusammenfallen. Dabei wird selten nur die Veränderung benannt, sondern immer auch das, was sich gleich bleibt. Veränderungen können wir nur auf der Folie des Gleichbleibenden wahrnehmen.

Krisen zeigen an, dass sich etwas im Leben verändern muss, dass neue Aspekte der Persönlichkeit zum Tragen kommen müssen und dann auch eine Veränderung im Erleben der Identität bewirken.[137] Diese Geschichten werden erzählt, meistens wird dabei zurückgeblendet: Wie war es vor der Krise, wie war die Krise, und was hat sich dann verändert. Wenn die Menschen den Eindruck haben, sie hätten die Krise gut bewältigt, ist diese

---

[136] Kotre, S. 209
[137] Kast Verena (1987) Der schöpferische Sprung. Vom therapeutischen Umgang mit Krisen. Olten
Kast Verena (2000) Lebenskrisen werden Lebenschancen

Veränderung durch ein Gefühl einer stimmigen Identität gekennzeichnet. Nicht nur die Geschichte der Entwicklung der Identität, sondern auch die momentane Identitätserfahrung wird in die Erzählung eingebracht. Wenn etwas plötzlich ganz anders ist, oder fast alles plötzlich ganz anders ist – das ist der Stoff, aus dem unsere autobiografischen Erzählungen sind. Das sind aber auch die Situationen, in denen die Erfahrung unserer Identität verändert wird.

Kotre fasst zusammen: Am besten erinnern wir uns, wenn etwas neuartig, folgenreich, emotional bedeutsam war[138], allenfalls auch mit einem Moment großer Zeitgeschichte verknüpft ist, etwa das Ende eines Krieges oder der 11. September 2001 mit der Zerstörung der Twin Towers in New York.

Episoden als Symbole

Dieses besonders gute Erinnern bezieht sich oft auf Episoden, die als Symbole gelten können.[139]

Wenn Episoden als Symbole gelten, dann steht eine einzelne konkrete Erfahrung stellvertretend für ein Lebensthema eines Menschen.

Solche Symbole können Objekte sein. Autobiografische Erzählungen von Menschen, die etwa um 1940 geboren worden sind, kreisen um die erste amerikanische Jeans. Das war nicht einfach eine Hose, sondern eine Weltanschauung mit breitem Symbolgehalt. Für die einen wird sie verbunden mit Geschichten von der Ablösung von den Eltern. Man hat den eigenen Geschmack gegen den Geschmack der Eltern durchgesetzt: Die Jeanshose wurde zum Symbol der erreichten Freiheit. Man trug ein Kleidungsstück, das emotional bewegte, heftige Ablehnung hervorrief und zeigte, dass der Träger, mehr noch die Trägerin,

---

[138] Kotre, S. 124 ff.
[139] Kotre, S. 129 ff.

etwas wagte, zeigte, dass er oder sie progressiv war und bereit, dafür gescholten zu werden. Das ist heute schwer nachzuvollziehen, ist doch die Jeans heute das banalste Kleidungsstück geworden!

Ein anderes symbolisches Objekt ist etwa das erste Auto. Manche Menschen können über ihr erstes Auto wesentlich mehr erzählen als über die erste Freundin oder die Beziehung zum Vater oder zu der Mutter. Gerade die Symbole, die mit dem Weg in die Selbständigkeit verbunden sind, werden gut erinnert: Da geschieht auch etwas zum ersten Mal und ist emotional hoch bedeutsam.

Informationen, die man zu einem bestimmten Zeitpunkt des Lebens erhalten hat, können in Verbindung gebracht werden mit einer außergewöhnlichen Naturerscheinung, die dann zu einem Symbol wird.

Eine Frau erzählte mehr als zwanzig Jahre nach der Diagnose einer schweren Krankheit, die für sie einen Wendepunkt darstellte, wie sie von der Resignation wieder neu zur Hoffnung gefunden hatte. Der Arzt hatte sie informiert, es gebe für ihre Krankheit ein neues Medikament, eine neue Therapie. Das hatte sie noch nicht besonders überzeugt, das hatte der Arzt schon von verschiedenen Therapien behauptet, und keine hatte bei ihr angeschlagen. Aber noch während des Anrufs habe sich der Abendhimmel aufgerissen, die Abendsonne wurde sichtbar, überhell, fast schmerzend für die Augen, nachdem es den ganzen Tag ständig geregnet hatte.

„Das werde ich nie vergessen, wie alt ich auch werde. Das war plötzlich Hoffnung. Von diesem Augenblick an hat sich mein Leben verändert. Vorher war ich so apathisch, nahm halt die Krankheit so hin und dachte, es gebe sowieso keine Hoffnung für mich. Und nach diesem Anruf, da nahm ich mein Leben in meine Hände." Die Frau erlebte eine Sinnkoinzidenz: Die Mitteilung einer neuen Behandlung korrespondierte mit dem „Aufreißen des Himmels," also mit dem Aufreißen der Wolken, nachdem es von ihr her gesehen offenbar zuvor immer geregnet hatte. Das Aufreißen der Wolken wurde von ihr verbunden mit der Erfahrung einer neuen Hoffnung, die auch ein neues Verhalten bewirkte. „Noch heute, wenn die Wolken plötzlich aufreißen, denke ich an diese Situation zurück, frage mich aber auch jedes Mal, ob jetzt wieder etwas Glücksverheißendes in meinem Leben geschehen könnte." In jeder Erzählung ihrer Lebensgeschichte kamen diese identitätsstiftenden Erinnerungen vor. Es gibt ja durchaus auch identitätsstiftende Erinnerungen, die man irgendwann einmal vergisst. Man „weiß" dann noch, dass man früher eine bestimmte Geschichte erzählt hat, aber sie scheint in der aktuellen Situation nicht mehr relevant zu sein.

Diese lebhaften Erinnerungen sind selbstdefinierende Erinnerungen, die anderen Erinnerungen weichen können. Es scheint aber einige Erinnerungen zu geben, die Konstanten im Erinnerungsschatz sind, sozusagen die Eckpfeiler der Entwicklung der Identität. Diese lebhaften selbstdefinierenden Erinnerungen geben Antwort auf die Frage, wie ich in bestimmten Situationen des Lebens geworden bin. Sie zeigen aber auch, was in meinem Leben unabdingbar wichtig ist.

Bei diesen selbstdefinierenden Erinnerungen geht es um wenige Themen. Nach den Forschungen von Singer, Salovey und Mc Adams geht es um Erfolg und Niederlage, um gewonnene und verlorene Liebe, um Situationen des Selbstseins und des Selbstverlusts.[140] Mc Adams bezeichnet selbstdefinierende Erinnerungen als Kernepisoden[141], in denen sich Aspekte unserer Identität spiegeln. So erzählen Menschen, denen es um Macht geht, Kernepisoden, die ihre Macht zeigen, die zum Ausdruck bringen, was sie alles in die Welt gestellt haben. Ist Beziehung und Intimität ein wichtiges Identitätsthema, werden Erfahrungen geschildert, wie Liebe entstanden ist oder die Geburt eines

---
[140] Kotre, S. 129f.
[141] Kotre, S. 131

Kindes. Dies alles sind Situationen des Selbstseins in Beziehung. Aber auch Konflikte in den Beziehungen werden erinnert: Zurückweisung, Trennung, Enttäuschung. Diese gehen oft mit einem Gefühl von Selbstverlust einher.

Es ist wahrscheinlich möglich, die vielen Lebensthemen, die Aspekte der menschlichen Identität sind, in diesen drei großen Kategorien unterzubringen. Für die Erfahrung der Identität sind aber natürlich die individuellen Geschichten wesentlich.

Wichtig bei der Konstruktion unserer Identität sind Kernepisoden, Episoden, die man immer wieder erzählt, die zu unserem „Kern" gehören und die so etwas wie eine Kern-Identität ermöglichen. Menschen, die Gehirnwäsche, Folter, Gewalt ausgesetzt waren, berichten oft, sie hätten überlebt, weil es ihnen gelungen sei, ihre alte Identität aufrechtzuerhalten. Mit Folter und Gehirnwäsche wird versucht, die Identität zu zerstören. Ist die Identität eines Menschen zerstört, ist dieser Mensch manipulierbar. Menschen in diesen schrecklichen Situationen versuchen, einen Raum in ihrer Imagination zu finden, wohin die Peiniger ihnen nicht folgen können. Diese Räume finden sie in der Erinnerung. Sie holen in der Erinnerung das herauf, was sie waren. Dies sind in der Regel solche Kernepisoden von Situationen, da ihr Leben noch nicht bedroht und sie selbst in Ordnung waren. Diese Kernepisoden betreffen den Beruf, die Beziehungen, allgemeine Kompetenzen und alles, was liebevolle Gefühle hervorruft, als Gegengewicht zur *Gefahr*, im Hass unterzugehen.

Das autobiografische Gedächtnis baut sich, wahrscheinlich unbewusst, um einige selbst definierende Erinnerungen herum, die Lebensgeschichte. Und das kann man auch bewusst tun. Wir können aus unserem Leben Schlüsselsituationen bestimmen, Situationen, die zentral wichtig sind für unsere Erinnerung. Das wären selbst definierende Erinnerungen. Und um diese herum kann man die Lebensgeschichte bauen.

Die Funktion von Archivarin und Mythenerzähler

Wie baut das Gedächtnis unsere Lebensgeschichte auf? Kotre meint, unsere linke Hirnhemisphäre sei sozusagen der Interpret unseres Daseins, die rechte Hirnhemisphäre nehme einfach Informationen auf. So seien Träume Ausdruck der rechtshemisphärischen Gehirnaktivität im Schlaf und auf der Suche nach einer guten Geschichte.[142] Der Interpret, die linke Hemisphäre, liefert dann die gute Geschichte. Das erinnernde Selbst, der Interpret unseres Daseins, formuliert die Lebensgeschichte. Kotre schlägt nun vor, das erinnernde Selbst aufzuteilen in einen Wächter der Archive und in eine Mythenerzählerin.[143] Der Wächter der Archive ist sozusagen das Gewissen des Gedächtnisses und entscheidet darüber, ob die Fakten korrekt und authentisch sind. Das erinnernde Selbst als Archivar, als Archivarin ist auch immer auf der Suche nach Dokumenten, die die Erinnerung belegen können.

Als Mythenerzähler oder Mythenerzählerin geben wir uns Mühe, eine schöne Geschichte über uns zu erzählen. Mythos bedeutet in diesem Zusammenhang nicht, dass die Geschichte unwahr ist; es handelt sich aber um eine etwas umfassendere Sicht der Realität. Sie umfasst nicht nur die nackten Fakten, sondern auch die Bedürfnisse von Kopf und Herz. Mit den Episoden unserer Lebensgeschichte erinnern wir uns ja nicht nur, sondern wir wollen uns auch davon überzeugen, dass wir kompetent mit dem Leben umgegangen sind, dass wir „in Ordnung" sind. Hier kommt die kreativ konstruktive Eigenart unseres Gedächtnisses voll zum Tragen. Wenn wir an einige besonders gute Geschichten in unserem Leben denken, werden wir feststellen: Die Fische, die man gefangen hat, werden im Laufe eines Lebens immer größer, die Heldentaten immer noch etwas besser, die Krisen härter, die Lebensumstände, die man

---

[142] Kotre, S. 142
[143] Kotre, S. 147

gemeistert hat, bedrohlicher. Es geht beim Erzählen darum, dass wir an unser eigenes Selbst als kompetenten, akzeptierten, effektiven Akteur in einer Welt mit einer doch eher positiven Zukunftsaussicht glauben können, in der man etwas bewirken kann. Dann erscheint uns das Ganze sinnvoll. Mythen erzählen wir nicht einfach, weil das Gedächtnis schlecht wird. Mythen verfassen wir schon in jungen Jahren – und sie helfen uns, psychisch zu überleben und unser Selbstwertgefühl zu stabilisieren.

Dieses Problem hat schon Nietzsche auf den Punkt gebracht. In „Jenseits von Gut und Böse" finden sich die Sätze: „Das habe ich getan, sagt mein Gedächtnis. Das kann ich nicht getan haben – sagt mein Stolz und bleibt unerbittlich. Endlich – gibt das Gedächtnis nach."[144]

Verändern und dazuerfinden

Die Veränderungen in den Geschichten zeigen oft, dass es darum geht, anerkannt zu werden. Geschichten, die im Alltag erzählt werden, erzählen oft von so viel Anerkennung, so viel Aufmunterung, wie wir es in dieser Welt nur selten erleben.

Dieses auffällige Phänomen lässt sich sehr gut an folgendem Beispiel illustrieren: John Dean, der anlässlich der Watergate-Affäre über ein Treffen mit Nixon aussagen musste, sagte von sich, er habe ein ausgezeichnetes Gedächtnis. Die Presse nannte ihn denn auch nach seinem Auftreten ein „menschliches Tonbandgerät". Während des Treffens, über das Dean aussagen musste, war jedoch ein Tonband mitgelaufen. Und obwohl Dean ein ausgesprochen gutes Gedächtnis hatte, fand Neisser, der das Tonband mit den Aussagen von Dean verglich, viele Rekonstruktionen. Eingefügt hatte Dean vor allem eine Erinnerung an etwas,

---

[144] Nietzsche Friedrich (1955) Werke in drei Bänden. München, Band II, S. 625, Spruch 68

das er sich gewünscht, aber nicht bekommen hatte: ein aufmunterndes Kompliment des Präsidenten.[145]

Es ist offenbar ein Bedürfnis, mehr aufmunternde Worte als üblich zu bekommen. Erhalten wir diese nicht, dann schmuggeln wir diese hinterher in unsere Erzählungen ein. Dies geschieht im Dienste eines ausgewogenen Selbstwertgefühls.

Menschen verändern ihre Geschichten aber nicht beliebig. Sie können dabei unterscheiden zwischen Realität und Fantasie. Erzählen zum Beispiel Kinder aus derselben Familie die gleiche Geschichten, dann sind die im Kern vergleichbar, meistens aber etwas anders ausgestaltet, entsprechend der emotionalen Färbung des Erlebten.

Entkoppeln von Erinnerungen

Unsere Geschichten verändern sich aber auch, weil wir uns im Laufe des Lebens selbst verändern. Wir erzählen dieselbe Episode immer wieder etwas anders, wir bewerten aber vor allem auch anders. Das hängt damit zusammen, dass neue Identifikationen, die wir zum Beispiel bei der Bearbeitung einer Krise eingehen, einhergehen mit Entkoppelung von alten Identifikationen und das bedeutet von bisherigen Selbstanteilen. Diesen Entkoppelungen entspricht eine andere Bewertung dessen, was wir für wichtig erachten, und sie können bewirken, dass wir etwas vergessen, was uns früher wichtig war. Diese Selbstanteile können zu einem anderen Zeitpunkt des Lebens, wenn ein bestimmtes Thema wieder identitätsstiftend ist, wieder aus dem Vergessen geholt werden.

So haben Kinder vor der Pubertät, vor der Adoleszenz, viele Erinnerung an ihre frühe Kinderzeit. Nach der Adoleszenz werden die Erinnerungen weniger, da die jungen Erwachsenen sich neu identifizieren: Sie sind nicht mehr identifiziert mit dem

---

[145] Neisser Ulric (1981) John Dean's memory: A case study. Cognition 9, S. 1–22

Kind, das sie einmal waren, sondern sie sind jetzt eben junge Erwachsene mit einem neuen Selbstbild, neuen Plänen und einem neuen Engagement. Man vergisst nicht aktiv: Es vergisst sich einfach. Und auch wenn es noch im Gedächtnis präsent ist, ist es emotional nicht mehr so bedeutsam.

Werden wir nach bestimmten Perioden unseres Lebens gefragt, stellen wir fest, dass wir manchmal nur noch nüchterne, wenige Informationen geben über etwas, was einmal hoch emotional, also sehr bedeutsam war. Es ist natürlich möglich, dass wir damit die Emotion abwehren, weil es immer noch zu sehr wehtut, darüber zu sprechen, oder weil wir nicht an eine sehr glückliche Zeit des Lebens erinnert werden wollen, da uns die Gegenwart sonst gar zu banal vorkommen würde. Es kann aber auch sein, dass diese spezifische Erinnerung einfach nicht mehr wichtig ist. Sie ist zwar noch ein Baustein der ganzen Biografie, aber es ist nichts mehr, was im Moment identitätsrelevant ist.

In einer soziologischen Untersuchung wurden 300 Männer und Frauen befragt, die als Kinder in einer heilpädagogischen Einrichtung waren.[146] Die, die als Erwachsene immer noch Schwierigkeiten hatten, erinnerten sich an die früheren Probleme, die sie in die heilpädagogische Einrichtung brachten. Die, die nur noch „normale" Schwierigkeiten hatten und sich ausgeglichen fühlten, haben sich nicht mehr oder nur mit Mühe an diese Einrichtung erinnert. Das ist eine Form der Entkoppelung. Ross meint, das Bedürfnis nach Kontinuität leite den Gang beim Erzählen der Lebensgeschichte, und zwar von der gegenwärtigen Situation aus.[147] Der Entwicklungspsychologe George Vaillant drückt diesen Sachverhalt bildhaft aus: „Wenn die Raupe erst einmal zum Schmetterling geworden ist, erinnert er sich nicht mehr daran, einmal eine Raupe gewesen zu sein. Er erinnert sich, ein kleiner Schmetterling gewesen zu sein."[148]

---

[146] Kotre, S. 199f.
[147] Kotre, S. 201
[148] Kotre, S. 202

Wir sorgen in unseren autobiografischen Erzählungen für Kontinuität, ungeachtet der Brüche in unserer Biografie, auch wenn wir dafür die Realität vielleicht etwas verbiegen müssen.

Wenn wir große Veränderungen durchgemacht haben, es Brüche in unserem Leben, konflikthafte Entwicklungen und Risse gibt, suchen wir nach den Wurzeln für diese großen Veränderungen. Wir versuchen, auch für Diskontinuitäten Ansätze dafür in der Vergangenheit zu finden und damit doch wieder eine Kontinuität herzustellen.

Das als neu erlebte Selbst braucht die Vergewisserung in der Dauer und es braucht Wurzeln. Verändern wir unsere Lebensgeschichte, ist das nicht nur das Werk des Mythenmachers, sondern geschieht auch im Dienst des neuen, aktuellen Selbst, das wir für ein mehr wahres Selbst halten. Sogar der Archivar kann mithelfen bei dieser Suche nach Kontinuität: Lesen wir in unseren alten Aufzeichnungen mit dem Bewusstsein des neuen Selbst, dann lesen wir sie anders; wir wissen vielleicht, was wir damals gemeint haben, als wir es geschrieben haben, aber jetzt scheint uns auch noch eine neue Bedeutung auf und bestärkt uns in der Idee, dass vieles, was uns jetzt so neu erscheint, „schon immer" in uns angelegt war, uns nur zu wenig bewusst war. Das könnte natürlich stimmen: Vielleicht kommen wirklich Aspekte von uns zum Tragen, die unbewusst schon immer da waren. Das können wir nur bewusst nicht wissen.

Kotre zitiert in diesem Zusammenhang eine Erfahrung eines 35-jährigen, homosexuellen Mannes. Mit 27 Jahren wurde er sich klar darüber, dass er homosexuell veranlagt war. Anschließend fand er in einem Text aus einer Schülerzeitung, den er als Schüler geschrieben hatte, Hinweise darauf, dass er schon damals homosexuell veranlagt war. Einem Eintrag in einem Album entnahm er den Hinweis, dass auch seine Lehrerin um seine Homosexualität „wusste". Sie schrieb, dass es sie angerührt habe, wie viel Wert er auf seine Freundschaften lege. Diese Texte muss man nicht so interpretieren, wie es dieser

Mann tat. Aber mit dem Bewusstsein des neuen Selbst las er die alten Texte neu. Und es ist ja richtig: In unseren persönlichen Texten liegt viel mehr, als wir jeweils im Moment verstehen. Und indem wir uns verändern, verstehen wir auch einen Text neu, sehen die alten Texte unter einer neuen Perspektive.

Es scheint für uns notwendig zu sein, über unser gesamtes Leben hinweg, über alle Veränderungen, Brüche und Risse uns eine Kontinuität zu schaffen. Dies tun wir mit den autobiografischen Erzählungen, und der Mythenmacher, die Mythenmacherin werden dabei durchaus in Anspruch genommen. Weil alte Selbstanteile dabei entkoppelt werden, gelingt das leichter. Gelingt es uns, Kontinuität herzustellen, dann fühlen wir uns „ganz". Und dies gibt uns ein gutes Selbstwertgefühl.

Diese Erkenntnisse aus den Erinnerungstheorien und aus der Biografieforschung sind auch wichtig für die therapeutische Arbeit. Zu schnell sagen wir, dass jemand, der sich an etwas nicht erinnert, sich nicht erinnern wolle und es verdrängt habe. Das kann natürlich so sein. Es muss aber nicht sein. Es ist auch einfach möglich, dass man etwas vergessen hat, weil es für die Person gar nicht mehr erinnerbar sein muss. Es ist nicht verdrängt, es kann, im guten Sinn, vergessen sein. Man merkt es meistens daran, dass man es zur Not hervorholen kann. Sieht man Fotografien aus einer Zeit, die wir eigentlich vergessen haben, oder liest man einen Text aus dieser Zeit, dann weiß man jedoch wieder, welche Ideale man damals hatte, welche Werte im Vordergrund standen, wie man diese zu verwirklichen suchte, und gelegentlich lacht man herzlich über sich selbst und ist froh, dass man diese mühsame Zeit hinter sich hat. Aber die Erinnerung an diese Zeit ist nicht mehr emotional lebendig, sie ist im Moment nicht mehr identitätsstiftend und dient höchstens noch als Kontrast zu dem, was heute ist.

Der Beginn des autobiografischen Gedächtnisses

Den Beginn des autobiografischen Gedächtnisses[149] setzt man zwischen drei und vier Jahren an. Ab dieser Zeit hat man ein Selbst, man kann sich selber schon erkennen und Episoden erzählen. Damit diese autobiografisch sind, müssen diese Episoden aber auch in der Erinnerungen behalten werden, man muss dasselbe ohne allzu große Abweichungen noch einmal erzählen können. Kinder in diesem Alter können dies.

Sie erzählen über aufregende Dinge, die sich ereignet haben, etwa die Geburt eines Geschwisters, aber auch über Missgeschicke, Unfälle, aufregende Erfahrungen wie den ersten Zeppelin, den sie gesehen haben. Sie berichten aber auch über banale Vorkommnisse, etwa darüber, dass sie die Suppe schon wieder nicht aufgegessen haben und sie heimlich dem Hund zum Fressen gegeben haben. Sie erzählen von Geschenken, die sie bekommen haben, und davon, was sie alles machen, essen, kaufen werden, wenn sie groß sind. An die aufregenderen dieser Geschichten aus dieser Zeit erinnert man sich auch später noch.

Die Mädchen scheinen sich etwas früher zu erinnern als die Jungen; die Erinnerungsfähigkeit scheint auch mit der Sprachfähigkeit zusammenzuhängen. Doch auch Erinnerungen vor dem dritten bis vierten Lebensjahr können im szenischen Spiel dargestellt werden. Kinder, die zum Beispiel in ihrem zweiten Lebensjahr einen Unfall mit einem Auto miterlebt hatten, sprechen zwar nicht von diesem Autounfall, können ihn aber in einem Spiel inszenieren. Da über diesen Unfall in der Familie gesprochen wird, es vielleicht sogar Fotos gibt davon, wird diese „Geschichte" zur Biografie gehören, und dieser Mensch kann später überzeugt davon sein, dieses Vorkommnis auch richtig zu erinnern. Es ist schwierig, bei den Kindererinnerungen zu wissen, ob wir uns wirklich erinnern oder ob die Erinnerung eine Folge der vielen Erzählungen ist, die man über ein Vorkommnis

---

[149] Siehe Kotre, S. 168 ff.

gehört hat. Wir erzählen die Geschichten auch anders, als wir sie als Vierjährige erzählt haben. Wir können uns zwar in uns selbst als vierjähriges Kind hineinversetzen, aber es ist die erwachsene Person, die da spricht. Das Gehirn eines fünfjährigen Kindes entspricht in neunzig Prozent dem Gehirn eines Erwachsenen. Der Hippocampus, der unter anderem verantwortlich ist für die Speicherung von Langzeiterinnerung, ist voll aktiv. Vom Gehirn her ist es also möglich, sich gut an Erfahrungen zu erinnern, die man etwa im Alter von fünf Jahren und später gemacht hat.

Das kann man sich zu Nutze machen, wenn man versucht, eine Biografie der Freude[150] zu rekonstruieren oder auch zu konstruieren. Bittet man Menschen, sich in sich selber als Vorschulkind hineinzuversetzen, und zwar bei einem Spiel, das viel Freude ausgelöst hat, oder bei einer Bewegung, die uns damals erfreut hat, so gelingt das den meisten. Sie können sich dadurch mit sich selbst als dem freudigen Kind identifizieren und dies als einen Aspekt der Identität sehen. Durch die Erinnerung, die ja immer der Imagination bedarf, werden diese freudigen Gefühle wieder erlebbar.

Dennoch erzählen Kinder wirklich identitätsrelevante Erfahrungen eher später, dann, wenn die Selbstkritik einsetzt. Um selbstkritisch sein zu können, muss man sich selber ansehen können, sich auch von außen betrachten können, sich als Subjekt erleben und sich aber auch als Objekt erfassen. Das gelingt den Kindern etwa mit neun, zehn Jahren. Dann werden auch autobiografisch relevante Ereignisse erzählt, manchmal auch schon in einen Lebenszusammenhang gebracht. So erzählt ein neunjähriges Mädchen, dass es bei einer Schulaufführung die von ihr favorisierte Hauptrolle nicht spielen darf, weil sie zu schüchtern sei und vielleicht zu leise spreche. Das Mädchen ist sehr traurig darüber, sagt dann: Es stimmt schon, ich habe viel mehr Angst als Alice (die die Hauptrolle spielen darf), ich glaube, ich bin überhaupt ein wenig ängstlich. Kann man da nichts machen?

---

[150] Kast, Freude S. 55 ff.

Der Entwurf in die Zukunft

Daniel Levinson, der sich mit der Theorie der Lebensspannen beschäftigt[151], meint, zur Biografie eines jungen Menschen gehöre es, einen Traum zu haben. Darin zeige sich eine realistische Vision von sich selbst in der erwachsenen Welt: Ich habe mir vorgestellt, ich werde Schriftstellerin, ich werde Handwerker, Erfinderin, Minister, Abgeordnete, Spitzensportler usw. Levinson hat nachgewiesen, dass Menschen, die einen Traum hatten, besser mit dem Leben fertig werden als diejenigen, die keinen Traum hatten.

Der Traum bringt die Identität des Adoleszenten zum Ausdruck, zeigt, was er oder sie für einen Wunsch an sich selbst hat, was er oder sie meint, beitragen zu können zum Leben der Gemeinschaft. Ein Traum, so Levinson, sorgt für die Energie, um diese Idee zu verwirklichen, und ermöglicht die Vision von einem eigenen Leben. Der Traum zielt auf das eigene Leben hin, auf ein gelingendes Leben. Einen Traum, eine Vision zu haben für die Zukunft verändert aber auch den emotionalen Zugang zur Vergangenheit und ist sehr wichtig für ein ausgeglichenes Selbstwertgefühl.

Zu unserer eigenen Geschichte gehört auch der Entwurf in die Zukunft hinein. Wie entwerfen wir uns in die Zukunft hinein? Was denken wir über unsere Zukunft?

In jedem Alter denken wir darüber nach. In der Adoleszenz haben wir viele Erwartungen an die Zukunft, da ist sie ja auch noch weit gespannt. In dieser Zeit haben wir unsere Träume. Aber diese Erwartungen an die Zukunft, die haben wir, solange wir noch eine Zukunft haben, und eine Zukunft haben wir, bis wir tot sind.

Der Entwurf in die Zukunft ist nicht einfach frei, sondern mitbestimmt von dem schon gelebten Leben. Dennoch gelingt es

---

[151] Levinson Daniel (1978) The seasons of a man's life. New York

den Menschen, mehr oder weniger utopische Entwürfe, manchmal sehr mutige, in die Zukunft hineinzudenken. Der Traum des Adoleszenten wird auch von älteren Leuten noch geträumt, nur leiser. Diese auf die Zukunft bezogenen Entwürfe zu haben ist für unser Selbstwertgefühl sehr wichtig: Sie zeigen uns, dass es nicht nur den Lebensentwurf gibt, den wir jetzt gerade leben und dessen Konsequenzen möglicherweise die ganze Zukunft auffressen, sondern dass es auch noch einen anderen geben könnte.

Der Zugang zur Fantasie, abgestützt durch Wirklichkeitsmodelle und Erfahrungsmodelle aus dem eigenen Leben, lässt die Zukunft offener werden. Und wir sind dadurch mehr getragen von der Hoffnung, das Leben gestalten zu können, vor allem aber wird die Überzeugung genährt, dass das Leben auch anders sein könnte. Mit dieser Idee ist es für uns leichter, etwas zu verändern, sind wir eher bereit, Störendes in unserem Leben zu hinterfragen und zu verändern. Das wiederum verstärkt ein Lebensgefühl der Kompetenz: Man muss nicht einfach alles hinnehmen, einiges kann durchaus verändert werden. Neben der Erkenntnis, dass man zwar einiges hinnehmen muss im Leben, steht die Überzeugung, dass das Leben auch beeinflusst werden kann. Mit dieser Überzeugung richtet man sich dann nicht ein im Unbefriedigenden, sondern entwickelt eine Vision für das Bessere. Man ist dann nicht ein Opfer des Lebens oder der Umstände. Man ist nicht bereit, sich an die schlechtere Lösung zu gewöhnen.

Beachten wir beim Nachdenken über unsere Identität die Entwürfe in die Zukunft, verändert sich auch unsere Einstellung zur Gegenwart. Wollen wir über unsere Entwürfe in die Zukunft sprechen, sind wir oft gehemmt und einfallslos. Als hätten wir Angst, etwas zu formulieren, das dann vielleicht doch nicht Realität wird. Deshalb versuchen wir, möglichst realistisch zu sein. Was ist noch realistischerweise zu erwarten in „meinem Alter"? Der Wunsch nach Veränderung ist vorhanden, aber die Veränderung ist sogar in der Fantasie nicht durchzuführen. Angesichts der vielen Befürchtungsfantasien, die schon gar nicht mehr benannt werden können, macht sich die Resignation breit. Die

Angst vor der Zukunft, die sich in den Befürchtungsfantasien zeigt, legt sich lähmend über allen Willen zur Utopie. Man kann sich aber ein bisschen überlisten und damit zu Fantasien Zugang bekommen, die vielleicht etwas weniger realistisch sind, dafür mehr unseren inneren Sehnsüchten entsprechen und von daher wirklich eine Offenheit zur Zukunft herstellen können.

Die fiktive Biografie

Die Entwicklungsdimension, die sich in der Imagination zeigen kann, zeigt sich in kreativen Vorstellungen, dass das Leben auch anders sein kann, als wir es gewohnt sind, und auch befriedigender, auch wenn wir nicht die Welt als Ganze dabei verändern können. Beim Erstellen einer fiktiven Biografie erzählt man verschiedenen Menschen je eine erfundene, fantastische Lebensgeschichte von sich selbst. Es ist wichtig dabei, dass man wirklich fantastisch anfängt. Etwa: Ich bin als 26. Kind einer schwarzen Familie in Nigeria zur Welt gekommen ...

Führt man nun diese Lebensgeschichte weiter, indem man sie einem interessierten Menschen erzählt, dann wird deutlich, dass wir durchaus Fantasien für ein anderes Leben hätten oder gehabt hätten. Diese lassen sich dann leicht auf die eigene Zukunft übertragen. Wir können längst nicht alles verwirklichen, was in uns angelegt ist. Was hätte verwirklicht werden können, kommt in diesen fiktiven Biografien zum Ausdruck. Gerade die nicht gewählten Möglichkeiten, die man vielleicht bedauert und die zur Lebensgeschichte dazugehören, werden in den fiktiven Biografien ausgestaltet, und oft wählt man gerade den Weg, den man im gelebten Leben nicht gewählt hat.

Erzählt man einige fiktive Biografien – immer wieder anderen Zuhörerinnen und Zuhörern –, dann stellen wir weiter fest, dass gewisse Aspekte der Geschichte sich immer gleich bleiben, andere variabel sind.

Es gibt Menschen, die in der fiktiven Biografie immer studiert und das Studium abgeschlossen haben, wo immer sie sich in dieser Biografie angesiedelt haben. Es gibt wieder andere, die machen immer Musik, ob sie nun auf dem Himalaja geboren sind oder in Zürich. Es gibt also Invarianten, etwas, das immer bleibt, und es gibt Varianten. Was invariant bleibt, empfinden wir als unabdingbar zu unserer Identität zugehörig.

In diesen fiktiven Biografien kommen auch Themen zum Zug, die in die Zukunft hineinweisen.

Diese fiktiven Geschichten sind aber nicht nur Ausdruck der eigenen Identität, so wie sie sein könnte. Sie sind deutlich beeinflusst von den Menschen, denen wir diese Geschichten erzählen, also auch deutlich beeinflusst von dem, was wir meinen, dass die anderen von uns erwarten, was ihr Interesse wecken könnte oder wie wir sie schockieren könnten. Eine fiktive Biografie entsteht wie jede Biografie mindestens zwischen zwei Menschen.

In der fiktiven Biografie sind auch Elemente der tatsächlichen Biografie zu finden; die Zuschreibungen etwa, die wir von Eltern, Geschwistern, Lehrern und Lehrerinnen erhalten haben. Geheime Wünsche, manchmal auch Wünsche, die mit der Sehnsucht, den Schatten zu leben, verbunden sind, kommen in diesen Erzählungen zum Zug: Es wird etwas vom Unbewussten sichtbar. Und dies geschieht nicht in einer kreativ konstruktiven Gedächtnisleistung, sondern ist wirklich Ausdruck eines Aspekts der Persönlichkeit, die uns bisher unbewusst geblieben ist. Dieser unbewusste Aspekt unserer Identität, unsere Fantasie-Identität, die ein wichtiger Aspekt unserer Identität ist, wird bei diesen fiktiven Biografien sichtbar.

Identitätsrelevante Lebensübergänge

In der Adoleszenz wird nicht nur über Träume für die Zukunft berichtet, sondern es werden auch lebensgeschichtliche Erinnerungen zum ersten Mal wirklich zusammengesetzt. Da interessiert man sich dafür, wie man geworden ist und wie man werden möchte. Hier ist auch ein Gefühl der Identität, der Stabilität erfahrbar, das Gefühl von einem Ich, das geworden ist und das sich treu bleiben will. Diese Treue zu sich selbst ist ein wichtiges Thema der Adoleszenz. Wird diese Treue dahingehend verstanden, dass sich nichts verändern darf, entsteht die Rigidität der Adoleszenten; progressiv verstanden beginnt hier das bewusste Engagement für sich selbst in dem Sinne, dass man versucht, so authentisch wie möglich zu sein, in einer gewissen Treue und durch alle Veränderungen des Lebens hindurch zu sich selbst zu stehen. In der Adoleszenz wird zusammenhängend eine Lebensgeschichte erzählt, und gelegentlich wird auch die Geschichte der Familie hier interessant. Oft wird jetzt die Frage nach den familiären Wurzeln gestellt. Die geschichtliche Zeitsituation ist in diesem Alter meistens noch nicht sehr bedeutsam.

Diese Lebensgeschichte, die man hier ein erstes Mal zusammengebaut hat, wird im Laufe des Lebens verändert. Mit jeder Veränderung der Identität, mit jedem Bruch in der Kontinuität des Lebens, mit jeder damit verbundenen Krise kann man das Leben korrigieren und man sieht auch das gelebte Leben wieder etwas anders.

Diese identitätsrelevanten Lebensübergänge hat die Lebensspannentheorie normativ wie folgt festgelegt: Der erste findet statt zwischen 17 bis 22 Jahren, also in der Adoleszenz. Der nächste Übergang ist zwischen 28 bis 33 Jahren anzusetzen und der nächste wiederum mit vierzig bis 45. Letzterer bezeichnet den Lebensübergang im mittleren Lebensalter, oft auch die Midlifecrisis genannt oder Lebenswende.

Jung war der Erste, der von einer Entwicklung bis zum Tod ausging; ihm erschien besonders die Entwicklung des Menschen in der zweiten Lebenshälfte (nach vierzig) interessant, der so genannte Individuationsprozess. Ziel des Individuationsprozesses ist es, immer echter, immer authentischer zu werden. Der zu werden, der ich bin, die zu werden, die ich bin.

Jung war der Ansicht, dass man in der ersten Lebenshälfte die sozialen Ziele erreichen wolle: Beruf, Beziehung, Familie, Ansehen, und dass dies auf Kosten der „Totalität der Persönlichkeit" gehe. Diese Einseitigkeit vermutete er hinter Depressionen, die ihm zu dieser Zeit besonders gehäuft aufzutreten schienen. Hinter den Depressionen vermutete er „Leben, das auch hätte gelebt werden können."[152]

Bei der Lebenswende, so Jung, finde eine bedeutende Veränderung in der Seele des Menschen statt. Eigenschaften, die seit der Kindheit verschwunden seien, treten wieder auf. Interessen verblassen, andere treten in den Vordergrund. Überzeugungen können sich verhärten, werden zu Fanatismus.[153]

In der ersten Lebenshälfte ist es schädlich, sich zu sehr mit seinem Selbst zu beschäftigen, dies ist jetzt aber notwendig. Man muss neue Ziele finden, und diese sieht Jung in der Auseinandersetzung mit dem Selbst, mit der Frage, was wirklich das eigene Selbst ausmacht, was wirklich die eigenen Identität ausmacht, welche Entwicklungsanforderungen an einen gestellt werden. Diese Auseinandersetzung gibt dem Leben einen Sinn und sorgt für eine Zielrichtung. Ein zielgerichtetes Leben hält Jung allemal für besser als ein zielloses. Hier sei die Religion früher eine Art Lebensschule gewesen, eine Schule für die zweite Lebenshälfte, für das Greisenalter, den Tod; das sei sie (1931) nicht mehr. Jung fragt beharrlich nach dem Sinn der Langlebigkeit des Menschen, weigert sich, den Lebensnachmittag als „kläglisches Anhängsel des Vormittags" zu sehen. Er fragt sich, ob die Entwicklung von „Kultur" Sinn und Zweck der zweiten Lebenshälfte sein könnte.

Für die Frauen gibt es den besonderen Lebensübergang anlässlich des Klimakteriums, das zusammenfallen kann mit der Zeit, da die Kinder die Ursprungsfamilie verlassen. Letzteres markiert

---

[152] Jung Carl Gustav (1931) Die Lebenswende. In: GW 8, Olten, § 772 ff.
[153] Jung, Die Lebenswende, § 771

einen Lebensübergang für beide Eltern. Auch die Lebensübergänge bei der Pensionierung, beim Übergang vom „jungen Alter" ins ältere Alter, um die siebzig herum, und dann ins hohe und sehr hohe Alter – dies alles sind normative Übergänge, die zu Krisen Anlass geben können, es aber nicht müssen. Doch sie bezeichnen Situationen, in denen die eigene Identität und das eigene Gewordensein immer wieder neu in Frage gestellt werden kann und muss. Die biologischen Veränderungen stellen andere Anforderungen an uns, aber auch die Sozietät – und wir antworten mit unserer gewordenen Persönlichkeit auf diese Herausforderungen, stellen vielleicht auch fest, dass etwas fehlt. Träume, Sehnsüchte machen uns darauf aufmerksam. Es geht bei diesen Anforderungen auch darum, sich mit Einschränkungen, wie sie das Alter mit sich bringt, so zu arrangieren, dass man das gute Selbstwertgefühl dabei nicht verliert.

Das Alter anzunehmen ist eine Entwicklungsaufgabe, und auch diese findet in einer Welt statt, die bestimmte Bilder über das Alter und das Altern hat. Diese Bilder müssen altersgerecht sein. Das ist heute auch durch Forschungen, wie etwa der Berliner Altersstudie[154] und den Forschungen von Heuft und anderen möglich. Hier ist aber noch viel Forschungsbedarf für die Zukunft.

Diese normativen Lebensübergänge, aber auch die schicksalhaften, die eintreten, wenn wir zum Beispiel einen Lebenspartner, eine Lebenspartnerin verlieren oder wenn wir durch eine Naturkatastrophe zusätzlich auch in eine persönliche Krise geraten, weil wir zum Beispiel unsere Wohnungen verlieren, sind Gegenstand der identitätsrelevanten biografischen Erzählungen.

---

[154] Mayer Karl Ulrich, Balthes Paul B. (Hg) 1999 (2. korr. Auflage) Die Berliner Altersstudie. Berlin
Heuft G, Kruse A, Radebold H (2000) Lehrbuch der Gerontopsychosomatik und Alterspsychotherapie. München, Basel, S. 42

Zeugen der Zeitgeschichte

Je älter die Menschen werden, umso mehr werden sie zu den letzten Zeugen einer Generation, und manchmal auch einer historischen Epoche. Und dies drückt sich auch in den autobiografischen Erzählungen aus.[155] Ältere Menschen habe oft das Bedürfnis, einen Lebensüberblick zu schaffen, und wollen generationsübergreifend die Erinnerungen, so weit wie möglich, bewahren. Sie haben auch ein größeres Interesse an Familienfotos als die Jüngeren, denn diese dienen als Abrufreize für Geschichten aus der Familie.

Anfang der 80er Jahre gab es in Washington ein interessantes Experiment.[156] 400 Menschen zwischen 29 und 92 trafen sich wöchentlich, um ihre Lebensgeschichten zu schreiben. Sie trafen sich mit einem Seminarleiter, der ihnen parallel zu ihrem Leben die jeweilige Zeitgeschichte nahe brachte. Diese Menschen entdeckten, dass ihr Leben untrennbar auch mit der Geschichte des Jahrhunderts zusammenhing.

Wenn das Leben nicht so war, wie man es sich vorgestellt hat

In jedem Leben gibt es Ereignisse, die schwer zu akzeptieren sind. Diese können mit der Zeitgeschichte oder/und mit der privaten Geschichte in einem Zusammenhang stehen. Es gibt Entscheidungen, die man bedauert, die aber nicht mehr rückgängig gemacht werden können, es geht um mögliche Lebenswege, die man hätte einschlagen können und die man nicht eingeschlagen hat. Oder es sind schmerzhafte Erfahrungen, die man zu wenig betrauert hat und die aus diesem Grunde immer noch in der Erinnerung „zuvorderst" stehen.

Wie geht man damit um? Die Tiefenpsychologie bietet hier

---

[155] Schacter, S. 485 ff.
[156] Kotre, S. 219 f.

eine Hilfestellung an. Ist das Leben nicht so gelaufen, wie man sich vorstellt, dass es hätte laufen sollen, man es aber auch nicht mehr verändern kann, sollte man sich nicht einfach das Ergebnis des Lebens anschauen, sondern auch den Lebensweg.

Zum Weg gehört ja, dass man immer wieder an Wegkreuzungen gerät, an Orte, an denen sich die Wege verzweigen. Diese Verzweigungen entsprechen Wahlsituationen, die in jeder Biografie erlebt werden. Spricht man von Lebensübergängen, sprechen wir oft auch von notwendigen Wahlsituationen.

Ein ganz zentrales Thema ist oft: Bleiben oder weggehen? Bleibe ich hier, wo ich mich zu Hause fühle, oder gehe ich in ein Land, das mir vom Klima her attraktiver erscheint, oder in ein Land, wo ich denke, dass ich mich besser entfalten kann in meinem Beruf? Bleibe ich in meiner angestammten Beziehung, oder suche ich eine neue?

Das sind Punkte, an denen sich unsere Biografie verzweigt und wir alternative Optionen haben. Hier tauchen Fragen auf, die wir uns im Zusammenhang mit unserer Lebensgeschichte stellen. Was wäre aus meinem Leben geworden, wenn ich mit 28 Jahren nach Australien ausgewandert wäre, wie ich das kurzzeitig vielleicht vorhatte?

Wenn man den Lebensweg und das Ergebnis miteinander vergleicht, dann wird man die Entscheidungen, die man getroffen hat, besser verstehen und man kann das Ergebnis besser akzeptieren.

Ein 64-jähriger Mann, der einen kleinen Handwerksbetrieb aufgebaut hatte, sprach immer wieder bedauernd davon, dass er mit dreißig nicht zugegriffen habe, als man ihm die Führungsposition in einer sehr großen Firma angeboten habe. Er meinte auch, diese „Fehlentscheidung" sei schuld daran, dass seine Frau so wenig Respekt vor ihm habe, dass er immer wieder unter depressiven Verstimmungen leide und dass er seinen Lebensweg als Ganzen einfach nicht so richtig akzeptieren könne. Ihm schien sein Leben irgendwie verfehlt, mit seiner Identität als

Geschäftsmann, aber auch als Partner, als Mensch überhaupt, war er zerfallen. Aber wie war es zu dieser Entscheidung überhaupt gekommen? Der Mann beschrieb sich als sehr strebsamen Menschen, der im Kontakt mit anderen Schwierigkeiten hatte, nicht aber im Kontakt mit dem Material. Zu der Zeit, als ihm die Stelle angeboten wurde, war er frisch verheiratet, das erste Kind war geboren. Er war sich nicht sicher, ob die Beziehung wirklich halten würde, und war in großer Sorge. Er fühlte sich durch die Stellung als Ehemann und Vater überfordert. Als er Episoden erzählte, die diese Überforderung sichtbar machten, und er auch emotional wieder in Kontakt kam mit den verschiedenen Situationen des Sich-überfordert-Fühlens, wurde ihm klar, dass die neue Stelle noch einmal eine Überforderung gewesen wäre und sein Entschluss vielleicht doch weise gewesen war.

Aktives Vergessen

In einer solchen Situation kann die Methode des aktiven Vergessens hilfreich sein, die Hinderk Emrich[157] beschreibt: Man rekonstruiert nicht nur den Weg, den man zurückgelegt hat, sondern an den Entscheidungspunkten auch die alternativen Wege, die möglich gewesen wären. Vergangenheit wird bewältigt, indem man sich imaginativ den zurückgelegten Lebensweg vergegenwärtigt und dabei alle nicht gewählten Optionen ebenfalls imaginiert.[158] Was war da eigentlich? Was wäre geworden? Was wäre geworden, wenn ich nicht geheiratet hätte oder wenn ich geheiratet hätte? Oder wenn ich Kinder gehabt hätte oder wenn ich keine Kinder gehabt hätte? Die Optionen, die man

---

[157] Emrich Hinderk M (1996) Über die Notwendigkeit des Vergessens. In: Schmid Gary und Emrich Hinderk M (Hg) Vom Nutzen des Vergessens. Berlin, S. 27–78
[158] Emrich, S. 61

nicht ergriffen hat, werden in der Imagination bewusst gemacht. Damit wird auch der damalige Wahlprozess bewusst. Durch dieses aktualisierende Erinnern findet eine Desaktualisierung statt: Man hängt nicht mehr an den Entscheidungen, die man nicht getroffen hat. Man versteht, dass ein Lebensweg nicht nur das Resultat des begangenen Weges ist; dieser Weg schließt alle die Wege ein, die wir nicht gegangen sind. Zu unserer Identität gehören auch diejenigen Identitätsaspekte, gegen die wir uns entschlossen haben.

Meistens wollen wir gar nicht an die Entscheidungen denken, die wir für falsch halten. Wir finden, wir würden uns damit nur unglücklich machen. Aber indem wir uns so sehr vornehmen, nicht daran zu denken, sind sie in der Erinnerung immer präsent.

Indem man die nicht gewählten Optionen imaginiert, werden diese lebendig, und die Wahlprozesse, durch die man gegangen ist, erhalten eine Erlebnisqualität. Emrich nennt das eine „kreativ deutende Vergegenwärtigung"[159]; dadurch können Selbstanteile, die miteinander im Konflikt liegen, versöhnt werden, man bleibt nicht an der Vergangenheit hängen, Kreativität wird frei. Man erklärt sich nachträglich einverstanden mit der damaligen Identität.

Wenn man diese nicht gewählten Optionen imaginiert, wird erfahrbar, dass der Entschluss, den man immer wieder bedauert hat, gar kein falscher, sondern in der damaligen Situation ein als gut zu wertender Entschluss, vielleicht sogar der einzig mögliche war. Es ist aber auch möglich, dass man den gefassten Entschluss, der sich dann in deutlichen Folgen im Fortgang des Lebens gezeigt hat, bedauert. Eine Option mag einem dann doch viel „sinnvoller", stimmiger für die eigene Identität erscheinen. Durch die Imagination wird dieser Konflikt auch emotional erlebbar, und dadurch wird ermöglicht, dass man Ab-

---

[159] Emrich, Vom Nutzen, S. 61

schied nimmt, betrauert, was nie im Leben zum Tragen gekommen ist.[160] Um aber diese nicht gewählte Option betrauern zu können, muss sie zunächst in der Imagination erlebbar werden.

So können Menschen in einem Trauerprozess blockiert sein, weil sie zum Beispiel einen, wie sie sagen, „gehassten" Vater betrauern müssen. Der Trauerprozess um den Vater wird erst möglich, wenn die Imagination eines geliebten Vaters zugelassen wird. Wie wäre es gewesen, wenn ich einen geliebten Vater gehabt hätte? Wie wären die Interaktionen gewesen? Wie hätte ich mich entwickelt, durch die Kindheit hindurch und auch später mit einem „idealen" Vater? Lässt man sich auf diese Imaginationsprozesse ein, entwirft man ein Leben, wie es hätte sein können. Dabei wird – zum Teil nach längerer Imaginationsarbeit – erfahrbar, dass auch das Leben mit diesem Vater einige Klippen und Probleme gebracht hätte, ja, dass sich vielleicht gerade wichtige Aspekte der Identität, auf die man stolz ist, vielleicht nicht entwickelt hätten.

Eine 35-jährige Frau litt an einer Depression nach dem Tod ihres Vaters. Das verstand sie nicht. Sie war davon überzeugt, entlastet und sogar froh zu sein, dass ihr gewalttätiger, unberechenbarer Vater endlich gestorben war. Sie wollte und musste ihn nicht betrauern, meinte sie. Dass man an einem Menschen, den man hasst, vielleicht noch mehr gebunden bleibt als an einen, den man liebt, und ein Trauerprozess durchaus nötig ist, war ihr ein „sehr fremder Gedankengang". Auf die Frage, was für einen Vater sie denn gebraucht hätte, imaginierte sie einen sehr aufmerksamen Vater, der sie bewunderte und förderte und selber kein Versager, sondern ein sehr erfolgreicher Mann war. Sie imaginierte sich durch die Jahre hindurch mit diesem Vater, und stellte dann fest, dass sie im Alter von zwanzig Jahren noch ungeheuer auf diesen „wunderbaren Vater" fixiert war und ganz unselbständig, bewundernd an seinen Lippen hing. Wie sie das

---

[160] Kast, Sich enlassen und Loslassen

genussvoll schilderte, schien ihr plötzlich etwas einzufallen. Sie setzte sich im Stuhl auf und sagte: „Das wäre ja furchtbar! Ich war mit zwanzig eine selbständige, mutige, selbstverantwortliche junge Frau. Das wurde mir von außen auch immer wieder bewundernd bestätigt. Darauf bin ich stolz. Das ist auch ein Ergebnis meines schwierigen Lebens mit diesem Vater." Sie stellte fest, dass es auch mit einem idealen Vater Probleme gegeben hätte, allerdings andere, und dass sie, auch wenn man es könnte, das Schicksal nicht austauschen wollte. Die Konsequenz des Imaginierens des idealen Vaters, und der Entschluss, dass das auch nicht das war, was sie eigentlich wollte, brachte sie dazu, ihren Vater mit etwas liebevolleren Augen zu sehen und zu sehen, was schwierig war, aber auch, was gut war. Sie verstand ihn besser in seinem Gewordensein und konnte ihm verzeihen. Dadurch wurde dann auch ein normaler Trauer- und Ablöseprozess möglich.

Imaginiert man die nicht eingegangenen Optionen in einer hinreichenden Verbindung mit der Realität, stellt man fest, dass es mit jedem Lebensentwurf Erfüllung gibt, etwas, das bereichert. Doch ist auch jeder Lebensentwurf mit Schwierigkeiten verbunden. Meistens bevorzugen wir dann doch die Probleme, die wir kennen und mit denen wir gelernt haben umzugehen.

Es geht also um ein Erinnern, um nicht nur das zu vergessen, was war, sondern auch das, was hätte sein können. Das ist eine Form der Therapie, die vor allem dann wichtig ist, wenn die Vergangenheit eine große Macht über die Zukunft hat, wenn Menschen von der Vergangenheit nicht loskommen, die ein „Vergessensdefizit" haben, wie man es zum Beispiel bei Depressiven feststellt.[161]

Ähnlich wie bei den Träumen der Jugendlichen wird auch hier deutlich: Zu unserer Identität gehört nicht nur das, was real gelebt und erkannt worden ist, zu unserer Identität gehört auch,

---

[161] Emrich, Vom Nutzen, S. 65

was wir verdrängt haben sowie die Fantasien, die wir nie wirklich zum Leben haben kommen lassen. Haben wir eine Wahlmöglichkeit verworfen, dann heißt das nicht, dass wir uns mit dieser Option nicht auseinander gesetzt haben, wir haben sie nur nicht gewählt.

Frauen, die keine eigenen Kinder haben, haben sich vielleicht über lange Jahre hinweg mit der Option, Kinder zu haben oder keine Kinder zu haben, auseinander gesetzt. Diese Auseinandersetzung geschieht in der Imagination. Kann man diese Fantasien aus den verschiedenen Zeiten wieder in Erinnerung rufen, gibt es die Möglichkeit, sich mit dem eigenen Entschluss zu versöhnen.

Das Einverständnis mit sich selber

Erzählen wir unsere Lebensgeschichte, denken wir oft auch eine Differenz mit: Die Differenz von dem, was war, zu dem, was eigentlich sein müsste. Was sein müsste, kann mehr unser persönliches Ideal sein, es kann aber auch das sein, was eine Sozietät fordert, was „die anderen" fordern, was eine gegenwärtige zu erfüllende Norm geworden ist aus Erkenntnissen der Entwicklungspsychologie. Diese Aspekte der Differenz werden auch bewertet: Je akzeptierter diese Differenz ist, umso besser ist das Selbstwertgefühl. Wenn eine Frau davon überzeugt ist, dass eine richtige Frau heiratet und Kinder hat, sie aber unverheiratet geblieben ist und keine Kinder hat, denkt sie bei der Beurteilung ihres Lebens diese Differenz mit. Kann sie akzeptieren, dass sie zwar in ihren Augen keinen „normalen" Werdegang hat, aber einen sinnvollen angesichts aller Umstände, wird sie es vielleicht bedauern, hat aber dennoch ein gutes Selbstwertgefühl. Kann sie es nicht akzeptieren, wird sie ihr Leben als „falsch" empfinden.

Das Einverständnis mit sich selber scheint auch ein protektiver Faktor im hohen Alter zu sein.

Das sehr hohe Alter – Menschen über 85 (das vierte Alter) – ist davon charakterisiert, dass diese Menschen sich unter immer schwieriger werdenden Bedingungen wie den biologischen Alterungsprozessen, den sozialen Veränderungen, dem Verlust des mitmenschlichen Netzes usw. ständig neuen Herausforderungen stellen müssen. Sie stehen also ständig unter Stress.

Und dennoch zeigen sie in der Regel ein stabiles Selbstwertgefühl, subjektives Wohlbefinden, ein niedriges Depressivitätsniveau und haben die Überzeugung, das Leben noch unter Kontrolle zu haben. So das Fazit einer Studie „Die Alterszufriedenheit als eine Ausdrucksform des Selbst und der Persönlichkeit scheint von den altersabhängigen, körperlichen und sozioökonomischen Veränderungen nur wenig berührt."[162]

Obwohl die Grenzen von Menschen über 85 ständig getestet werden, scheinen sie über eine gute Resilienz zu verfügen. Resilienz meint eigentlich die Reißfestigkeit eines Materials und wurde auf die psychische Stabilität übertragen: Resilienz ist dann Ausdruck für die Widerstandskraft der Menschen, für das Vermögen, trotz schwieriger Umstände nicht zu zerbrechen und unter schwierigen Bedingungen sozial oder psychisch nicht auffällig zu werden, die Fähigkeit zur Aufrechterhaltung normaler Entwicklung trotz Risikofaktoren oder die Fähigkeit, nach einer traumatischen Erfahrung wieder zu einem normalen Leben zurückkehren zu können.

Im sehr hohen Alter haben wir einerseits erhöhte Risikofaktoren, denen aber protektive Faktoren gegenüberstehen. Diese protektiven Faktoren sucht die erwähnte Studie in Persönlichkeitscharakteristika, in Gefühlen, in Bewältigungsstilen, in der Selbstdefinition etc.[163] Diese protektiven Faktoren zeichnen

---

[162] Staudinger Ursula M u. a. (1999) Selbst, Persönlichkeit und Lebensgestaltung im Alter: Psychologische Widerstandsfähigkeit und Vulnerabilität. In: Die Berliner Altersstudie, BASE, S. 322
[163] Staudinger u. a., BASE, S. 323

sich durch eine Form der psychologischen Widerstandsfähigkeit, Robustheit, aus. Diese Interaktion zwischen Risikofaktoren und protektiven selbstregulativen Prozessen ergibt das Ausmaß der Alterszufriedenheit. Eventuell handelt es sich bei den protektiven Faktoren auch um eine Illusion. Aber solange die Menschen an diese Illusion glauben, wird sie ihnen auch helfen, das Leben besser zu bewältigen.

Betrachten wir das Thema der Gefühle etwas näher: Untersuchungen zeigen, dass relativ unneurotische Erwachsene mit zunehmendem Alter besser mit emotionalen Situationen zurechtkommen. Bei Beunruhigungen pendelt sich der Emotionshaushalt rascher wieder ein. Der Gefühlshaushalt ist einigermaßen ausbalanciert, das heißt, es gibt positive und negative Emotionen, wobei die positiven leicht überwiegen. Das sind die alten über achtzigjährigen Menschen, bei denen die positiven Emotionen überwiegen, die interessiert sind, offen für Neuerungen, fortschrittlicher als mancher junge Mensch, neugierig, freudig, begeisterungsfähig – angesichts einer ganz offenen Zukunft. Ganz offen bedeutet hier: Sie wissen nicht, ob der morgige Tag schon große, leidvolle Veränderungen bringen wird, und sie wissen, dass ihre Tage gezählt sind.

Die Menschen in sehr hohem Alter versuchen, ihre Identität zu bewahren, sie versuchen, das Bild der Person, die sie schon immer sein wollten, und das sie auch den anderen gezeigt hatten, zu stabilisieren. Dazu gehören auch die Erinnerungen, die nun noch einen etwas höheren mythischen Gehalt bekommen. Der Archivwächter, die Archivwächterin lockert den Zugriff auf die Realität. Darin liegen zwei sehr sinnvolle Aspekte: Das Selbst wird auf diese Weise aktuell bewahrt und verleiht auch der Identität Dauer, die man der Nachwelt vermitteln will. Auch hier entsteht noch einmal ein Prozess der Identität, der sich in der Frage äußert: „Wie sollen die Menschen, die mir wichtig waren, an mich denken, wenn ich gestorben bin?"

Familiengeschichten

Unsere eigene Lebensgeschichte ist immer auch eingebettet in eine Familiengeschichte. Im Zusammenhang mit der Geschichte der Herkunftsfamilie betätigen wir uns meistens als Archivare und Archivarinnen; die Eltern waren in unserer Wahrnehmung die Mythenmacher, und deshalb wollen wir es genau wissen.

Die Familiengeschichtsschreibung ist nicht etwas, was ein für alle Mal festgeschrieben ist. Sie ist ein Prozess, der meistens in Übergangssituationen aktiviert wird, nämlich bei Beerdigungen, bei Hochzeiten und bei Taufen. Bei diesen Gelegenheiten wird immer wieder von der Familie erzählt – archivarisch und mythologisch.

Familiengeschichten müssen für den jeweiligen Menschen verständlich sein. Und so gibt es Menschen, denen ihre Familiengeschichte selbstverständlich ist, sie kümmern sich oft gar nicht so sehr um die Familiengeschichte ihrer Eltern und ihrer Großeltern. Die Geschichten sind einfach da, nicht weiter hinterfragt. Sie untermauern die eigene Identität und sind deshalb auch nicht weiter zu beforschen.

Hat nun aber jemand große Schwierigkeiten, ein Gefühl der Identität zu entwickeln, dann wird auch in der Familie nachgefragt. Da geht es dann nicht mehr einfach um Vergessenes, sondern auch um Verschwiegenes, um Familiengeheimnisse. Vergessen und verschwiegen wurden Ereignisse und Personen, damit auch in der Familiengeschichte eine Kohärenz und eine Kontinuität aufrechterhalten werden konnte. Man kann aber keine Kontinuität herstellen, wenn zu große Lücken in den Erzählungen vorhanden sind. Was wir nicht wahrnehmen, füllen wir mit Fantasie. Auch diese Familiengeheimnisse müssen wahrgenommen werden, damit man sie vergessen kann.

Zu den häufigsten Familiengeheimnissen zählen: Kriminalität im weitesten Sinne, Versager und Pleiten. Früher gehörten dazu uneheliche Kinder, heute sind es vielleicht noch Familienangehörige mit sexuellen und religiösen Orientierungen, die man nicht mag. In Deutschland käme noch die Vergangenheit im Nationalsozialismus hinzu. Dies sind Familienschatten. Und daran arbeiten Archivar und Archivarin hart: Unsere Herkunft muss überschaubar sein.

Autobiografie und Therapie

Wir haben eine Tendenz, durch Lebenserinnerungen Kontinuität zu schaffen, die auch in die Zukunft hineinwirkt.

Erleben wir in der aktuellen Situation viele Schwierigkeiten, dann werden wir versuchen, die Wurzeln für diese Schwierigkeiten zu finden. Diese finden wir oft bei schwierigen Erfahrungen in der Kindheit. Menschen, denen es im Moment psychisch schlecht geht, werden oft nur schon um dieser Kontinuität willen Schwieriges aus der Kindheit erzählen. Das ist nicht falsch, aber oft stimmt die Gewichtung nicht und ist einseitig. Hilfreiches wird nicht erzählt und Ressourcen nicht erwähnt. Nur das jetzige Elend steht im Zentrum und ist gleichzeitig Bezugspunkt im Blick auf die Kindheit. Gelegentlich wundert man sich dann, wie diese Menschen überhaupt überlebt haben. Der Therapeut, die Therapeutin muss wissen, dass das nicht die ganze Wahrheit ist, aber die Wahrheit, die die jetzigen Schwierigkeiten, das jetzige Scheitern erklären. Daran ist zu denken, wenn Menschen, die Hilfe suchen, ihre Geschichte erzählen. Würden der Therapeut oder die Therapeutin den Patienten bei dieser Geschichte belassen, vielleicht aus einer Empathie mit dem Leiden heraus, dann zementieren sie etwas und erlauben gerade nicht, dass die Lebensgeschichte sich verändert. Am Ende einer Therapie wird die Lebensgeschichte nämlich anders erzählt: Die schwierigen Erfahrungen stehen dann in einem anderen Kontext. Man hat mehr Verständnis für sich, aber auch für die anderen Menschen entwickelt, man kann nun das eigene Leben in größeren Zusammenhängen sehen. So gelingt es zum Beispiel Menschen, die einen lieben Menschen verloren haben und dies zunächst als persönliche Strafe des Schicksals angesehen haben, einzusehen, dass der Tod zum Leben gehört, dass er geschieht, hinzunehmen ist, dass er keine Strafe ist, sondern Schicksal. Wird das Selbstwertgefühl im Laufe einer Therapie besser, werden aus dem Leben auch stützende Erfahrungen erzählt. In diesen Erzählungen stellt man sich dar als einen Menschen, dem andere Menschen geholfen haben, der auch einmal Glück hatte. Im Lauf einer Therapie, auch durch Träume, tauchen Erinnerungen auf, dass es da sehr wohl Geschwister gab, die einen gemocht haben und sich auch für einen eingesetzt haben. In einer desolaten Kindheitsgeschichte taucht plötzlich eine Großtante auf, die liebevoll war, auf die man sich verlassen konnte, oder ein Nachbar oder eine Nachbarin, von denen man sehr gemocht wurde. Man erweitert in diesem Prozess den Kontext: Indem man erinnert, nimmt man emotional wahr, dass es auch stützende Beziehungen gab, Menschen, auf die man sich verlassen konnte. Mit Stolz wird erlebt und benannt, dass man trotz all der Schwierigkeiten die Person geworden ist, die man heute ist. Auch die eigene Herkunft wird mit mehr Wertschätzung betrachtet und nicht mehr durchgängig abgewertet. Wenn wir unsere Herkunft abwerten, so hat das Auswirkungen auf uns selbst. Sie ist ein Aspekt unserer Identität, und wenn wir sie abwerten, werten wir uns auch selber ab. Unbewusst wissen wir das: Die meisten Menschen möchten ganz wunderbare Eltern gehabt haben. Ist man noch jünger, versucht man die Eltern noch zu erziehen, damit sie endlich dem eigenen Ideal entsprechen, so dass man sie uneingeschränkt wertschätzen könnte und sich selber damit natürlich auch. In der Lebensgeschichte geht es jedoch nicht um die idealen Eltern, und auch nicht um sich selbst als idealen Menschen, sondern um einen umfassenderen, liebevolleren Blick sowohl auf die anderen als auch auf sich selbst.

Dies geschieht besonders dann, wenn wir Schlüsselerlebnisse erinnern und diese mit anderen Erinnerungen, mit Träumen und mit Überlegungen verknüpfen.

Schlüsselerinnerungen sind mit Emotionen verknüpft. Da erzählt ein älterer Mann, der einen verantwortungsvollen Beruf ausübt, wie er als Kind nicht ernst genommen worden ist – eine von vielen Situationen, die alle ähnlich waren.

Mit Tränen in der Stimme erzählt er, wie er als etwa Achtjähriger aus der Schule kam, einen sonderbaren Geruch wahrnahm und dann sah, dass Rauch aus dem Bereich des Heustocks drang: „Voll Panik rief ich nach dem Vater: ‚Der Heustock raucht!' Der Vater schaute mich mitleidig an und sagte: ‚Deine Fantasie möchte ich haben!' Da kam ein Nachbar und rief meinem Vater zu, mit seinem Heu stimme etwas nicht. Da rannte dann mein Vater, und die Feuerwehr kam, und irgendwie gab es keinen wirklichen Brand. Aber es war sehr bedrohlich. Vater hat sich nie bei mir entschuldigt. Er hat auch nicht gesagt, ich hätte Recht gehabt."

Der Mann war, als er diese Episode erzählte, ganz in die Erinnerung eingetaucht, auch emotional. Er vergegenwärtigte sich, was früher einmal war, identifiziert sich damit, und durchlebt es neu noch einmal. Er spürte noch heute seine Panik, aber auch seine Ohnmacht, weil der Vater ihm nicht glauben wollte. So eine Erzählung kommt zu ihrem Schluss, und man schaut gemeinsam von außen darauf, was gerade passiert ist. Man distanziert sich und spricht darüber. Der Mann meinte dann, dass sein Vater es vielleicht einfach nicht ertragen konnte, dass sein Sohn sichtlich begabter war als er, der Vater. Vielleicht wollte er auch das Problem mit dem Heu abwehren. „Zum Glück", sagte er, „bin ich heute nur noch selten so ohnmächtig – oder dann kann ich es ertragen, ohne eine ohnmächtige Wut zu bekommen." Noch heute fand er, sein Vater hätte irgendwann sagen müssen, dass er zuerst den Rauch gesehen habe. Dann erinnert er sich, dass sein Vater ihn einige Tage später einmal an seiner Tabakpfeife „ziehen" ließ, etwas, was ihm eigentlich streng verboten war. Als ihm diese Erinnerung ins Gedächtnis kam, fiel ihm ein, dass damit der Vater ihm eine Anerkennung für seine Warnung gegeben hatte. Dem Mann gefiel diese Einsicht, es war zwar eine unbeholfene Geste von seinem Vater gewesen, aber immerhin eine Geste. Ein wenig anerkannt hatte er ihn doch. Damit verlor diese Episode den Charakter des Unerledigten. Sie blieb aber identitätsstiftend: Er sah sich als aufmerksamen Sohn, der die ganze Familie vor Schaden bewahren kann. Im verknüpfenden Sprechen über solche hoch emotionalen Schlüsselsituationen entstehen meistens neue Bewertungen, und das verändert. Sprechen über etwas befreit von der emotionalen Verstrickung, aber nur wenn das Sprechen emotionell ist. Und dadurch gibt es wieder so etwas wie Ordnung und Sinn. Man ist nicht mehr irritiert und man kann sich selber verstehen. Die zentralen Fakten verändern sich nicht beim Wiedererzählen, aber die Bedeutung, die Gefühle, die assoziiert werden, ändern sich und der Kontext erweitert sich. Die kränkende und schmerzhafte Erfahrung steht in einem umfassenderen Kontext.

In einer Therapie werden nicht nur die Schlüsselerlebnisse erzählt, die man sowieso schon immer erzählt, sondern durch das Verknüpfen von Lebensgeschichte mit Träumen und Fantasien werden Schlüsselerinnerungen zugänglich, die verdrängt worden sind. Nicht die, die man in einem guten Sinn vergessen kann, weil sich die Sache erledigt hat, weil sie nicht mehr wichtig sind, sondern die, die man aktiv verdrängt hat, weil sie nicht sein dürfen, und die natürlich in einer unabdingbaren Weise zu unserem Leben gehören.

Es gibt auch so etwas wie eine Traumidentität: Menschen erzählen ihre Lebensgeschichte weniger anhand von wichtigen konkret erlebten Schlüsselsituationen, sondern anhand von wichtigen Träumen, beginnend mit einem eindrücklichen Traum aus der Kindheit. Spannend wird es, wenn Schlüsselepisoden im realen Leben in Verbindung gebracht werden mit Träumen und Imaginationen.

Erinnerungen können sich verändern, weil das Erinnern Freiräume für Veränderungen zulässt. Das ist zugleich das Schwierige und das Kreative an unseren Erinnerungen: Wir wissen nie ganz sicher, dass es wirklich so war, wie wir es erinnern, und würden das doch so gerne wissen. Wir können jedoch Erinnerungen, auf die wir fixiert sind und die uns nicht erlauben, uns dem Leben in seiner Breite und seinem Reichtum zuzuwenden, auch verändern. Kränkungen oder auch schwierige Lebenserfahrungen können plötzlich auch anders verstanden werden, so, dass man sie besser akzeptieren kann, dass man die anderen Menschen besser akzeptieren kann, dass man sich selber besser akzeptieren kann – und dies gibt ein besseres Selbstwertgefühl und ein Gefühl, kompetent mit dem Leben umgehen zu können.

In unserer Lebensgeschichte, die wir anderen Menschen erzählen, kommt immer eine generelle Selbstbewertung zum Ausdruck, in der sich generalisierter Selbstwert ausdrückt. Die Episoden, die wir erzählen, enthalten auch, was die anderen darüber gedacht, gesagt haben. Wie die anderen das Ganze beurteilt haben. Das Selbstwertgefühl ist dann gut, wenn man als Folge der Erzählungen den Eindruck hat, so kompetent wie möglich mit dem eigenen Leben umgegangen zu sein, in Anbetracht der Umstände.

Kontinuität – Kohärenz – Dissoziation

Heute spricht man davon, dass man eine flexible Identität braucht, eine Identität im Fluss. In einer posttraditionalen Gesellschaft fehlen viele Leitplanken, die früher vorhanden waren und Orientierung gaben – auch mit dem Zwang, bestimmte Normen zu erfüllen. Der Zwang, bestimmte soziale Rollen zu erfüllen, ist heute geringer. Eine Folge davon ist aber auch weniger Kontinuität und weniger Kohärenz. Zwar wird die Kontinuität davon weniger betroffen sein, denn diese wird von unseren Erinnerungen hergestellt werden. Wenn wir Kontinuität aber gering schätzen, die diffuse Identität sich nur noch auf das Jetzt und Hier beschränken würde, dann ist auch sie bedroht.

Kontinuität scheint uns allerdings von innen her wichtig zu

sein, wir schaffen sie fast um jeden Preis; wir schaffen eine Verbindung des aktuellen Selbst mit unseren Wurzeln, wir haben jeweils ein Selbstgefühl, in dem die verschiedenen Aspekte der Identität zusammenlaufen.

Wir erleben es als problematisch, wenn sich diese Kontinuität nicht herstellt, wenn es kein Ganzes gibt; wenn ein Mensch sich fragmentiert vorkommt und den Eindruck hat, dasjenige, was an ihn herankommt, nicht wirklich in sein Leben einbauen zu können. Wenn diese aktive Syntheseleistung nicht erbracht werden kann, entsteht kein wirkliches Identitätsgefühl und das Selbstwertgefühl ist unsicher und schlecht. Die Kompensationen eines unsicheren Selbstwertgefühls liegen dann möglicherweise in Größenideen oder Arroganz.

Traumatisierende Erfahrungen

Menschen, die schwere traumatisierende Ereignisse erlebt haben, haben besondere Schwierigkeiten, Kontinuität im Leben herzustellen. Diese schweren traumatisierenden Ereignisse können zeitgeschichtlich bedingt sein durch Krieg, Folter oder Ähnliches. Sie können sozial bedingt sein, durch Unfälle, Gewalttaten, sexuelle Gewalt usw.

Ein Trauma wird definiert als eine emotional schwer belastende Erfahrung, die normalerweise im Leben nicht vorkommt und für die wir deshalb kaum Modelle haben, um damit umzugehen. Wenn uns eine traumatische Erfahrung trifft, wissen wir daher nicht, wie man so etwas überleben oder gar verarbeiten kann. Allerdings ist zu bedenken: Das, was für den einen Menschen traumatisierend wirken mag, etwa der frühe Tod eines Elternteils, ist für einen anderen „nur" eine schwierige Lebenserfahrung, die emotional in die Lebensgeschichte eingebaut werden kann und nicht abgespalten werden muss. Kontinuität und Kohärenz in der Biografie ist in solchen Fällen schwierig herzustellen, wenn das erlebte Trauma nicht bewältigt werden konnte. Menschen, die eine traumatische Erfahrung bewältigen können, erzählen von dieser Erfahrung durchaus emotional, sie erinnern sich aber auch daran, dass diese Erfahrung nicht ihr ganzes Wesen ausmacht, und sie finden Ressourcen, um damit umzugehen.

Es besteht die Gefahr, dass, wenn wir von einer traumatischen Situation erzählen, wir jedes Mal neu emotional von der traumatischen Situation überwältigt werden. Man gerät immer weiter in dieses traumatische Geschehen hinein und wird retraumatisiert.

Deshalb sind sorgfältige therapeutische Ansätze für die Behandlung von traumatisierten Menschen sehr wichtig.[164]

Kann ein Trauma bewältigt werden, dann wird es zu einem wichtigen bewältigten Lebensereignis, das ein bedeutender Aspekt der Identität und des Selbstwertgefühls ausmacht. Man ist ein Mensch, der eine ganz schwierige Lebenserfahrung durchgestanden hat und daran nicht zerbrochen ist. Darauf ist man zu Recht stolz.

Oft müssen traumatische Erfahrungen jedoch abgespalten werden. Jung hat in diesem Zusammenhang schon 1921 von einem abgespaltenen Komplex[165] gesprochen. Seine Vorstellung: Durch traumatische Vorstellungen abgespaltene Komplexe führen ein Eigenleben in der Psyche und benehmen sich, als hätten sie eine eigene Persönlichkeit. Sie hemmen das Leben unvorhergesehen, und man kann sie nicht oder nur schlecht, verglichen mit den nicht abgespaltenen, aber verdrängten Komplexen, ins Leben integrieren. Heute wird das Vorhandensein von abgespaltenen Komplexen als dissoziative Störung[166] bezeichnet. Die Menschen haben mit der traumatischen Erfahrung

---

[164] Reddemann Luise (2001) Imagination als heilsame Kraft. Zur Behandlung von Traumafolgen mit ressourcenorientierten Verfahren. Stuttgart
[165] Jung Carl Gustav (1971, 1921) Psychologische Typen, GW 6, § 988, Olten
[166] Vgl. Fiedler Peter (1999) Dissoziative Störungen und Konversion. Trauma und Traumabehandlung. Weinheim

die Angst, die Demütigung, die Wut, den Hass abgespalten. Die Dissoziation sollte dazu führen, dass dieses Gefühl des Ausgeliefertseins, diese schreckliche Hilflosigkeit, nie mehr auftaucht. Diese Menschen können sehr kontrollierend sein, um nach Möglichkeit zu verhindern, dass wieder etwas Traumatisierendes geschieht. Sie können aber auch eine Erwartungshaltung aufbauen, die sich ständig darauf richtet, dass wiederum etwas Schreckliches geschieht. Dann neigen sie dazu, Situationen zu verkennen.

Wie wirkt sich eine traumatische Erfahrung auf die Lebensgeschichte aus?

Ein nicht bewältigtes Trauma wird in der Lebensgeschichte ausgespart. Es wird möglicherweise kurz benannt, aber nicht als identitätsrelevant angesehen, obwohl es das natürlich in einem hohen Maße wäre.

Eine achtzigjährige Frau sagt: „Ja, ich habe natürlich üble Kriegserlebnisse gehabt, aber das hat meine ganze Generation getroffen, das haben alle durchgemacht."

Im Laufe einer Therapie stellte sich heraus, dass es ganz üble Erfahrungen waren, die sie am liebsten vergessen hätte, jedoch nicht vergessen konnte. Immer wieder tauchten die Situationen im Traum oder auch ganz unvermittelt, wenn sie gerade mit nichts beschäftigt war, auf. Sie wollte sich mit ihrem Leben versöhnen, Ruhe haben, deshalb suchte sie Therapie auf.

„Ich bin wie ein Baum, der einmal einem großen Stein ausweichen musste, um zu wachsen" – war ihre umfassende Selbstbeschreibung.

Was war dieser Stein? Sie sagte: „Der Beruf, der hätte auch anders sein können, aber das ist eigentlich schon in Ordnung. Mit einem anderen Beruf hätte ich wohl nur andere Probleme gehabt. Die Familie, die war ganz in Ordnung. Da bin ich sehr zufrieden. Kein Stein." Ein Baum, der einem Stein ausgewichen ist, das ist ein Bild für Identität, ist ein Bild für Gewachsensein in der Zeit, für Kontinuität und für Kohärenz. Weitere Erinnerungen: „Es war immer alles schwächlich. Ich habe immer ungeheuer viel Energie gebraucht, dass alles seine Ordnung hatte. Ich habe nie etwas Ausgefallenes getan. Ich habe kaum etwas riskiert." Und dann sagt sie ganz ärgerlich: „Mein Leben ist viel dünner, als es eigentlich hätte sein müssen." Das ist Ausdruck davon, dass sie um einen Stein herumwachsen musste, den Stein aber auch nie in Frage gestellt hatte und auch nicht darüber gesprochen. Nach langer Spurensuche, auch mit Hilfe von Träumen, wurde der Stein etwas fassbarer: ein brutaler Vater, brutale Brüder, die sofort entschuldigt werden, denn Männer waren damals so. „Wir sind eben ausgewichen." Mit „wir" meinte sie die Frauen und dann fügte sie an: „Ja und dann der Krieg, aber das hatten ja alle durchzustehen".

Das Trauma wird benannt, aber es kann nicht als traumatische Erfahrung aufgearbeitet werden. Nun hat diese Frau trotzdem ein verhältnismäßig geglücktes Leben. Im hohen Alter nun scheint es doch wichtig zu sein, diesen Aspekt des Lebens anzuschauen und sich damit zu versöhnen. Diese abgespaltenen Anteile kommen wahrscheinlich ins Bewusstsein, wenn Menschen wegen des Alters nicht mehr so viel Energie haben zu verdrängen, wenn der Ichkomplex etwas aufgelockert wird.

Es gibt Personen, bei denen eine traumatische Erfahrung den ganzen Lebensentwurf zerschlägt und auch keine Kompensationen zulässt. Alles, was vorher war, zählte dann nicht mehr, diese Menschen sehen sich als Versager oder als Opfer. In der komplexen Therapie mit traumatisierten Menschen, auf die ich hier nicht näher eingehen will[167], versucht man, die prätraumatische Persönlichkeit und die posttraumatische miteinander wieder zu verbinden, so dass nicht nur die Beeinträchtigung, der Einschnitt im Leben erlebt wird, sondern auch die Verbindung zu der früheren Gestaltung von Identität wiederhergestellt werden kann. Man versucht im Grunde genommen, Kontinuität und Kohärenz wiederherzustellen.

---

[167] Reddemann, Imagination

Anschläge auf ihre Identität erleben aber auch Menschen, deren Ich durch Krankheit grotesk verändert wird, wie Oliver Sacks das an Hand von postenzephalitischen Patienten und Patientinnen beschreibt[168], deren Wollen und Handeln über Jahrzehnte hinweg nicht mehr möglich war, die sich nicht mehr an ihr Leben erinnern konnten und die gelegentlich durch das Medikament L-Dopa geradezu einen Erinnerungssturm erlebten. Dabei ging es um das Aufleuchten bedeutender Augenblicke in ihrer Vergangenheit.[169] „Es muss uns erstaunen, dass eine Rückkehr zu Gesundheit oder Besinnung bei diesen Patienten nach einem halben Jahrhundert schwerster Krankheit möglich ist und dass das Potenzial für Gesundheit und Selbst überleben konnte, nachdem ein großer Teil des Lebens und der Persönlichkeitsstruktur dieser Menschen verloren gegangen war und sie so lange fast ausschließlich in der Krankheit versunken gelebt hatten."[170]

Und das erstaunt in der Tat.

---

[168] Sacks Oliver (1991) Awakenings. Zeit des Erwachens. Reinbek
[169] Sacks Oliver, Awakenings, S. 314
[170] Sacks, Awakenings, S. 289

Zu gutem Selbstwertgefühl und eigener Identität finden

Das Thema der Identität soll nun noch einmal explizit aus der Perspektive des Selbstwertgefühls angegangen werden, da das Selbstwertgefühl die Identität fundiert. Die subjektive Bewertung des Selbstbildes und der Identität drückt sich im Selbstwertgefühl aus. Das jeweils erfahrbare und erfahrene Selbstwertgefühl entscheidet aber auch darüber, wie unsere Prozesse der Identitätsbildung ablaufen.

Selbstwertquellen und Selbstwertbedrohungen

Eine umfassende Studie von Astrid Schütz[171] zur Psychologie des Selbstwertgefühls macht deutlich, woher Menschen ihrer eigenen Einschätzung nach ihr Selbstwertgefühl beziehen.

In Übereinstimmung mit früheren Forschungen fand sie, dass individuelle Leistungen die bedeutendste Selbstwertquelle[172] sind. Um aber wirklich eine Selbstwertquelle zu sein, müssen andere diese Leistungen wahrnehmen, anerkennend erwähnen, und man selber muss fähig sein, die eigene Leistung ebenfalls als positive wahrzunehmen. Dann spielt weiter der soziale Vergleich eine Rolle: Männer nannten soziale Überlegenheit häufiger als Frauen als Quelle des guten Selbstwerts.[173]

Als weitere Quellen eines guten Selbstwertgefühls wurden

---

[171] Schütz Astrid, Psychologie des Selbstwertgefühls, S. 187
[172] Schütz, S. 69
[173] Schütz, S. 69

das „Eingebundensein in befriedigende soziale Beziehungen, soziale Kontaktfähigkeiten, Überlegenheit über andere sowie eine Grundhaltung der Selbstakzeptanz genannt."[174]

Die Selbstbewertung erfolgte, nach Aussage der Interviewten, aus Selbstbeobachtung, aus sozialer Rückmeldung und aus dem sozialen Vergleich.[175]

Was bedroht das gute Selbstwertgefühl?

Menschen möchten positiv über sich und ihr Leben denken. Wir tun viel für den Selbstwertschutz und die Erhöhung unseres Selbstwerts. Selbstwertbedrohend ist deshalb alles, was uns als eine „positive Erscheinung" in Frage stellt. Wer Schattenakzeptanz in sein Selbstkonzept eingebaut hat, hat es also leichter, sein gutes Selbstwertgefühl nicht zu verlieren.

Kritik, besonders ungerechtfertigte, sich unverstanden fühlen, sich abgewertet fühlen wird als Bedrohung des guten Selbstwertgefühls empfunden. Dabei gibt es geschlechtsspezifische Unterschiede sowie Unterschiede zwischen Menschen, die habituell ein gutes (hohes) Selbstwertgefühl haben, und Menschen, die habituell ein schlechtes (niedriges) Selbstwertgefühl haben. Ungerecht empfundene Kritik als das Selbstwertgefühl bedrohend wurde vor allem von Männern mit habituell niedrigem Selbstwertgefühl genannt. Menschen mit hohem Selbstwertgefühl fühlen sich durch unberechtigte Kritik nicht betroffen.[176] Sich abgewertet zu fühlen wird als Selbstwertbedrohung von Frauen mit niedrigem Selbstwertgefühl genannt, vernachlässigt zu werden von Frauen mit einem generell hohen Selbstwertgefühl. Menschen mit hohem Selbstwertgefühl, besonders

---

[174] Schütz, S. 187
[175] Schütz, S. 188
[176] Schütz, S. 79

Männer, geben an, „keine selbstwertrelevanten Belastungen zu erleben."[177] Das klingt schon fast etwas arrogant. Immerhin wird dann Selbstkritik doch noch als selbstwertbedrohend erlebt vor allem von Männern mit hohem Selbstwertgefühl.[178] Möglicherweise handelt es sich bei den Menschen, die so unempfindlich sind, nicht um ein wirklich gutes Selbstwertgefühl, sondern um eine egozentrische Selbstaufwertung. Diese ist durch eine hoch positive Selbstbeschreibung gekennzeichnet, bei der eigene Schwächen verdrängt werden. Das Verhalten wird an eigenen Maßstäben ausgerichtet. Diese Menschen vermitteln den Eindruck, dass soziale Anerkennung für sie unwichtig ist. Ihr Selbstkonzept ist stabil, aber eigentlich starr. Sie übergehen Anregungen von anderen, sind gegenüber Kritik von anderen scheinbar unempfindlich, allenfalls greifen sie die Kritiker an.[179] Tendenziell findet man mehr Männer unter diesen Personen.[180] Diese Menschen treten auch nicht in Kommunikation mit anderen. Sie brauchen scheinbar die anderen nicht.

Menschen mit niedrigem Selbstwertgefühl indessen reagieren stärker auf Kritik und orientieren sich eher am Partner oder der Partnerin. Dies geht auf ihre Kosten, weil sie sich zu sehr anpassen. Menschen mit hohem Selbstwertgefühl sind stabil gegen Kritik, sie haben eine gute individuelle Befindlichkeit, sind aber nicht sehr unterstützend und einfühlend in der Partnerschaft.[181]

Selbstwertgefühl und Fremdeinschätzung

Mit einem hohen Selbstwertgefühl schätzen wir unser Sein und unsere Leistungen positiv ein. Es ist bekannt und durch den

---

[177] Schütz, S. 80
[178] Schütz, S. 79
[179] Schütz, S. 174
[180] Schütz, S. 185
[181] Schütz, S. 105

Überblick über entsprechende Forschungen von Taylor[182] auch belegt, dass Menschen ihre Fähigkeiten, ihre Beliebtheit, ihre Möglichkeiten, Einfluss zu nehmen, ihre Zukunft generell überschätzen. Diese Selbstüberschätzung erscheint normal zu sein und hängt damit zusammen, dass Menschen immer auf das Bessere hoffen.[183] Menschen, die eher depressiv verstimmt sind, scheinen sich indessen „realistischer" einzuschätzen.

Schütz fand nun heraus, dass eine deutliche Diskrepanz zwischen der Selbst- und der Fremdbeurteilung auszumachen ist. Zum Beispiel sind Menschen mit einem hohen Selbstwertgefühl überzeugt, die Sympathien anderer gewinnen zu können, ihre Mitmenschen sehen das nicht ganz so. Schütz sieht hier eine deutliche Selbstüberschätzung im sozialen Bereich.[184] In ihren Untersuchungen bleiben allerdings Phänomene wie Neid unberücksichtigt. Menschen mit einem hohen Selbstwertgefühl, das auch in den sozialen Bezügen sichtbar ist, erregen aber Neid. Neid wiederum bewirkt eine Abwertung des oder der Beneideten.[185] Damit rechnen Menschen mit einem guten Selbstwertgefühl zu wenig.

Selbstwertgefühl, Selbstakzeptanz und die Akzeptanz anderer

Selbstakzeptanz und Selbstwertschätzung gehören, so die Ergebnisse einer Befragung von Schütz, zusammen. Selbstakzeptanz korreliert dann mittelhoch mit der Akzeptanz von anderen: Wer sich selber akzeptiert, akzeptiert mit einer gewissen Wahrscheinlichkeit auch andere. Es zeigen sich aber keine Zusam-

---

[182] Taylor Shelley E (1993) Positive Illusionen. Produktive Selbsttäuschung und seelische Gesundheit. Reinbek
[183] Kast Verena (2001) Aufbrechen und Vertrauen finden. Die kreative Kraft der Hoffnung, Freiburg
[184] Schütz, S. 104
[185] Kast Verena (1996) Neid und Eifersucht. Die Herausforderung durch unangenehme Gefühle. Zürich, Düsseldorf

menhänge zwischen eigener Selbstwertschätzung und der Akzeptanz im Hinblick auf andere Menschen.[186] Wenn ich mich selber also gut finde, muss ich andere Menschen nicht unbedingt akzeptieren; dass ich mich selbst wertschätze, heißt nicht, dass ich andere auch wertschätze. Ein erstaunliches Ergebnis! Selbstakzeptanz und Selbstwertgefühl beinhalten beide positive, akzeptierende Gefühle sich selbst gegenüber; in der Beziehung zu den Mitmenschen besteht aber ein Unterschied: Selbstakzeptanz erlaubt es, auch andere Menschen als gleichwertig zu akzeptieren. Ein hohes Selbstwertgefühl kann aber gerade daraus resultieren, dass man sich selber als den anderen Menschen überlegen einstuft, den anderen also gar nicht wirklich akzeptiert, denn sonst fühlt man sich bedroht. Hier mutiert ein gutes Selbstwertgefühl zu Arroganz. Eine hohe Wertschätzung sich selbst gegenüber geht nicht automatisch einher mit einer hohen Wertschätzung des anderen Menschen. Das hohe Selbstwertgefühl, das sich vor allem aus der Abwertung von anderen Menschen ableitet, scheint kein echtes gutes Selbstwertgefühl zu sein. Es muss daraufhin befragt werden, ob diese Menschen wirklich so wertschätzende Gefühle sich selber gegenüber haben oder ob es sich um die Kompensation eines schlechten Selbstwertgefühls in Richtung Grandiosität handelt. Es besteht bei diesen Menschen ein großer Wunsch, den anderen als eine Person mit einem hohen Selbstwertgefühl zu erscheinen. So ist die Tendenz, ein hohes Selbstwertgefühl als etwas in jedem Fall Anzustrebendes zu sehen, nicht von vornherein positiv zu sehen. Denn vom tiefenpsychologischen Denken her ist allerdings ein so wenig zu erschütterndes Selbstwertgefühl durchaus verdächtig. Es ist nicht menschlich und deutet eher auf Abwehr von Verunsicherung hin.

Schütz fügt an: „Ist hohes Selbstwertgefühl aber mit dem Eingeständnis eigener Schwächen gepaart, so ist es anscheinend

---

[186] Schütz, S. 111

auch stärker mit sozialer Akzeptanz verbunden",[187] und hier handelt es sich dann wirklich um ein echtes gutes Selbstwertgefühl.

Eine stabile Selbstakzeptanz haben Menschen, die mit sich zufrieden sind, ohne sich besser als andere zu fühlen. Trotz Schwächen, die sie auch benennen, sind sie grundsätzlich einverstanden mit sich selbst. Sie leiden wenig unter Selbstwertbelastungen, denn sie können Fehler akzeptieren, betrachten Probleme als normal und erleben sie als Herausforderungen. Quellen des guten Selbstwertgefühls sind ihnen eine „gute Partnerschaft, Engagement im Beruf, relative Zufriedenheit mit sich selbst und der eigenen Entwicklung ... Unterstützung und Anregung durch Dritte wird anerkannt."[188]

Der Mitmensch wird akzeptiert, ihm oder ihr wird Wertschätzung entgegengebracht. „Das Selbstkonzept dieser Personen wirkt weder betont unabhängig noch stark abhängig von anderen Personen. Es ist offen für Anregungen und flexibel, dabei aber grundsätzlich stabil."[189] Anerkennung mögen sie, sie fordern sie aber nicht. Kritik nehmen sie ernst, lassen sich aber dadurch nicht grundsätzlich verunsichern. Sie sind weder betont abhängig noch unabhängig.

Im Zusammenhang mit dem Selbstwertgefühl stellt sich also die Frage nach der generellen Selbstakzeptanz. Ist man grundsätzlich ein Mensch, der sich selber gegenüber wohlwollend und akzeptierend eingestellt ist, auch bei den weniger strahlenden Seiten, oder ist man sich selber gegenüber grundsätzlich sehr kritisch? Oder gar destruktiv entwertend? Wer sich selber gut akzeptieren kann, hat ein besseres Selbstwertgefühl.[190] Wer sich selber gegenüber übertrieben kritisch eingestellt ist, vielleicht auch mehrheitlich von außen kritische

---

[187] Schütz, S. 112
[188] Schütz, S. 159
[189] Schütz, S. 174
[190] Schütz, S. 111

Beurteilungen erlebt hat, die er oder sie verinnerlicht hat und nicht in Frage stellt, hat eher ein schlechteres Selbstwertgefühl oder kompensiert dieses schlechtere Selbstwertgefühl durch ein unangreifbares, egozentrisches, selbst verherrlichendes Selbstwertgefühl.

Wer andere und ihr Urteil mehr akzeptiert als das eigene, kann als Antwort auf äußere Ereignisse große Schwankungen im Selbstwertgefühl erleben: Kritik wird mit Selbstzweifeln beantwortet, gute Erfahrungen ergeben ein fast übersteigertes Selbstwertgefühl. Menschen dieser Gruppe sind empfindlich auf Kritik und brauchen soziale Unterstützung, um ihre Selbstwerthomöostase einigermaßen im Gleichgewicht zu halten.[191] Tendenziell sind es mehr Frauen, die ein solches instabiles Selbstwertgefühl haben.[192] Es sind auch Menschen, die sich eher eine abgeleitete Identität geben lassen, so leben, wie die anderen wollen, dass sie leben.

Der Schutz des Selbstwertgefühls

Aus der Erfahrung, dass sieben von zehn Personen angeben, selten Beeinträchtigungen im Selbstwert zu erleben, stellt sich Schütz die Frage, wie denn diese Menschen ihren Selbstwert schützen.[193] Sie arbeitet folgende protektive Strategien heraus, die allerdings auch wieder Risikofaktoren in sich bergen.

Orientierung an eigenen Standards

Solange man den eigenen Standards genügen oder diese der Situation entsprechend anpassen kann, entsteht kein Selbstwert-

---

[191] Schütz, S. 174
[192] Schütz, S. 185
[193] Schütz, S. 137

problem. Man ist nicht von äußeren Bewertungen abhängig. Problematisch wird es, wenn sehr hohe Standards gesetzt werden und dann das gute Selbstwertgefühl von einer hohen Leistung abhängt. Auch kann der eigene Standard vom Standard der sozialen Umwelt sehr verschieden sein, was weiteren Konfliktstoff birgt. Überhaupt kann die Orientierung am eigenen Standard soziale Beziehungen und Nähe zu anderen Menschen verhindern. Damit fehlt ein wichtiger Aspekt der Identitätserfahrung: die anerkennende Rückmeldung und die Erfahrung der Zugehörigkeit zu einer Gruppe von Menschen.

Selbstwertschutz durch soziale Unterstützung

Die Fähigkeit, sich die Unterstützung von anderen Menschen zu holen, gilt grundsätzlich als Ressource. Besteht aber eine große Abhängigkeit des guten Selbstwertgefühls von der Bestätigung durch andere, wird befürchtet, dass dieser Schutz entzogen werden könnte. Man passt sich also an, auch dort, wo es nicht stimmig ist, um die Anerkennung zu bekommen. Es besteht aber auch die Gefahr, dass von anderen, etwa aus Mitleid, Rückmeldungen gegeben werden, die nicht der Realität entsprechen und die nicht zu einem realistischen Selbstbild, sondern letztlich zu einer Selbstentfremdung führen.

Selbstakzeptanz mit Fehlern und Schwächen

Die Überzeugung, auch mit Fehlern und Schwächen ein wertvoller Mensch zu sein, ist ein besonders stabiler Selbstwertschutz. Weder muss man sich zu sehr anpassen noch müssen ständig eigene Ideale verwirklich werden. Außerdem besteht eine Offenheit für ehrliche Rückmeldungen, so dass man sich weiterentwickeln kann. Die Schattenakzeptanz, das sehen wir auch hier als Ergebnis der empirischen Forschung, ist von großer

Bedeutung für die Erfahrung von Identität und für ein gutes Selbstwertgefühl.

Was trägt weiterhin zu einem guten Selbstwertgefühl bei?

Eigenmachtsgefühl

Menschen wollen in dieser Welt etwas verwirklichen, und sie wollen auch das Gefühl haben, etwas bewirken zu können.

Lersch[194] sprach in diesem Zusammenhang vom Eigenmachtsgefühl und setzte es in Verbindung mit dem Selbstwertgefühl.

Das Eigenmachtsgefühl wurde von ihm definiert als Gefühl des Könnens, als der Überzeugung, eine Situation beeinflussen zu können. Er unterscheidet zwischen einem kraftvollen Eigenmachtsgefühl und einem asthenischen Eigenmachtsgefühl.

Lersch folgert: Wer ein schlechtes Eigenmachtsgefühl hat, der wird unfroh, traurig, missmutig und ängstlich. Dadurch schwindet das Selbstvertrauen, und das Selbstwertgefühl wird schwächer.

Das Eigenmachtsgefühl äußert sich im Vertrauen, dass ich das Leben verändern kann, dass es mein Leben ist, aus dem ich ungewollte Einflüsse von außen einigermaßen ausschließen kann, und dass ich mit den schicksalhaften Ereignissen und Einflüssen, die ich nicht ausschließen kann, umgehen kann. Wenn man in einer Situation total kontrolliert wird, verschwindet das Eigenmachtsgefühl und macht einem sehr schlechten Selbstwertgefühl Platz. Auch wenn in der besten Absicht über uns entschieden wird, verlieren wir das Gefühl, das Leben in dieser Situation zumindest mitgestalten zu können. Noch einschneidender ist es, wenn in böser Absicht über uns entschieden wird. Wenn wir das Eigenmachtsgefühl verlieren oder zu verlieren drohen, dann bekommen wir ein Gespür für dieses Gefühl.

---

[194] Lersch Philipp (1962) Aufbau der Person. München

Eigenmachtsgefühl, Selbstwertgefühl und Identitätsgefühl stehen in einer Wechselwirkung zueinander. Im Eigenmachtsgefühl zeigt sich die Kontrolle über das Leben, ein wichtiger Aspekt der Identität und des Selbstwertgefühls.

Im Eigenmachtsgefühl drückt sich aus, dass wir unsere Ideen verwirklichen können und auch wirklich etwas bewirken können. Die Verwirklichung unserer Ideen und Absichten in der alltäglichen Welt wird meistens mit Erfolg und Misserfolg gleichgesetzt. Man könnte es auch Gelingen und Scheitern nennen. Erfolg meint, sich verwirklichen zu können, Spuren zu hinterlassen, eine Position erreicht zu haben. Zu scheitern bedeutet, dass man es anders und neu noch einmal angehen muss, vielleicht auch das Selbstkonzept verändern muss.

Was wir verwirklichen in der Welt, unser konkretes Tun, ist zumindest zu einem Teil sichtbar: Das ist die Basis, auf der andere Menschen uns identifizieren und anerkennen, aber auch beneiden können.[195] Sobald eine Leistung sichtbar wird, setzt bei den anderen auch das Vergleichen ein, und da ist der Neid und die allenfalls damit verbundene Abwertung nicht weit.

Darauf kann man allerdings nicht Rücksicht nehmen, denn das Sich-Verwirklichen in der konkreten Welt ist sehr wichtig für Identität und Selbstwertgefühl. Dabei kommt es darauf an, dass man das verwirklicht, was einem wirklich wichtig ist. Das können von außen gesehen wenig aufregende Dinge sein; es kommt vor allem darauf an, wirklich den eigenen Interessen zu folgen, denn das gibt das Gefühl von Lebendigkeit und davon, Wesentliches gestalten zu können.[196]

Man fühlt sich dann auch als Urheber oder Urheberin des eigenen Tuns und übernimmt dadurch auch Verantwortung für die Gestaltung des Lebens. Man macht nicht für alles das Schicksal verantwortlich, sondern formuliert den eigenen Anteil am Schicksal. Urheber und Urheberin des eigenen Tuns sein

---

[195] Kast Verena, Neid und Eifersucht
[196] Kast Verena, Vom Interesse und dem Sinn der Langeweile

heißt, sich nicht ständig zu verstecken hinter „dem Schicksal", der Gesellschaft, die einem keine Chancen ließ, den Eltern, die einen schlechten Einfluss auf einen hatten. Wir haben nicht nur ein eigenes Selbst, sondern wir müssen auch die Verantwortung für dieses eigene Selbst übernehmen. Und das immer in Auseinandersetzung und in der Beziehung zu anderen Menschen, zur Welt und natürlich auch unserer Herkunft, unseres Gewordenseins.

Integrität

Integrität meint, dass unser Gefühl, unsere innere Einstellung und unser Verhalten einigermaßen übereinstimmen.

Wenn wir uns integer fühlen, dann haben wir ein Gefühl für unsere Identität und ein gutes Selbstwertgefühl, erleben wir uns als nicht integer, verlieren wir beides.

Eine Frau schlägt ihr Kind nie. Das ist ihr wichtig. Ihr Vater kommt zu Besuch und lässt sich sehr tadelnd über die moderne, die Kinder verweichlichende Erziehung aus. Er ist für einen Klaps zur richtigen Zeit, für unbedingten Gehorsam mit deutlichen Sanktionen. Seine Tochter stimmt ihm zu, fühlt sich aber sehr schlecht. Sie hat ihre Integrität für einen Moment verloren.

Als Entschuldigung führt sie an, es hätte keinen Sinn, sich mit ihrem Vater auf Kämpfe einzulassen. Das mag so sein, dennoch überlegt sie sich, wie sie sich das nächste Mal verhalten soll, denn ein nächstes Mal wird es mit Sicherheit geben.

In solche oder ähnliche Situationen geraten wir oft, und die Suche nach einem Kompromiss in Form von kreativen Antworten, die die eigene Integrität schützen, ohne dass man notwendigerweise in Kämpfe geraten muss, ist wichtig. Zur Integrität gehört das Einstehen für sich selber, indem man die eigenen Gefühle und Ansichten auch anderen Menschen vermitteln kann. Dann erleben wir ein gutes Selbstwertgefühl.

Der Vergleich mit anderen

Dominanz und Rivalität

Der Vergleich mit anderen in der Rivalität, besser zu sein als die anderen, um auf diese Weise ein gutes Selbstwertgefühl zu erhalten, ist oft verbunden mit dem Gedanken der Dominanz: Wenn ich besser bin, dann kann ich auch dominieren.

Tiere haben deutliche Rang- und Dominanzstrukturen. Damit werden Kräfte raubende Auseinandersetzungen vermieden. Es ist klar, wer für die Gruppe am wertvollsten ist und wer am wenigsten Wert hat. Je nachdem, wo in der Hierarchie ein Tier sich befindet, hat es gewisse Pflichten und Rechte. Es nimmt einen ganz bestimmten Platz in der Horde ein, kann dominieren und unterwerfen oder muss sich unterwerfen und gehorchen. Die Themen von Dominanz und Unterwerfung sind auch in unserer Gesellschaft noch virulent, und sie behindern die unversehrte Intersubjektivität, wie Habermas das ausdrückt, eine Begegnung von Menschen, bei der die Gleichwertigkeit grundsätzlich gewährleistet ist. Diese grundsätzliche Gleichwertigkeit ist aber zum Beispiel die Voraussetzung, dass Menschen sich wirklich miteinander auseinander setzen können, so miteinander streiten können, bis herausgefunden werden kann, was man gemeinsam in die Verantwortung nehmen muss[197], und nicht, bis einer oder eine gewinnt.

Den Wert der eigenen Person in Relation zu anderen setzen macht einen Aspekt unseres Selbstwertgefühls aus. Das Vergleichen geschieht reziprok: Auch die anderen vergleichen. Dies beginnt schon in der Familie, und in manchen Familien ist dies geradezu ein Sport. Dabei werden jedoch oft Aspekte miteinander verglichen, die nicht vergleichbar sind. Oft werden Eigenheiten verglichen, auf die man keinen Einfluss hat: Da ist ein Kind etwa größer als ein anderes. Und manchmal wird man den Eindruck

---

[197] Kast Verena, Vom Sinn des Ärgers, S. 163 ff.

nicht los, dass Vergleiche aus der Tierhorde uns Menschen wichtig sind: Ist man besser als die anderen, dann hat man ein Überlegenheitsgefühl, ist man schlechter, ein Unterlegenheitsgefühl. Dieses Gefühl ist unangenehm, also muss man für Überlegenheit sorgen. Dies ist einer der Gründe, warum wir nicht selbstwertschonend miteinander umgehen. Wir hätten alle ein viel besseres Selbstwertgefühl, gingen wir selbstwertschonender miteinander um. Aber das könnten wir nur, wenn wir die Unterschiede akzeptieren, sie vielleicht als eine Herausforderung und Konfrontation mit Andersartigem verstanden würden. Oder wir könnten neidlos anerkennen, dass wenigstens ein anderer Mensch hat, was wir nicht haben. Entwickelt werden müsste die Liebe zur Differenz. Und dies bedeutet, eine Anerkennungskultur zu fördern. Natürlich würden wir die Leistung eines anderen Menschen anerkennen, wenn wir sicher wären, dass er oder sie unsere auch anerkennt. Gruppen, die gut miteinander arbeiten können, respektieren die Regel der gegenseitigen Anerkennung.

Die Personen, die Gruppen von Personen, mit denen man sich vergleicht, wechseln meistens im Laufe eines Lebens. Stabil bleibt gelegentlich das Vergleichen mit einem Geschwister, mit dem man eine alte, nicht durchgearbeitete Rivalitätsgeschichte hat, oder das Vergleichen mit einem Elternteil, den man unbedingt überflügeln muss. Auch der Vergleichsmaßstab kann sich im Laufe des Lebens verändern. Zwar beziehen wir das Selbstwertgefühl oft aus dem Vergleich mit anderen, doch ist es auch ein innerer Maßstab für Güte, für Leistung, für Qualität. Und man weiß, dass bei Menschen mit einer sehr hohen Leistungsmotivation der soziale Vergleich kaum mehr eine Rolle spielt. Sie vergleichen sich nicht mit anderen, sondern sie haben einen abstrakten Leistungsmaßstab; sie versuchen Werte zu verwirklichen, nicht weil andere diese auch verwirklichen, sondern weil es für sie ein Wert an sich ist und sie diese Art der Verwirklichung als zutiefst zu ihnen gehörend, ihre Identität ausmachend, erleben. Man befindet sich dann außerhalb der Konkurrenz und fühlt sich auch außer Konkurrenz. Dabei geht es nicht um ein aus Kompensationsgründen erhöhtes, nicht gedecktes Selbstwertgefühl, sondern um ein angemessenes Selbstwertgefühl, vorausgesetzt, die Leistungen stimmen dann auch.

Vielleicht könnten wir uns alle etwas aus diesem Konkurrenzdenken zurückziehen, wir alle haben schließlich auch ein eigenes Schicksal zu leben – und sind darin also auch außer Konkurrenz.

Die Fremdbeurteilung

Im Identitätserleben existieren wir als Person. Und als Person sind wir Träger und Trägerinnen eines Wertes und einer Würde. Wert und Würde drücken sich in unserem Selbstwertgefühl aus. Das Selbstwertgefühl bezieht sich grundsätzlich nach außen und nach innen. Gegen außen äußert es sich als „Geltungsstreben", wie Lersch[198] es genannt hat. Wir fragen uns, wie viel Anerkennung, wie viel Achtung, wie viel Respekt, wie viel Lob, wie viel Verehrung, wie viel Ruhm, wie viel Bewunderung, wie viel Kritik, wie viel Neid wir bekommen. Und ist das, was wir bekommen, „angemessen"? Wie viel Anerkennung gewähren, aber auch wie viel davon versagen wir einander? Versagen wir einander Anerkennung und Respekt, mindern wir einander den Selbstwert. Die Zerstörung des Selbstwerts hat nicht nur eine persönliche, sondern auch eine politische Dimension und ist wichtig im Zusammenhang mit Gewaltprävention. Aus einem Gefühl der Ohnmacht, dem Lebensgefühl, nichts bewirken zu können im eigenen Leben, kann leicht eine ohnmächtige Wut werden, die sich dann in destruktiven Handlungen Bahn bricht.[199] Im Extremfall kann dies dazu führen, dass Menschen, die den Eindruck haben, nichts mehr wert zu sein, auch weil

---
[198] Lersch Philipp (1962) Aufbau der Person, S. 322 ff.
[199] Kast Verena (1998) Vom Sinn des Ärgers, S. 227 ff.

man ihnen den ihnen gebührenden Respekt versagt, als „lebendige Bomben" sich und andere umbringen. In dieser Tat finden sie dann schließlich eine Identität und das Gefühl, einen Wert für die Gemeinschaft zu haben.

Die Beurteilungen, die wir von außen erhalten, sind widersprüchlich: Menschen, die uns lieben, sind in der Regel anerkennend, andere Menschen eher nicht. Es ist zwar wichtig, dass wir uns immer dem Urteil der anderen, der Mitwelt stellen, denn dies ist so etwas wie eine Realitätsprüfung, ob unsere Ideen über uns selbst auch der Wirklichkeit entsprechen. Aber die Bewertung von außen muss nicht stimmen.

Wie immer im Rahmen der Identität, wird man sich, wie man außen beurteilt wird, auch mit dem, wie man sich von innen her beurteilt, vergleichen müssen. Wird man von außen zum Beispiel mit großen Vorwürfen konfrontiert, weil eine Arbeit nicht gut gemacht worden sei, man aber von innen her weiß, dass man eigentlich am Rand der Kräfte war und dieses eingedenk dieser Arbeit sogar sehr gut gemacht hat, so wird man nicht einfach die Beurteilung von außen übernehmen. Es wäre unsinnig, einfach eine Beurteilung von außen zu übernehmen, ohne ihre Situation zu berücksichtigen und ohne die Umstände zu beachten.

Äußere Vergleichsmaßstäbe, wie sie früher zum Beispiel die Kirche geboten hat, sind weggebrochen. Was bleibt, ist das Bewusstsein des Wertes vor sich selbst und des Wertes des gelebten Lebens vor dem eigenen Gewissen, ein Eigenwertgefühl also. Ein gutes Leben ist wahrscheinlich ein voll gelebtes Leben – und wenn es uns in Phasen unseres Lebens gelingt, voll zu leben, dann fragen wir auch nicht danach, ob das Leben ein gutes Leben ist. Sobald unser Selbstwertgefühl etwas labiler ist, etwa, wenn man gerade viel Ärger, Angst oder körperliche Probleme hat, fängt man an zu vergleichen und zu zweifeln.

Die Lebenskunst besteht dann wohl darin, sich mit den „richtigen" Menschen zu vergleichen, mit solchen, neben denen man bestehen kann.

Die Selbstbeurteilung

Wir vergleichen uns auch mit uns selber. Wir haben ein Bewusstsein eines Wertes von uns selbst. Das zeigt sich, wenn wir sagen, „jetzt bin ich aber unter meinem Wert geblieben", oder „jetzt wurde ich unter meinem Wert gesehen". Wir bewerten das, was wir tun, was wir denken, was wir fühlen, wie wir uns verhalten, was wir planen immer auch in Relation zu dem, was wir eigentlich könnten.

Wir haben für uns selber einen inneren Maßstab, einen inneren Standard, an dem wir unser Tun und Denken messen, wir bewerten uns im Verhältnis zu dem, wie wir sein könnten, was wir sein könnten, mit dem Ideal, das wir von uns haben.

Zu vermeiden sind Generalisierungen in der Selbsteinschätzung. Jemand sagt zu einem Menschen: „Du bist ein miserabler Koch." Diese Bemerkung kann situativ verstanden werden: Gerade dieses eine Essen ist missraten. Die Bemerkung kann aber auch über die Zeit hinweg generalisiert gehört werden: Du warst schon immer ein schlechter Koch und wirst es auch in der Zukunft bleiben. Damit kann man sich identifizieren, wenn man nicht differenziert. Wird die Aussage situativ verstanden, kann man differenziert dazu Stellung nehmen: Normalerweise koche ich gut, aber es kann einmal etwas weniger gut geraten. Wegen eines missratenen Essens lässt man sich nicht generell die Kompetenz absprechen. Die Generalisierung ist eine Projektion in die Zeit hinein, in die Zukunft und in die Vergangenheit. Weil mir einmal etwas missraten ist, wird es mir in allen Zeiten missraten. Die Generalisierung kann auch über Zeit und Bereich hinweg wirken: Weil man ein schlechter Koch ist, ist man überhaupt ein Versager. In emotional gespannten Situationen neigen wir zu solchen Generalisierungen. Im Dienste eines ausgewogenen Selbstwertgefühls ist es aber wichtig, solche Enttäuschungen an der einzelnen Situation wahrzunehmen, sie zu bewerten und Konsequenzen daraus zu ziehen, also etwas zu verändern, so weit das möglich ist. Die Generalisierungen rufen nach Spezifizierung, will man wirklich etwas an sich verändern. Das ist besonders wichtig, wenn es um Beziehungsprobleme geht. Da gibt es Menschen, die sich plötzlich als „Beziehungskrüppel" bezeichnen und die überzeugt sind, immer schon so gewesen zu sein und daran auch in der Zukunft nichts verändern zu können. Prüft man aber ihr Leben auf diese Aussage hin, stimmt sie so nicht. Es gab bessere und schlechtere Beziehungsphasen. Generalisiert man eine solche einzelne Aussage, wird man blockiert, hat keine Zukunft mehr, und das Selbstwertgefühl wird immer schlechter.

Die Bewertung von innen

Träume und Fantasien beschäftigen sich mit dem, was für uns emotional bedeutsam und oft auch aufregend ist. Das Thema des Selbstwerts, das damit verbundene Selbstwertgefühl, ist bedeutsam und gelegentlich auch aufregend. Manchmal nun beleuchtet ein Traum ein Verhalten, das wir als hinreichend gut beurteilt haben, etwas anders und bringt eine andere Perspektive in das Geschehen.

Eine Studentin verfasste eine Arbeit und war der Ansicht, sie habe sehr gründlich gearbeitet. Sie war stolz darauf, dass sie die Arbeit in sehr kurzer Zeit fertig gestellt hatte. Sie träumte in der Nacht, nachdem sie die Arbeit abgegeben hatte, und sehr zufrieden war mit sich selbst:

„Ich bin mit einer Art Inline Skates unterwegs. Ich kenne den Weg nicht, es fällt aber auf, dass der Weg über ein recht holpriges Gelände führt. Wenn die Löcher zu groß sind, kann ich mit meinen Skates springen. Ich überspringe alles Holprige, wie beim Skifahren. Mich wundert, dass das mit diesen Skates möglich ist. Eigentlich geht das nicht. Ich erwache und bin amüsiert. Ich finde es ganz toll, dass ich solche Skates habe und Untiefen so überspringen kann. Es kommt mir sehr speziell vor: Ich bin einfach gut. Dann werde ich etwas nachdenklicher: Eigentlich geht das nicht. Das kommt mir, wenn ich kritisch hinsehe, grandios vor. In Wirklichkeit würde ich ständig stürzen. Ich überspringe die Untiefen. Das Gefühl im Traum war ähnlich wie das Gefühl, nachdem ich meine Arbeit abgegeben habe. Habe ich vielleicht auch bei meiner Arbeit einige ‚Untiefen' und Löcher einfach elegant übersprungen?"

Die Träumerin schaut ihre Arbeit nochmals an und findet Probleme, die sie kaum beachtet hat, über die sie elegant hinweggeschrieben hat. Sie holt sich die Arbeit noch einmal zurück, arbeitet an einigen Problemen und ist stolz darauf, dass sie gerade noch rechtzeitig die „Fehler" beheben konnte.

Es gibt gelegentlich auch Träume, denen man entnehmen kann, wie ein Verhalten oder eine Haltung bewertet wird. Ein anderes Beispiel:

Eine Frau, 42, entschloss sich nach langem Hin und Her, sich von ihrem chronisch kranken Partner zu trennen. Sie empfand die Beziehung als einseitig, wurde zunehmend depressiv und apathisch, hatte das Gefühl, das eigene Leben nicht mehr leben zu können, war ständig müde, litt an Schlafstörungen und an unzähligen banalen Infekten. Ihre Absicht, sich zu trennen, wurde von anderen verurteilt. Einen kranken Menschen verlässt man nicht, war das einhellige Urteil. Dass sie selbst am Rande der Belastbarkeit war, schien niemanden wirklich zu interessieren. Sie wurde herb kritisiert, man warf ihr Unbezogenheit, Aggressivität, Egoismus vor. Und sie selbst fragte sich natürlich auch, ob sie einen ganz großen Fehler mache, ob sie ein Ungeheuer sei oder ob sie ihrem Gefühl und ihrem Körper folgen dürfe, dass sie diese Trennung vollziehen müsse.

Sie träumte:

„Ich bin mit unbekannten Menschen an einem langen Tisch an einem Fluss. Es wird etwas gefeiert, ich weiß aber nicht, was.

Eine alte Frau gibt mir einen Ring zurück. Mich freut das sehr, und die Menschen, die um mich herum sitzen, scheint es auch zu freuen. Wir stoßen auf diesen Ring an. Es ist eine angenehme, warme Atmosphäre, die auch noch nach dem Erwachen spürbar ist. Seit Wochen fühle ich mich endlich wieder einmal gut und nicht von Zweifeln zerfressen."

Die Träumerin erinnert sich, dass der Ring, den sie zurückbekommen hat, wirklich einem Ring glich, den sie vor langer Zeit besessen, aber dann verloren hatte. Diesen Ring hatte sie sehr geliebt, und sie bedauerte den Verlust immer wieder.

Wie war ihr Leben, als sie diesen Ring noch getragen hatte?

„Das war der Ring, den ich zu einer Zeit getragen habe, als ich viel mehr bei mir selber war, als ich es jetzt bin. Und das war auch eine Zeit, als ich mich gesellschaftlich engagiert habe, mich eingesetzt habe für Flüchtlinge."

Der Ring, den sie zurückbekommen hat im Traum, symbolisiert die Bindung an sich selbst, zu einer Zeit, als sie mehr bei sich selbst war und auch mehr in gesellschaftlichen Beziehungen gelebt hat. Eine Seite von ihr, die verloren war, wird ihr wieder zurückgegeben. Weil der Ring ihr sehr wichtig und lieb war, empfand die Träumerin, dass ein Schatz in ihr Leben zurückkam.

Die neue Lebenssituation war auch dargestellt in den Menschen, mit denen sie am Tisch saß, Menschen, die sie noch nicht wirklich kennt. Das alles geschah an einem Fluss, ein Symbol dafür, dass das Leben wieder ins Fließen kommen könnte. Dieser Teil des Traumes war der Träumerin nicht wichtig. Ihr war wichtig, dass sie den Ring zurückbekommen hatte.

In einer Situation, in der sie so viel herbe Kritik einstecken musste, selber nicht wusste, ob ihr Entschluss moralisch zu vertreten sei, bekam sie gefühlsmäßig durch diesen Traum eine neue, bestätigende Bewertung ihrer Situation.

Träume sind unsere ureigensten Produktionen; sogar wenn wir schlafen, können unsere emotional bedeutsamen Lebenssituationen noch einmal im Traum neu eingeschätzt werden. Im Traum werden allerdings selten eindeutige Bewertungen ausgesprochen; aber indem wir die Trauminhalte mit dem Alltagsgeschehen, vor allem mit dem, was uns emotional beschäftigt, in vielfacher Weise verknüpfen, schält sich eine Bewertung heraus.

Diese Bewertung von innen überzeugt manchmal mehr als die Bewertungen von außen. Aber nur in der Auseinandersetzung mit den Bewertungen von außen werden sie wirklich hilfreich. Wir haben eine natürliche Verbindung zur Innenwelt wie auch eine natürliche Verbindung zur Außenwelt.

Sind Menschen davon überzeugt – manchmal unter dem Eindruck einer faszinierenden Traumarbeit im Rahmen einer Therapie –, sie müssten ihre ganze Selbstwerthomöostase von innen, von den Träumen her beziehen, vernachlässigen sie die Beziehung zur Außenwelt und werden dabei in ihren Beziehungen undifferenziert und werten ab, was außerhalb ihrer Träume und Fantasien geschieht. Zu meinen, man könne das Selbstwertgefühl nur aus der Beziehung zu sich selbst und den Träumen generieren, ist eine Überforderung. Wir stehen zwischen Aussenwelt und Innenwelt, es mag ärgerlich sein, dass wir uns ständig mit diesen Selbstwertbestätigungen, der Anerkennung, der Akzeptanz durch andere Menschen auseinander setzen müssen, aber das ist nun einmal unsere Position als Menschen in der Welt.

Das Selbstwertgefühl und die anderen Emotionen

Das Selbstwertgefühl interagiert mit allen anderen Emotionen. Ich werde diese Wechselwirkung hier nur kurz beleuchten. Wird unser Selbstwert verletzt, sei es im Aspekt der Selbsterhaltung, der Selbstentfaltung oder der Selbstachtung, dann reagieren wir normalerweise mit Ärger und Wut. Und der Ärger hat den Sinn, dass wir gerade diese Selbstwertverletzung in die Verantwortung nehmen, dass wir unseren Selbstwert verteidigen und eine ausgewogene Selbstwertbalance wiederherstellen. Anders ausgedrückt: Menschen, die gehemmten Ärger und damit eine gehemmte Aggression haben, haben Mühe, ihr Selbstwertgefühl zu schützen. Gelingt uns das aber nicht, schwindet unser Respekt für uns selbst, wir fühlen uns ohnmächtig, die Überzeugung, Leben gestalten zu können, schwindet, und wir reagieren mit Angst.[200] Wird unser Selbstwertgefühl niedrig, finden wir uns überhaupt nicht mehr attraktiv und haben den Eindruck, Kompetenz verloren zu haben wie auch Akzeptanz durch andere. In der Folge können wir depressiv werden oder uns überfällt eine Zerstörungswut. Viele Ängste sind Folgen des schlechten Selbstwertgefühls. Wenn Kompetenz und Akzeptanz verloren sind und man meint, keinen Einfluss auf das Leben zu haben, machen die Welt, die Anforderungen der anderen Angst. Und umgekehrt besteht bei einem niedrigen Selbstwertgefühl folgende Tendenz: Man vermeidet es, sich Herausforderungen zu stellen oder Verantwortung zu übernehmen aus der Angst heraus, es könnte ein schlechtes Selbstwertgefühl das Resultat sein, wir sprechen dann von der Angst zu versagen – und dann müsste man sich schämen. Ein schlechtes Selbstwertgefühl äußert sich oft in der Reflexion als Scham. Scham ist ein sehr unangenehmes Gefühl, in ihm möchte man am liebsten im Boden versinken. Selbstwertgefühl und depressiver Affekt stehen miteinander in einer Wechselwirkung. Und zwar so, dass im depressiven Affekt – womit alle Emotionen bezeichnet werden, die mit der Depressionen verbunden sind, – das eigene Selbst abgewertet wird. Insgeheim wird diese Abwertung kompensiert durch verschwiegene grandiose Vorstellungen von sich selbst. Das Leben wird dann als sinnlos, die Welt als bedeutungslos erfahren, und man selber empfindet sich als wirkungslos. Angst, Schuldgefühle und Scham können dazukommen. Ein schlechtes Selbstwertgefühl lässt uns angesichts von Gaben oder Leistungen anderer Menschen leicht neidisch werden. Der Neid hätte

---

[200] Kast Verena, Vom Sinn der Angst

den Sinn, sich zu fragen, ob man genug aus dem eigenen Leben macht, ob man sich vielleicht doch auch noch anders verwirklichen müsste oder aber auch, ob man das eigene Selbstkonzept verändern müsste, weil man sich mit Fähigkeiten ausgestattet meint, die so nicht ins praktische Leben umzusetzen sind. Wer ein schlechtes Selbstwertgefühl hat und sich nicht wirklich liebenswert fühlt, reagiert auch leichter mit Eifersucht.

Das Selbstwertgefühl interagiert aber auch mit den gehobenen Emotionen. Die Erfahrungen von Freude, Hoffnung, Neugier, Interesse verbessern unser Selbstwertgefühl. Wenn wir uns freuen, sind wir in der Regel neugieriger, interessierter, und der Selbstwert steigt. Das bessere Selbstwertgefühl wiederum bewirkt, dass Angst und Spannung weniger werden. Das bedeutet dann, dass man mehr Freude, mehr Glück und mehr Harmonie erlebt und offener wird für neue Erfahrungen. Und dies wiederum führt dazu, dass Menschen wacher, lebendiger, freudiger, spontaner sind. Am Anfang des Lebens lassen sich Freude und Selbstwertgefühl kaum unterscheiden. Man weiß nicht, drückt jetzt ein Kind Freude aus oder ist die Freude Ausdruck eines guten Selbstwertgefühls des Kindes. Diese Gefühle sind einander nahe und verstärken einander.

Zur Aufrechterhaltung eines guten Selbstwertgefühls sind die Erfahrungen, die gehobene Emotionen auslösen, sehr wichtig, aber auch das bewusste Wahrnehmen dieser Emotionen, besonders das Wahrnehmen der Emotion Freude.[201]

---

[201] Kast Verena, Freude, Inspiration, Hoffnung
Kast Verena, Aufbrechen und Vertrauen finden

Die Sorge um die Identität und das Selbstwertgefühl

Max Frisch hat in seinem Tagebuch geschrieben: „In gewissem Grad sind wir wirklich das Wesen, das die andern in uns hineinsehen, Freunde wie Feinde. Und umgekehrt! Auch wir sind die Verfasser der andern; wir sind auf eine heimliche und unentrinnbare Weise verantwortlich für das Gesicht, das sie uns zeigen, verantwortlich nicht für ihre Anlage, aber für die Ausschöpfung dieser Anlage."[202]

Damit hat Frisch einen ganz wesentlichen Aspekt des Prozesses der Identität, aber auch der mitmenschlichen Beziehung, die unabdingbar zu diesem Prozess gehört, beschrieben. Und damit hat er auch den Blick auf die Verantwortung gerichtet, die wir in den Beziehungen zu anderen Menschen haben. Indirekt verweist er dabei darauf, dass es beim menschlichen Zusammenleben um liebevolle Bezogenheit ginge. Und: Wir können einander das gute Selbstwertgefühl zerstören, wir könnten es aber einander auch verbessern.

Nicht so sehr die Klage, dass wir heutzutage kaum mehr eine feststehende Identität haben, dass wir uns so oft anpassen müssen, neue Aspekte von uns zum Tragen kommen, die oft erst durch eine krisenhafte Entwicklung ermöglicht werden, ist das ausschließliche Thema in der Frage nach der Identität. Es sind nicht nur die vielen Optionen, die wir haben und die uns verwirren können, uns das Gefühl geben können, nicht mehr wirklich zu wissen, wer wir sind. Zentral ist die Frage, wie wir uns sehen und gesehen werden: Wir, in unseren Augen, aber auch in

---

[202] Frisch Max (1950) Tagebuch 1946–1949. Frankfurt/Main, S. 33

den Augen und in den Wahrnehmungen und Vorstellungen der anderen – und wir, handelnd mit anderen Menschen zusammen. Das ist ein ganz wesentlicher Aspekt dieses Denkens um Identität.

Gewiss, man muss sich in dieser Welt heimisch fühlen. Und das gelingt nur schwer, wenn man gezwungen ist, sich ständig zu entwurzeln. Das Gefühl des Heimischseins entsteht aber vor allem dann, wenn wir in Beziehungen zu anderen Menschen stehen – und in Beziehungen zu uns selber. Wie sollen wir erkennen, was wir in den anderen, in die andere hineinsehen, wenn wir nicht mit uns selber im Kontakt sind und mit unseren Gefühlen?

Stehen wir in Beziehungen zu anderen Menschen und zu uns selber, dann stehen wir auch in Beziehungen zum Reichtum der Welt, zum Reichtum der anderen Menschen, zum Reichtum unserer gegenwärtigen Kultur und auch unserer vergangenen Kultur. Wir sind vernetzt; viele Aspekte unseres Selbst und des Selbst der anderen werden in einen Zusammenhang gebracht, unser Selbst ist weit gespannt – und ist in allen Widersprüchen kohärent.

In diesem gegenseitigen Wahrnehmen ginge es darum, sich füreinander wirklich zu interessieren, zumindest für die Personen, mit denen man eine nähere Beziehung pflegt. Hier ist die genuine Verbindung zum Selbstwertgefühl. Es geht darum, einander die Bestätigung zu geben, die wir offensichtlich brauchen. Die Gier nach Bestätigung, die wir oft an den Tag legen, zeigt hingegen bloß, dass wir gar nicht mehr daran glauben, dass wir so viel Bestätigung bekommen, wie wir benötigen. Grundsätzlich geht es um eine Haltung der Anerkennung. Man könnte eine Kultur der Anerkennung fördern – und man muss sie auch fordern. Das heißt aber auch, dass es für uns wichtig sein muss, von diesem Muster von Dominanz und Unterwerfung loszukommen. Statt einander abzuwerten, ginge es um ein Lebensmuster der gegenseitigen Teilhabe und der Wertschätzung. Dies gilt auch für gesellschaftliche Zusammenhänge: Es geht nicht einfach darum, dass wir möglichst viel profitieren von der Gesellschaft, sondern um die Frage, wo wir was beitragen können. Das ist eine der ureigensten Fragen, die die Psychologie der Identität ins Bewusstsein hebt.

Vielleicht sind die Ökonomisierung der Gesellschaft, die Idee, dass man sich möglichst besser verkaufen soll als der andere, um mehr wert zu sein, und der damit verbundene Jugendkult und Körperkult Auslaufmodelle. Angesichts der Vertrauenskrise, die vor allem die Wirtschaft mit ihren vielen Skandalen heraufbeschworen hat, geht es deutlich um andere Werte, die auch unser Streben nach Identität beeinflussen.

Gefragt ist Verlässlichkeit in ganz breiter Weise. In dieser schnelllebigen Welt muss man sich aufeinander und auf sich selbst verlassen können. Das wird nicht möglich sein, indem man sich immer wieder nur anpasst: Die Anpassung muss nach außen und nach innen geschehen. Ein Kern von uns verbindet sich immer wieder neu mit allem, was auf uns zukommt, mit den anderen Menschen, mit dem anderen, was es alles noch so gibt auf dieser Welt. Dann sind wir – so weit das uns Menschen möglich ist – verlässlich. Auch wenn Beziehungen immer wieder gelassen und neu aufgenommen werden müssen, etwa, weil man den Arbeitsplatz zu rasch wechseln muss, ist es wichtig, verlässlich zu sein, einander ein verlässliches Echo zu geben. Das können wir nur, wenn wir mit den Gefühlen im Kontakt stehen und uns sensibel auf den anderen Menschen einstellen.

Es braucht Achtsamkeit, die sich auf den anderen Menschen und auf sich selber richtet, und nicht so sehr das Schielen nach der Nützlichkeit eines anderen Menschen. Das kann am leichtesten gelernt werden, wenn wir uns in andere Menschen einfühlen, uns auf den Standpunkt eines anderen Menschen einlassen, uns in einen anderen Menschen hineinversetzen. Die Wünsche, die wir Menschen haben, gleichen sich nämlich.

Es braucht auch die Achtsamkeit, die sich auf sich selbst und auf die eigenen Bedürfnisse richtet. Wenn das Leben in der Welt gefährdet ist, und das war es schon immer, im Moment scheint es uns aber besonders gefährdet zu sein, und unsere Identität damit, dann brauchen Menschen einen sicheren Ort, einen Raum, in dem sie sich sicher fühlen können, in dem sie die Überzeugung haben, sich selbst zu sein. Menschen, die schwere Traumatisierungen erstaunlich gut überlebt haben, sprechen davon, dass sie in sich selber einen sicheren Ort gefunden haben, von dem sie wussten, dass die sie traumatisierenden Personen keinen Zugang dazu hatten. Dieser sichere Ort ist oft in der Vorstellung, in der Fantasie hervorgerufen. Oft ist es ein Ort in der äußeren Welt, den es wirklich gibt, verbunden mit einer Person, die in der Kindheit oder auch später Schutz und Unterstützung gegeben hat. Diese Schutz gebende Person kann auch aus Träumen oder aus Fantasien stammen, gelegentlich auch aus der Literatur. Dieser sichere Ort stellt eine Ressource dar: Man kann sich innerlich auf diesen sicheren Platz beziehen, man wird entängstigt und hat eine Erfahrung von Identität, die nicht weggenommen werden kann und unangreifbar ist. Das Selbstwertgefühl wird wieder besser, die kreativen Impulse wieder zugänglicher. Dieser „sichere Ort" ist für jeden Menschen zunächst etwas Individuelles: Mein sicherer Ort. Es stellt sich aber doch die Frage, ob es heute nicht auch sinnvoll wäre, zusammen mit anderen Menschen solche sicheren Orte herzustellen. Man müsste dann allerdings miteinander auch über die Angst sprechen. Und man müsste dabei äußerst achtsam miteinander umgehen.

Notwendig ist wohl auch, eine neue, alte Eigenständigkeit zu entwickeln. Nicht einfach im Anpassen an das, was gerade in Mode ist, also eine diffuse, „sorglose", unengagierte Identität, sondern eine originäre Identität zu haben mit einem festen Kern und mit einer großen Beweglichkeit an der Peripherie. Nicht Menschen, deren Identität zum Spielball für Medien und Kommerz wird, sind diejenigen, die auf Dauer ihr Leben gut leben, sondern Menschen, die ihre Identität aus den sozialen Bezügen, aus dem Tun in der Welt, aus den symbolischen Bezügen immer wieder neu herstellen. Die eigene Identität hat man nicht einfach; man hat sie zwar auch in Form der gelebten Vergangenheit und man muss sich aber auch immer wieder neu um sie kümmern. Menschen, die zu sorglos mit ihrer Identität umgehen, sind in Gefahr, sich unbewusst von autoritären Systemen bestimmen zu lassen. Sie wähnen sich zwar sehr frei von jeder Verpflichtung, unbewusst aber sehnen sie sich nach festen Strukturen. Autoritäre Systeme bieten die stärksten Strukturen und werden besonders dann attraktiv, wenn sie diese im Namen der Freiheit kaschieren.

Gelänge es uns, eine Anerkennungskultur zu pflegen, wären auch unsere Identität und unser Selbstwertgefühl besser. Statt einander das Selbstwertgefühl zu strapazieren, könnten wir es einander auch verbessern. Dazu müssten wir uns zum Vertrauen entschließen, dass die anderen Menschen uns anerkennender begegnen. Man müsste sich grundsätzlich zum gegenseitigen Respekt entschließen und davon ausgehen, dass jeder Mensch grundsätzlich Respekt verdient.

Was hätten wir davon? Wir fühlten uns besser in unserer Haut, könnten besser mit den vielen Veränderungen, aber auch mit unseren Fähigkeiten umgehen, wir würden uns freier fühlen und wären verlässlichere Mitmenschen.

ANHANG

Begriffsklärung

Da einige Begriffe immer wieder vorkommen, werde ich einige kurze Begriffsklärungen vornehmen. Diese Begriffe sind komplex und umfassen weite existentielle Gegebenheiten, sie werden deshalb im Verlaufe meiner Ausführungen immer auch von einer anderen Perspektive aus beleuchtet und bekommen deshalb auch immer wieder eine etwas andere Färbung.[203]

Selbst und Ich

Menschen können über sich selbst nachdenken, sie haben die Fähigkeit zur Selbstreflexion. William James[204], der Begründer des modernen Identitätsbegriffs, unterschied zwischen dem Selbst als dem Subjekt der Betrachtung, „self as knower" oder auch „I", und dem Selbst als dem Objekt der Betrachtung, „self as known" oder „me". „Selbstkonzept und Selbstwertgefühl sind Bestandteile des ‚self as known' und basieren auf Wahrnehmungs- und Bewertungsprozessen des ‚self as knower'."[205]

---

[203] Für einen differenzierten Vergleich von Selbst und Identität siehe: Bohleber Werner (1996) Identität und Selbst. Die Bedeutung der neueren Entwicklungsforschung für die psychoanalytische Theorie des Selbst. In: Bohleber Werner (Hg) (1996) Adoleszenz und Identität. Stuttgart
[204] James William (1890) The Principles of Psychology. New York
[205] Schütz Astrid (2000) Psychologie des Selbstwertgefühls, S. 3

Das Selbst, das Ich, das sich anschaut, wird gelegentlich immer noch Ich genannt, in der Jung'schen Psychologie ist es der „Ichkomplex". Der Neurowissenschaftler Gerhard Roth bestimmt acht „Ichs" näher und bezieht sich dabei auf Hume, der das Ich als ein „Bündel unterschiedlicher Zustände" beschrieben hat.[206] Roth spricht von einem Körper-Ich, einem Verortungs-Ich, einem perspektivischen Ich, einem Ich als Erlebnis-Subjekt, einem Autorschafts- oder Kontroll-Ich, einem autobiografischen Ich, einem selbst-reflexiven Ich und einem ethischen Ich, das er auch Gewissen nennt. „Wir erleben diese vielen „Iche" in der Regel als ein einheitliches Ich … Dies bedeutet, dass die auf Grund der Tätigkeit unterschiedlicher corticaler und subcorticaler Areale und Zentren entstehenden verschiedenen Iche sich aktuell in verschiedener Weise zusammenbinden und den *Strom der Ich-Empfindung* konstituieren."[207] Diese Ichs sind aber wohl nicht einfach im Gehirn oder im Körper anzusiedeln, sondern entstehen zwischen Körper und Gehirn, zwischen Gehirn und Welt.

Selbstkonzept

Der Begriff des Selbstkonzepts ist ein umfassender, etwas schillernder. Selbstwahrnehmungen, die zwar momentan erfolgen, können sich den Erfahrungen, den Fantasien, den Vorstellungen, die man bereits mit sich selbst und von sich selbst gemacht hat, verbinden, können dabei verallgemeinert und so zu einem Selbstkonzept werden. Das Selbstkonzept als das subjektive Bild einer Person von sich selbst, das aus der Verbindung von Erfahrungen mit der Mitwelt, aber auch aus Erfahrungen mit sich selbst, mit Fantasien, mit Träumen entsteht.

Das Selbstgefühl ist das Gefühl, das mit diesem Selbstkon-

---

[206] Roth Gerhard (2001) Fühlen, Denken, Handeln., S. 325 f.
[207] Roth, Fühlen, S. 327

zept verbunden ist, das Gefühl, ein eigenes Wesen zu sein, in Abgrenzung zu anderen. Diese Selbstwahrnehmung wird immer auch bewertet: Selbstkonzepte und damit verbundene Selbstwertgefühle können so generalisiert werden; man hat dann etwa eine gute Selbstakzeptanz und normalerweise ein hinreichend gutes Selbstwertgefühl. Die Selbstbewertungen sind oft übernommene Fremdbewertungen: Die Bewertungen von Menschen, denen wir vertrauen und denen wir keine bösen Absichten unterstellen, können wir übernehmen. Die Selbstbewertung erfolgt auch aus dem Vergleich mit anderen Menschen oder aber mit sich selbst über die Zeit hinweg. (Das gefällt mir jetzt an mir besser, als ich es früher gemacht habe.)

Hausser[208] schlägt vor, den Begriff des Selbstkonzepts einzuengen, damit er aussagekräftig wird: Selbstkonzept als Generalisierung von Selbstwahrnehmung.

Das Selbstkonzept kann verstanden werden als das subjektive Bild der eigenen Person in einem bestimmten Moment, die subjektive Einschätzung, die subjektive Theorie der eigenen Person.[209] Das Selbst (der Ichkomplex in der Jung'schen Psychologie) entwickelt sich in der Beziehung und in der Auseinandersetzung mit einer Beziehungsperson, mit einem bedeutenden anderen Menschen. In der Entwicklung des Selbst ist also bereits das Gesehen- und Anerkanntwerden durch einen anderen Menschen enthalten. „Zur Bildung von Identität muss das Individuum in Eriksons Theorie an einer kulturellen Einheit teilhaben, muss wie ‚manche anderen Menschen' sein, indem es deren Maßstäbe, Ideale und Sitten teilt. Es muss gleichzeitig wie ‚niemand anders' sein, indem es einen Platz unter ihnen einnimmt, den es allein einnehmen kann."[210]

---

[208] Hausser Karl (1995) Identitätspsychologie. Berlin, S. 27
[209] Schütz Astrid (2000) Psychologie des Selbstwertgefühls, S. 4
[210] de Levita, Der Begriff, S. 98

Identität und Selbst

Unter Identität kann man eine Syntheseleistung verstehen, mit der der Mensch sein Selbstkonzept als etwas Bedeutsames und Sinnvolles versteht, das sich zwar ständig wandelt, aber auch gleich bleibt, sich selber auch als Zentrum von Erleben und Handeln erlebt im Zusammenhang mit anderen Menschen. Es geht bei der Identität um Individualität, (niemand kann so sein wie ich, niemand kann meinen Platz einnehmen), aber auch um die jeweilige Zugehörigkeit im sozialen Raum. (Ich bin auch wie manche andere). Das Identitätsgefühl ist das Gefühl, trotz all dieser Spannungen, in denen das Individuum steht, eine Einheit zu sein, im Sinne von Kohärenz, auch in der Kontinuität: Obwohl wir uns wandeln, bleiben wir auch die Gleichen, in der Zugehörigkeit zu einigen Menschen, aber auch in der Differenz und in der Überzeugung, trotz dieser Spannungen und Widersprüche wirksam handeln zu können.

Die subjektive Bewertung des Selbstbildes und der Identität drückt sich im Selbstwertgefühl aus. Das Selbstwertgefühl ist die Emotion, die der Identität zu Grunde liegt.

Das Selbst, wie es bis jetzt beschrieben wurde und das früher auch oft mit dem Ich gleichgesetzt wurde, ist zu unterscheiden vom Selbst in der Jung'schen Theorie. Dieses wird, zur Abgrenzung, manchmal auch Tiefenselbst genannt.

Dieses Selbst im Jung'schen Sinne wird verstanden als zentraler Archetypus von großer Selbstregulierungs- und Selbstzentrierungskraft, als der geheime „Spiritus Rector" unseres Lebens, der Anreiz zu lebenslanger Entwicklung gibt, ein Archetyp, der auch den Aufbau des Ichkomplexes steuert. Das Selbst gilt weiter als Grund und Ursprung der individuellen Persönlichkeit und umfasst diese in Vergangenheit, Gegenwart und Zukunft.[211]

Dieses Selbst gilt strukturell als Archetypus der Ordnung und der Selbstzentrierung, von der Dynamik her ist es der Archety-

---

[211] Jung, Mysterium Coniunctionis. In: GW 14/2, § 414

pus, der zur Selbstwerdung anregt, zur schöpferischen Entwicklung in der Auseinandersetzung mit der Mitwelt, ein Archetypus, der für Kontinuität und Kohärenz im stetigen Wandel immer wieder sorgt.

Ichkomplex

In der Jung'schen Psychologie wird der Begriff des Selbst, (nicht der des Jung'schen Selbst) wie es sich allgemein durchgesetzt hat, durch den Begriff des Ichkomplexes ersetzt. Die Vorstellung, die dahinter steht, scheint mir für die Frage der Identität so wichtig, dass ich sie hier kurz einbringen will. Vom Ichkomplex sagte Jung, er bilde das für unsere Psyche „charakteristische Zentrum", sei aber dennoch ein Komplex unter anderen Komplexen. „Die anderen Komplexe treten mehr oder weniger oft in Assoziation mit dem Ichkomplex und werden auf diese Weise bewusst."[212] Der Gefühlston des Ichkomplexes, das Selbstgefühl, wird von Jung als Ausdruck aller körperlicher Empfindungen, aber auch als Ausdruck all jener Inhalte der Vorstellung, die wir als zu unserer Person zugehörig empfinden, verstanden.[213] Die Assoziationen, die mit dem Ichkomplex verbunden sind, kreisen um das Lebensthema der Identität und der Identitätsentwicklung und des damit verbundenen Selbstgefühls. Basis unserer Identität ist das Gefühl der Vitalität und damit im engsten Zusammenhang das der Ichaktivität: Es ist das Gefühl des Lebendigseins, und in diesem Gefühl wurzelt die Möglichkeit, sich als Ich aktiv einzubringen im Leben, etwas zu bewirken, sich letztlich selbst zu verwirklichen. Vitalität, Ichaktivität und Selbstverwirklichung bedingen einander. Zur Ichaktivität

---

[212] Jung, Die psychologischen Grundlagen des Geisterglaubens. In: GW 8. Olten, § 582
[213] Jung, Das Ich. In: GW 9/II. Olten, § 3 und 4
Kast, Dynamik der Symbole, S. 67–113

gehört im Laufe der Entwicklung immer mehr auch die Selbstbestimmung im Gegensatz zur Fremdbestimmung. Zum Erleben der eigenen Identität gehört auch das sichere Wissen um sich selbst, um die Vorstellungen, die ich von mir habe, in Abgrenzung und in Auseinandersetzung mit Vorstellungen, die andere von mir haben und an mich herantragen. Voraussetzung für diesen relativ abgegrenzten Ichkomplex ist, dass sich der Ichkomplex altersgemäß aus den Elternkomplexen herausdifferenziert, damit auch immer autonomer wird und dass der Mensch sich neuen Beziehungen und Erfahrungen aussetzt. Der Ichkomplex eines Menschen muss sich „altersgemäß" von den Mutter- und Vaterkomplexen ablösen, soll der Mensch seine altersgemäßen Entwicklungsaufgaben wahrnehmen und über einen kohärenten Ichkomplex – ein „hinreichend starkes Ich" – verfügen können, das ihm oder ihr es erlaubt, die Anforderungen des Lebens wahrzunehmen, mit Schwierigkeiten umzugehen und ein gewisses Maß an Lebenslust und Zufriedenheit aus dem Leben gewinnen zu können.

Dabei ist die Ablösung nicht nur von den Elternkomplexen und den konkreten Eltern, sondern auch ganz maßgebend von der Ichaktivität oder von der Vitalität abhängig. Es gibt Kinder, die trotz sie einengender Elternkomplexe sich hinreichend ablösen können, andere können sich auch aus weniger einengenden Komplexen kaum ablösen. Diese Unterschiede haben meines Erachtens unter anderem auch mit einem Vitalitätsfaktor, verbunden mit einem Ichaktivitätsfaktor zu tun.

Ganz allgemein gilt: Werden die jeweils konstellierten Komplexe nicht bewusst gemacht, finden sie sich projiziert vor. Gelingt es dem Ich, zum komplexhaften Geschehen in Kontakt zu treten, Verantwortung dafür zu übernehmen und Empathie für sich in dieser Situation zu entwickeln, dann kann oft beobachtet werden, wie Symbole, die den Komplex ausdrücken, erlebt werden, allenfalls auch körperliche Reaktionen, die sich in Symbole übersetzen lassen; Emotionen erleben wir ja körperlich, sie verweisen aber auch immer auf einen Sinnhintergrund. Können diese Symbole und die damit verbundenen Fantasien erlebt und gestaltet werden, kann die Energie, die im Komplex gebunden ist, zu einer Energie werden, die den ganzen Menschen belebt, die neue Verhaltensmöglichkeiten initiiert.

Mit dem Ausdruck „Ichkomplex" hat Jung zum Ausdruck gebracht, dass dieses Zentrum der Persönlichkeit aus vielen verschiedenen, emotional betonten Aspekten der Persönlichkeit zusammengesetzt ist. Im besten Fall zwar kohärent, aber immer auch vom Zerfall bedroht, fundiert vom Selbst als dem Archetypus der Selbstregulierung und Selbstzentrierung. Die einzelnen Komplexaspekte, die sich im Ichkomplex verbinden, entstehen aus dem Zusammenstoß des Individuums mit den Anforderungen der Umwelt, oft mit den Anforderungen der Bindungspersonen. Im Aufsatz: „Der gefühlsbetonte Komplex und seine allgemeinen Wirkungen auf die Psyche"[214] von 1906 sagt Jung, wesentliche Grundlage der Persönlichkeit sei die Affektivität. (§ 78) Unter Affektivität versteht er Gefühl, Gemüt, Affekt, Emotion. Die Elemente des psychischen Lebens seien dem Bewusstsein in Form gewisser Einheiten gegeben. (§ 78): Sinnesempfindung, intellektuelle Komponenten (heute als Verarbeitung der Sinnesempfindung verstanden) und Gefühlston.

Er fügt ein Beispiel an: *„Ich treffe auf der Straße einen alten Kameraden an;* es entsteht daraus in meinem Gehirn ein Bild, eine *funktionelle Einheit:* das Bild meines Kameraden X. Wir unterscheiden an dieser Einheit ... drei Komponenten: *Sinnesempfindung, intellektuelle Komponente* (Vorstellung, Erinnerungsbilder, Urteile usw.), *Gefühlston.* Diese drei Komponenten sind zu einer festen Verbindung vereinigt, so dass, wenn bloß das Erinnerungsbild des X. auftaucht, alle zugehörigen Elemente in der Regel auch immer dabei sind ... Die ganze Erinnerungsmasse hat einen bestimmten Gefühlston" (§ 79–80), zum Beispiel Ärger. Und an diesem Ärger nehmen nun auch alle Aspekte der Vorstellung teil.

---

[214] Carl Gustav Jung, Psychogenese der Geisteskrankheiten. In: GW 3

Affekte verursachen Komplexe; der Affekt ist sozusagen der Kitt der Vorstellungen, die sich verbinden, als Einheit auftreten, als Komplex, und etwa emotional unangepasstes Verhalten bewirken. Diese Komplexe ihrerseits beeinflussen aber auch wieder die Affektivität maßgebend. Jedes affektgeladene Ereignis wird zu einem Komplex. Werden die Themen oder die Emotionen, die mit dem Komplex verbunden sind, angesprochen, dann wird das Gesamte der unbewussten Verknüpfungen aktiviert – in der Jung'schen Psychologie wird dafür der Ausdruck „konstelliert" verwendet – samt der dazugehörenden Emotion aus der ganzen Lebensgeschichte und den daraus resultierenden, stereotyp ablaufenden Abwehrstrategien. Je größer die Emotion und das dazugehörige Bedeutungsassoziationsfeld sind, desto „stärker" ist der Komplex, desto mehr werden andere psychische Anteile, insbesondere auch der Ichkomplex, in den Hintergrund gedrängt.

In einem Vortrag von 1928 spricht Jung über die Entstehung von Komplexen.

Er sagt: „Er (der Komplex) geht offenbar hervor aus dem Zusammenstoß einer Anpassungsforderung mit der besonderen und hinsichtlich der Forderung ungeeigneten Beschaffenheit des Individuums."[215] Mit dieser Definition wird der Beziehungsaspekt bei der Entstehung des Komplexes ins Zentrum gerückt, und der Aspekt der Beziehung, auch in der Jung'schen Theorie, ist in den letzten Jahrzehnten immer wichtiger geworden. Anschließend an diese abstrakte Definition spricht Jung dann über den Elternkomplex als erster Manifestation des Zusammenstoßes zwischen „der Wirklichkeit und der in dieser Hinsicht ungeeigneten Beschaffenheit des Individuums."[216] Die Anpassungsforderung geht wohl in der Regel immer von Menschen aus, das heißt also, dass in unseren Komplexen strukturell und emotionell die Beziehungsgeschichten unserer Kindheit

---

[215] Jung, Psychologische Typen, § 991
[216] Jung, Psychologische Typen, § 991

und unseres späteren Lebens abgebildet sind. Komplexe können entstehen, solange der Mensch lebt. Die meisten Komplexe, auch die, die später entwickelt werden, assoziieren sich allerdings früheren Komplexen. Daher stehen sich in dieser Sicht des Zusammenstoßes zwei Menschen gegenüber: ein Kind und eine Beziehungsperson. Ich nenne das die beiden Pole des Komplexes.[217]

---

[217] Kast Verena (1998) Komplextheorie gestern und heute. Empirische Forschung in der Jung'schen Psychologie. Anal Psychol 1998; S. 296–316

Dank

Das Thema von Identität und Selbstwertgefühl begleitet mich schon sehr lange. Ich verdanke vielen Menschen Anstöße zu diesem Thema, nicht zuletzt auch Kunstschaffenden, die unbefangen von Identität gesprochen haben. Ich danke allen, die mich zu diesem Thema angeregt haben.

Besonders bedanken möchte ich mich bei den Menschen, die mir erlaubt haben, anhand einer Vignette aus ihrem Leben meine Gedanken zu konkretisieren.

Ganz herzlich bedanken möchte ich mich bei Karin Walter für die wiederum sehr schöne Zusammenarbeit.

Literatur

Adler Alfred (1930, 2001) Praxis und Theorie der Individualpsychologie. Psychologie. Frankfurt/Main
Altmeyer Martin (2000) Narzissmus und Objekt. Göttingen
Beck Ulrich (1986) Risikogesellschaft. Auf dem Weg in eine andere Moderne. Frankfurt/Main
Benjamin Jessica (1990) Die Fesseln der Liebe. Frankfurt/Main
Blomeyer Rudolf (1974) Aspekte der Persona. In: ANAPC4 5/1
Bohleber Werner (1996) Identität und Selbst. Die Bedeutung der neueren Entwicklungsforschung für die psychoanalytische Theorie des Selbst. In: Bohleber Werner (Hg) (1996) Adoleszenz und Identität. Stuttgart
Bowlby John (1980) Das Glück und die Trauer. Herstellung und Lösung affektiver Bindungen. Stuttgart
Conway Martin, Rubin David (1993) The structure of autobiographical memory. In Collins a. o. (eds) Theories of memory. Hillsdale NJ
Damasio Antonio R (1995) Descartes' Irrtum. München
Damasio Antonio R (2000) Ich fühle, also bin ich. Die Entschlüsselung des Bewusstseins. München
de Levita, David J (1971) Der Begriff der Identität. Gießen
Dornes Martin (1997) Die frühe Kindheit. Entwicklungspsychologie der ersten Lebensjahre. Frankfurt/Main
Dornes Martin (1998) Bindungstheorie und Psychoanalyse: Konvergenzen und Divergenzen. Psyche 52/4, S. 299–348
Eckstein Daniel (1976) Early recollection changes after counselling: A case study. Journal of Individual Psychology, 32, S. 212–223
Ekman Paul, Friesen Wallace V (1975) Unmasking the Face: a Guide to recognizing Emotions from Facial Clues. Prentice Hall, Englewood Cliffs
Emde Robert, N (1991) Die endliche und die unendliche Analyse. Psyche 45, S. 745–779, Psyche 45, S. 890–913
Emrich Hinderk M (1996) Über die Notwendigkeit des Vergessens. In Schmid Gary und Emrich H (Hg) Vom Nutzen des Vergessens. Berlin

Enke Helmut (1991) Perspektiven und Visionen. In: Lindauer Texte. Berlin, Heidelberg
Enke Helmut (1993) Beziehung im Fokus. Die ozeanische Beziehung. In: Lindauer Texte. Berlin, Heidelberg
Erdheim Mario (1990) Wie familiär ist der Psychoanalyse das Unbewusste? In: Rohde-Dachser Christa (Hg) (1990) Zerstörter Spiegel. Psychoanalytische Zeitdiagnosen. Göttingen
Erikson Erik H (1971) Identität und Lebenszyklus. Frankfurt/Main
Erikson Erik H (1971) (1999) Kindheit und Gesellschaft. Stuttgart
Erikson Erik H (1975) (1959) Der junge Mann Luther. Frankfurt/Main
Erikson Erik H (1988) Der vollständige Lebenszyklus. Frankfurt/Main
Fiedler Peter (1999) Dissoziative Störungen und Konversion. Trauma und Traumabehandlung. Weinheim
Fonagy Peter (1998) Metakognition und Bindungsfähigkeit des Kindes. In: Psyche 52/4, S. 349–368
Frisch Max (1950) Tagebuch 1946–1949. Frankfurt/Main
Fromm Erich (1999), Analytische Sozialpsychologie, GW Band 1. München
Grossmann Klaus und Grossmann Karin (1995) Frühkindliche Bindung und Entwicklung individueller Psychodynamik über den Lebenslauf. In: Familiendynamik 20, S. 171–192
Hagemann-White Carol (1995) Berufsfindung und Lebensperspektive in der weiblichen Adoleszenz. In: Flaake Karin, King Vera (Hg) Weibliche Adoleszenz. Zur Sozialisation junger Frauen. Frankfurt, New York
Hartmann Ernest (1996) Outline for a Theory on the Nature and Function of Dreaming. In: Dreaming 6, S. 147–170
Hausser Karl (1995) Identitätspsychologie. Berlin, Heidelberg
Heckhausen Heinz (1985) Emotionen im Leistungsverhalten aus ontogenetischer Sicht. In: Eggers C (Hg) Emotionalität und Motivation im Kindes- und Jugendalter. Frankfurt/Main
Heuft G, Kruse A, Radebold H (2000) Lehrbuch der Gerontopsychosomatik und Alterspsychotherapie. München, Basel, S. 42
Izard Carol E (1981) Die Emotionen des Menschen. Weinheim
Jacobi Jolande (1971) Die Seelenmaske. Olten
James William (1890) The Principles of Psychology. New York
Jung Carl Gustav (1931) Die Lebenswende. In: GW 8. Olten
Jung Carl Gustav (1968) Mysterium Coniunctionis. In: GW 14/2. Olten
Jung Carl Gustav (1971) Analytische Psychologie und dichterisches Kunstwerk. In: GW 15. Olten
Jung Carl Gustav (1971) Die Psychologie der Übertragung. In: GW 16. Olten

Jung Carl Gustav (1971, 1921) Psychologische Typen. In: GW 6. Olten
Jung Carl Gustav (1976) Das Ich. In GW9/II. Olten
Jung Carl Gustav (1976) Über Wiedergeburt. In: Die Archetypen und das Kollektive Unbewusste. GW 9/1. Olten
Jung Carl Gustav (1981) Anpassung, Individuation und Kollektivität. In: Das symbolische Leben. GW18/2. Olten
Kagan John (1981) The second Year of Life: The Emergence of Self Awareness. Cambridge Mass.
Kast Verena (1982, 2002) Trauern. Phasen und Chancen des psychischen Prozesses. Stuttgart
Kast Verena (1984) Paare. Beziehungsphantasien oder Wie Götter sich in Menschen spiegeln. Stuttgart
Kast Verena (1987) Der schöpferische Sprung. Vom therapeutischen Umgang mit Krisen. Olten
Kast Verena (1990) Die Dynamik der Symbole, Grundlagen der Jungschen Psychotherapie. Olten
Kast Verena (1991) Freude, Inspiration, Hoffnung. Olten.
Kast Verena (1991) Loslassen und sich selber finden. Die Ablösung von den Kindern. Freiburg
Kast Verena (1994) Sich einlassen und loslassen. Neue Lebensmöglichkeiten bei Trauer und Trennung. Freiburg
Kast Verena (1994) Vater-Töchter, Mutter-Söhne. Wege zur eigenen Identität aus Vater- und Mutterkomplexen. Stuttgart
Kast Verena (1996) Neid und Eifersucht. Die Herausforderung durch unangenehme Gefühle. Zürich, Düsseldorf
Kast Verena (1996) Vom Sinn der Angst. Freiburg
Kast Verena (1998) Animus und Anima. Zwischen Ablösung von den Eltern und Spiritualität. In: Frick E, Huber R (Hg) (1998) Die Weise von Liebe und Tod. Göttingen
Kast Verena (1998) Komplextheorie gestern und heute. Empirische Forschung in der Jungschen Psychologie. In: Anal Psychol 1998; S. 296–316
Kast Verena (1998) Vom Sinn des Ärgers. Stuttgart
Kast Verena (1999) Der Schatten in uns. Die subversive Lebenskraft. Zürich, Düsseldorf
Kast Verena (2000) Lebenskrisen werden Lebenschancen. Wendepunkte des Lebens aktiv gestalten. Freiburg
Kast Verena (2001) Aufbrechen und Vertrauen finden. Die kreative Kraft der Hoffnung. Freiburg
Kast Verena (2001) Vom Interesse und dem Sinn der Langeweile. Walter, Düsseldorf

Keupp Heiner (1988) Riskante Chancen. Das Subjekt zwischen Psychokultur und Selbstorganisation. Heidelberg

Köhler Lotte (1992) Formen und Folgen früher Bindungserfahrungen. In: Forum Psychoanal 8; S. 263–280

Kotre John (1996) Weiße Handschuhe. Wie das Gedächtnis Lebensgeschichte schreibt. München

Kruse Otto (1991) Emotionsentwicklung und Neurosenentstehung. Perspektiven einer klinischen Entwicklungspsychologie. Stuttgart

Lersch Philipp (1962) Aufbau der Person. München

Levinson Daniel (1978) The seasons of a man's life. New York

Lyotard Jean-Francois (1993) Das postmoderne Wissen: Ein Bericht. Wien

Marcia James E (1989) Identity Diffusion Differentiated. In: Luszcz M A & Nettelbeck T (eds) Psychological Development: Perspectives across the Life-Span. North Holland

Marcia James E (1980) Identity in Adolescence. In: Adelson J (ed) Handbook Psychology. New York, S. 159–187

Marcia James E et al (1993) Ego Identity. A Handbook for Psychosocial Research. New York

Mayer Karl Ulrich, Balthes Paul B (Hg) 1999 (2. korr. Auflage) Die Berliner Altersstudie. Berlin

Mc Adams Dan (1996) Das bin ich. Wie persönliche Mythen unser Selbstbild formen. Hamburg

Neisser Ulric (1981) John Dean's memory: A case study. In: Cognition 9, S. 1–22

Nietzsche Friedrich (1955) Werke in drei Bänden. München

Papousek Mechthild, (1995) Die Rolle des Vaters in der frühen Kindheit. Ergebnisse der entwicklungsbiologischen Forschung. In: Kind und Umwelt 54, S. 29–49

Piaget Jean (1976) Die Äquilibration der kognitiven Strukturen. Stuttgart

Reddemann Luise (2001) Imagination als heilsame Kraft. Zur Behandlung von Traumafolgen mit ressourcenorientierten Verfahren. Stuttgart

Riedel Ingrid (1998) Träume – Wegweiser in neue Lebensphasen. Stuttgart

Roth Gerhard (2001) Fühlen, Denken, Handeln. Wie das Gehirn unser Verhalten steuert. Frankfurt/Main

Sacks Oliver (1991) Awakenings. Zeit des Erwachens. Reinbek

Schacter Daniel L (2001, 1996) Wir sind Erinnerung. Gedächtnis und Persönlichkeit. Reinbek

Schmidt Gunter (1996) Das Verschwinden der Sexualmoral. Hamburg
Schütz Astrid (2000) Psychologie des Selbstwertgefühls. Von Selbstakzeptanz bis Arroganz. Stuttgart, Berlin, Köln
Sherman Cindy im Gespräch mit Wilfried Dickhoff (1995). Köln
Staudinger Ursula M u.a. (1999) Selbst, Persönlichkeit und Lebensgestaltung im Alter: Psychologische Widerstandsfähigkeit und Vulnerabilität. In: Die Berliner Altersstudie, BASE
Steiner-Adair Catherine (1995) Körperstrategien. In: Flaake Karin, King Vera (Hg) Weibliche Adoleszenz. Zur Sozialisation junger Frauen. Frankfurt, New York
Stern Daniel (1985) The Interpersonal World of the Infant. A View from Psychoanalysis and Developmental Psychology. New York. Dt. (1992) Die Lebenserfahrung des Säuglings. Stuttgart
Taylor Shelley E (1993) Positive Illusionen. Produktive Selbsttäuschung und seelische Gesundheit. Reinbek
Thoits Peggy (1986) Multiple Identities and Psychological Wellbeing. In: American Sociological Review, 51, 1986, S. 259–272
Tomkins Silvan S (1962) Affect, Imagery, Consciousness, Vol I. The Positive Affects. New York
Tomkins Silvan S (1963) Affect, Imagery, Consciousness, Vol II. The Negative Affects. New York
Tulving Endel (1993) Self knowledge of an amnesic individual is represented abstractly. In: Scrull and Wyer (ed) The mental representation of trait and autobiographical knowledge about the self. Hillsdale, NJ
Von Matt Peter (1979) Die Opus-Phantasie. Das phantasierte Werk als Metaphantasien im kreativen Prozeß. In: Psyche 33, S. 207 ff.
Whitbourne Susan K & Weinstock Craig S (1986) Adult Development. New York
Willi Jürg (1985) Koevolution. Die Kunst gemeinsamen Wachsens. Reinbek
Winnicott Donald W (1974) Reifungsprozesse und fördernde Umwelt. München
Zimmermann Peter, Becker-Stoll Fabienne (2001) Bindungsrepräsentation im Jugendalter. In: Gabriele Glober-Tippelt (Hr) Bindung im Erwachsenenalter. Bern